新中国
外交大事件
丛书

外交核爆

中法建交纪实

NUCLEAR EXPLOSION IN DIPLOMACY
The Establishment of the Diplomatic Relation between China and France

陈敦德◎著

中国青年出版社

（京）新登字 083 号

图书在版编目（CIP）数据

外交核爆：中法建交纪实／陈敦德著．
－北京：中国青年出版社，2013.12
ISBN 978−7−5153−1977−3

I．①外… II．①陈… III．①中法关系－国际关系史－史料
IV．① D829.565
中国版本图书馆 CIP 数据核字（2013）第 244306 号

责任编辑：苏　婧
封面设计：尚书堂·刘青文·闫坚
内文设计：■■设计·邱特聪·陈慧

出版发行：中国青年出版社
社　　　址：北京东四十二条 21 号
邮政编码：100708
网　　　址：www.cyp.com.cn
编辑部电话：010−57350400
门市部电话：010−57350370
印　　　刷：三河市世纪兴源印刷有限公司
经　　　销：新华书店
规　　　格：710×1000　1/16
印　　　张：22
插　　　页：3
字　　　数：260 千字
版　　　次：2013 年 11 月北京第 1 版
印　　　次：2013 年 11 月河北第 1 次印刷
定　　　价：39.00 元

目录

巴黎两馆起义不久，中法关系冻结了

1 解放军渡江前，国民党政府驻巴黎使馆内竟公开发生了一次激烈辩论·起义翌日，中共驻巴黎总支部负责人带来了周恩来的复电·"国府"赶忙将反共干将派往巴黎，妄图扼杀起义……

（1949 年 10 月 10 日前后，巴黎—北京—广州）

从"共军能否渡江"的辩论发展为巴黎两馆起义

傍晚时分，巴黎香榭丽舍大道两旁的路灯都亮了。大道上璀璨繁华。这家有点名气的法国餐馆雅静而讲究，屋里的灯光也很柔和。来就餐的大都是些法国人，只见有三个穿西装的中国人坐在靠墙的雅座里，一边喝着一边在低声谈论着什么事，脸上都露出兴奋的神情，不时察看着餐馆进进出出的客人。他们好像是在等候什么人。

这是 1949 年新中国举行开国大典后的 10 月 11 日傍晚，这三个中国人是国民党政府驻巴黎的外交官凌其翰、孟鞠如和钱能欣。三人当中职位最高的要算凌其翰，他是驻法国公使，近几天原驻法国大使钱泰因车祸受重伤住院并上书请辞，使馆工作就由凌其翰主持。

昨天是双十节，即辛亥革命周年纪念日，驻法使馆与驻巴黎总领事馆刚刚通电宣布起义。他们选择这天宣布起义，是考虑让起义的影响大一些。

这天晚上，中共驻巴黎总支部的负责人孟凌崖约好在这家餐馆与他们会面。据凌其翰说，这位中共驻巴黎负责人在他们宣布起义后才出头露面。他将带来有关国内复电的消息。近年来，孟凌崖奉上级指示，一直与孟鞠如、钱能欣保持着秘密联系。这次，凌其翰是第一次与这位中共负责人见面。

预定的时间马上就到了，还没见孟凌崖露面，他们就更着急了！他们在公开宣布起义后，是多么希望尽快听到来自国内新政府的指示啊！

起义的事，发展之快，真有点出乎他们的意料。

这次起义的诱因，是数月前在驻法大使馆里的一场关于解放军能否渡过长江的辩论。那是 4 月上中旬，解放军兵临长江北岸在作渡江南下的准备，国共和谈在北平进行。使馆同仁们都认为国共和谈根本谈不成。如果北平和谈破裂，共军就要渡江，关于共军能否渡过长江，使馆的人员就分成两派了。以凌其翰、孟鞠如等为代表的大部分人员都认为：解放军雄师百万，所向披靡，渡江将是弹指间的事，不信的话，可以拭目以待。使馆上校武官王观洲和新闻处长汪公纪等少数人，认为长江是一道天险，国民党军据险而守，又有海军、空军助阵，江南半壁天下有望保住。

凌其翰等在事后才懊悔地意识到，在辩论中暴露了自己的政治倾向，使反对者有所警惕。

一个多星期后，解放军百万大军顺利渡过长江，一举占领南京。王观洲和汪公纪除了在辩论中失败之外，又适逢国民党外交部因经费拮据

巴黎市中心的香榭丽舍大街

裁撤使馆新闻处和武官处，便恼羞成怒，向国民党中央党部密控凌其翰等密叛"党国"。他们还在从法国回国途中，在香港的《星岛日报》《工商日报》上写文章，用醒目标题披露凌其翰等"背叛党国"。国民党中央党部密电钱泰大使彻查，钱泰在当时形势下也不愿得罪大家，将密电给凌其翰等看了，并饰词搪塞复电了之。熟悉凌其翰的宋子文去美国路经巴黎，也问凌到底是怎么回事。

当时，国内也不断传来有某某部队或者海军某某舰起义等消息。8月间，凌其翰、孟鞠如、钱能欣三人经过密商，决定举事。恰好，国民党政府已欠发三个月薪水，他们可以从索薪开始，进行串联，发展成革命行动。

9月18日，在中国人民政治协商会议召开前三天，驻法使馆凌其翰、孟鞠如、谢东发、王思澄、钱能欣、唐祖培、龚秉成、耿嘉发，驻巴黎总领事馆胡有莘、肖君石、章祖贻等11人，共同召开联席会议，一致决定即电外交部催发欠薪，倘10月10日双十节尚不能领到欠薪，全体馆员决定停止服务。他们还通函驻欧各使领馆，建议采取同样行动。结果，一些使领馆复函赞成。

没几天，北平不断传来全国政协第一届会议开幕的各种好消息：作为建国大纲的《共同纲领》讨论并通过，中央人民政府即将宣告成立，国号为中华人民共和国，北平改名北京作为首都……他们兴奋极了，即于9月30日晚上召开紧急秘密会议，决定10月10日正式宣布脱离反动政府，拥护中华人民共和国，各自坚守工作岗位，保管公物文件，等候新政府接管。凌其翰将他保管的使馆政治案卷，龚秉成将他主管的密电码本，均秘密移至馆外收藏。

紧急秘密会议公推凌其翰、孟鞠如和胡有莘组成三人小组，起草起义通电宣言稿，孟鞠如起草，胡有莘修改，凌其翰定稿。三个人经过两天的努力，完成了一份《驻法使馆、驻巴黎总领事馆全体馆员拥护中华人民共和国宣言》。

毛泽东宣布中华人民共和国成立了！

周恩来在开国大典主席台上。

这份起义宣言拟好后，由孟鞠如和钱能欣秘密传给孟凌崖，让孟凌崖提前传回北京给周恩来总理兼外长。

10月10日这天，他们正式对外通电起义。他们郑重宣布：

> 我们郑重宣布和反动政府脱离关系，各仍站在原有工作岗位，保护人民利益，保管公物文件，听候人民政府接管和指示。同时，我们认诚劝告全体使馆同人，快来响应我们，打倒执迷不悟的死硬分子，制止他们盗用中国外交官的名义，在联合国和国际间散布谣言，侮辱中国人民，挑拨国际是非，危害世界和平。

10月11日，这天晚上，凌其翰三人如约来到这个法国餐馆。孟鞠如告诉凌其翰，三年以前，中共刘宁一同志经过巴黎时，国民党当局命令其驻外使馆密切注意刘等共产党人在海外的活动。当时，已经倾向革命的孟鞠如和钱能欣相约去旅馆拜访刘宁一，要求为革命做一点事。刘宁一就在这家法国餐馆请他俩吃饭，并介绍了他俩与中共巴黎支部建立了联系。

他们正频频张望时，门口终于进来一个中国人。孟凌崖还是按时赶来了。

他们从孟凌崖脸上洋溢的笑容感觉到了来自祖国的好消息！

他们在宣布起义次日就收到了来自北京的周恩来复电

当时，中共驻巴黎的党组织并没有电台与国内直线联络。驻巴黎总支部是通过新华社驻布拉格记者吴文焘将巴黎两馆的起义宣言转发给国内的。

凌其翰等人的义举，受到了中央人民政府的欢迎。

10月10日，周恩来外长亲自给起义人员复电：

> 九日电悉，甚为欣慰。你们脱离国民党反动残余集团接受中华人民共和国中央人民政府领导的宣言，亦已收到。我对于你们的这种爱国行动，表示热烈的欢迎。驻在其他国家的前国民党政府的一切使领馆人员与其他工作人员，均应效法你们的榜样，脱离反动阵营，服从伟大人民祖国的中央人民政府，为祖国与人民立功。所有这种脱离反动阵营的有功人员，本部将量才录用，使能对于祖国有所贡献。希望你们团结一致，坚守现在工作岗位，负责保管公物文件，以待中央人民政府接管。

起义人员接到周恩来外长的复电，深受鼓舞，异常振奋，他们立即作出了两个决定：一，立即以"快邮代电"形式将周恩来的重要指示通函原国民党政府各驻外使领馆，呼吁他们"兄等倘有同样决心，切望立即参加响应"；二，天天到馆上班，坚守岗位，看守和保管好公物，等候人民政府接收。

巴黎两馆起义对国民党驻外机构与人员影响很大。紧接着，原国民党驻缅甸大使馆也宣布起义。还有不少使领馆虽然没有宣布起义，但也借此机会向国民党当局发难，催发薪水。除了欧洲的使领馆之外，国民党驻加拿大、美国的原使领馆也闹得不可开交。

"国府"赶忙将反共干将派往巴黎，妄图扼杀起义

北京的开国大典传到"国府"所在的广州，整个当局又是人心惶惶。广州是肯定守不住了，又准备迁往重庆了。在危局中出任外交部代部长的叶公超真是焦头烂额，既要为迁往重庆操心，又要应付苏联宣布断交造成整个驻外机构人心涣散的局面；正在此时，又传来驻法国大使馆及驻巴黎总领事馆全体馆员的"索薪通牒"。他联系起前面的好几件事，觉察到巴黎这两个使领馆可能真的要"背叛党国"了。他根据种种情报，判断凌其翰等将选择双十节为两馆起义的日子。为了将起义分化瓦解，他立即采取了一系列紧急措施：

其一，照准驻法大使钱泰的因伤辞职的请求；

其二，电调酝酿起义的主要骨干凌其翰、孟鞫如回部；

其三，调反共坚决的驻英使馆公使段茂澜任驻法使馆代办，10月6日至巴黎，主持使馆工作；

其四，派外交部新任常务次长董霖携带一笔款项于10月8日赶到巴黎；

其五，调驻英使馆随员赵金镛为驻法使馆三秘，原驻柏林代表团一秘赵俊欣、驻荷使馆一秘斯颂熙两人则以临时出差名义赶往巴黎；

其六，调部内陈雄飞为驻法使馆参事衔一等秘书。

旨在扑灭两馆双十节起义的一系列人事安排来势甚猛，但凌其翰、孟鞠如、钱能欣等人已作好了针锋相对、面对面斗争的准备。

2

法国外交部给起义人员保留外交官待遇·法国原驻北平总领事伯亚乐到新中国外交部求见·原驻法使馆内的较量震惊了世界·中法关系冻结了……

(1949 年 10 月—1950 年 1 月，巴黎—北京)

法国外交部给起义人员保留外交官待遇

塞纳河畔的法国外交部里，"二战"后流传着一句半开玩笑的话：若是部长要处分一个官员的话，就让他去当亚澳司司长好了。

那是因为战后的法属印度支那独立问题使整个法兰西政府疲惫不堪，大批的远征部队都陷进去了，有去无回。与印度支那密切相关的亚澳司司长确实是个卖力不讨好的差使，尽管法国人都很羡慕外交官，但是稍有门路的官员都不愿去当这个倒霉的亚澳司的头儿。

在 1949 年担任亚澳司司长的是贝扬斯。

这一年春夏以后，令贝扬斯头痛的就不仅是印度支那闹独立的问题了，还冒出一个共产党新中国与法国关系密切的蒋介石政权赶出中国大陆的问题。这是一个使他更头痛的问题。据他所知，他的顶头上司外交部长罗伯尔·舒曼也为承不承认新中国的问题绞尽了脑汁。

9 月间，新中国宣布成立之前，舒曼外长与英国外交大臣贝文就曾为承认新中国的问题磋商了数次。新中国成立后，贝文明确地告诉了舒曼：尽管美国艾奇逊国务卿竭力反对，但英国政府为了自己的国家利益，承认中国的时间不会拖后，并很快将以函件的形式通知法国政府。

英国的决定对于法国是很有影响的。尽管在印度支那的法国总督和法国远征军最高司令都不主张承认中国，但舒曼外长向总理府主张：为了法国在印度支那的利益，法国应该在英国承认新中国之后不久，承认这个共产党国家。

就在这时，10月5日上午，刚刚上班的时候，贝扬斯接到国民党政府驻法国公使凌其翰要求拜见的电话，说有紧急的事务求见。贝扬斯以为是与钱泰大使车祸受重伤有关的急事，就应允当天下午见面。

贝扬斯与凌其翰见面寒暄过后，贝扬斯先问起了钱泰大使车祸住院的伤势。

凌其翰作了回答后，对贝扬斯郑重地说："司长先生，我今天特地来见你，是正式通知你：我们驻法国使馆和驻巴黎总领事馆全体馆员已经决定脱离与国民党政府的一切关系，拥护中华人民共和国，并听候中央人民政府的接管。"

原来凌其翰等人得知国民党外交部已经派人来巴黎，要扑灭起义之火的消息后，经过一番商量，决定在段茂澜等一伙人尚未赶到巴黎之前，抢先一步赶到法国政府外交部来打招呼，发声明。

凌其翰

贝扬斯听后大为吃惊。对于刚刚诞生数天的中华人民共和国，法国外交部正与英国外交部进行协调，交换意见，法国在印度支那有很大的既得利益，对承认新中国的问题正在郑重考虑。贝扬斯觉得凌其翰公使的声明事关重大，无法立即表态，需马上请示上级；于是，他就对凌其翰说："公使先生，我会将你的声明立即报告舒曼部长。我将尽快将答复告诉你。"

凌其翰告辞走后，贝扬斯立即将情况报告了舒曼部长。舒曼先问："国民党政府外交部不是已经来了电函，同意受伤的钱泰大使请辞，任命了一个临时代办到巴黎吗？"

贝扬斯回答说："这个临时代办叫段茂澜，目前尚未到任。"

舒曼沉思了一会儿，说："那么，随着段先生的到任，在乔治五世大街的中国使馆内，将免不了有一场'内战'。我告诉你，尽管我国政府内部对承认共产党新中国尚有分歧，但英国政府已经作了决定，很快将要承认这个现实。我估计，在英国政府宣布承认共产党中国后，法国政府的承认也是在所难免的。因此，在处理此事时，需要慎重对待。你既要考虑到我国政府与国民党政府目前尚保持着外交关系，也要考虑不要得罪共产党中国，以免使我们在不久之后承认对方时陷入一种尴尬的处境。"

次日，贝扬斯打电话约见凌其翰。

贝扬斯陪同凌其翰会见了法国外交部礼宾司司长。礼宾司司长郑重地对凌其翰说："由于法国政府还没有承认中国新政府，法国政府决定把你们的外交待遇维持到 1949 年底，届时仍可接洽延期。"

凌其翰就说："我们将继续到使馆坚持原工作岗位。"

礼宾司司长说："只要新任代办段茂澜方面没有反应，我们不会干预贵使馆内部事务。"

在乔治五世大街 11 号，一场较量开始了！

巴黎市中心地区，飘扬着五星红旗的乔治五世大街 11 号的五层楼房，成为中华人民共和国驻法国大使馆馆址的办公楼，已是 20 世纪 60 年代的事情了。本书所记述的就是在这栋楼房上空升起五星红旗的历史。

20 世纪 40 年代后期，在国民党政府外交部看来，它所属的所有驻外使领馆中，最重要的要数两个地方，一个是在美国华盛顿橡树园的驻美使馆，另一个就是位于巴黎乔治五世大街上的驻法使馆了。驻法使馆在国民党驻欧洲各国使领馆中有一种中心地位，国民党要员到欧洲来办事，主要就下榻于巴黎，往返美国也要途经巴黎中转。一些国民党大官甚至在巴黎市郊购置了别墅。乔治五世大街 11 号这栋楼房，是"国府"最得力的外交官顾维钧在上个世纪 30 年代担任驻法国大使期间购置的。原来的使馆在巴比伦街，是与人家合用的楼房，隔壁就是一家电影院。爱看电影的法国观众给电影院打电话，就经常打到大使馆来。正因为驻法国使馆的重要，"下野"了的蒋介石听说驻法国使馆"谋反"，就打电话给代外交部长叶公超过问此事。

法国原驻北平总领事伯亚乐到新中国外交部求见

在乔治五世大街的原中国驻法使馆里，10 月 10 日宣布起义后，起义人员与新调来的反动派，形成了同一使馆里两军对峙、共同上班的局面。

双方就这么处于僵持的状态。

起义人员除了天天上班坚守各自岗位，还参加了法国有关群众团体庆祝新中国成立的活动，例如：法国总工会发起的规模不小的在互助大厅举行的新中国诞生庆祝大会，华工总会举行的新中国诞生庆祝会等。

段茂澜、董霖等在 10 月 10 日之前赶到了巴黎。他们先来软的，用封官许愿和重金收买来分化瓦解 11 名要起义的人员，其中仅有 2 人动摇退出了，其余 9 人坚持起义。起义之后，他们就遵照周恩来的指示，天天到馆，占据自己的办公室，坚守工作岗位。董霖、段茂澜等见了，也无可奈何。

段茂澜对凌其翰等说："你们已经领到了欠薪，就不应再来使馆了。"

凌其翰说："我们天天到馆是执行周恩来总理指示，坚守工作岗位，要等候中央人民政府来接管使领馆。"

如此相持了一个多星期后，10月20日，已经从广州逃窜至重庆的"国民政府外交部"，给法国政府外交部发了一个正式照会，请求将凌其翰等起义人员驱逐出"大使馆"。

法国政府当然感到十分棘手，表面上就作出极力避免直接干预的姿态。为了不致引起新中国的反感与不满，法国政府特地指令尚留在北京的原法国驻北平领事伯亚乐，到新中国外交部拜会西欧非洲司司长宦乡。伯亚乐向宦乡转达了法国政府对巴黎两馆起义事件的三点立场：其一，极力避免介入中国大使馆的内部纠纷；其二，法国当局无法阻拦段茂澜雇用私人警察；其三，维持起义人员的外交权力，给他们完全的自由，去做于北京政府有益的事。

伯亚乐对宦乡说："对这件事，法国政府希望息事宁人，不愿意火上浇油。"

位于东交民巷的原法国驻北平总领事馆

原驻法使馆内的较量震惊了世界

法国当局在国民党方面的压力之下，暗地里派出了便衣警察到乔治五世大街 11 号，充作"使馆雇用的私人警察"，把守着大门，试图阻止凌其翰等起义人员进入院楼。

但凌其翰等人还具有外交官的身份，他们想拦也拦不住。

11 月 3 日这天，段茂澜下令将大门紧闭。凌其翰等人就在门外守候着，等到有人来送信时，大家就乘虚而入，冲入馆内，并向段茂澜声明：你要保证不破坏我们坚守工作岗位的任务。这天，双方坚持到深夜。

半夜，段茂澜临时从驻荷兰使馆调来的 CC 特务斯颂熙忽然率领 30 多个国民党反动分子冲进来，气势汹汹，胁迫凌其翰等起义人员立即离馆，大家严词拒绝，坚决不走！双方僵持，到了紧急关头，特务扬言要动武。忽然赶来了三个华侨代表，从中调停，决定次日（4 日）下午 2 点在使馆内召开华侨大会，设法解决起义人员到馆坚守工作岗位的问题。当夜，孟鞠如、龚秉成离馆去串联爱国华侨，发动群众。

11 月 4 日下午，100 多位爱国侨胞和进步留学生结队进入馆内，为起义人员做声援。段茂澜见势不妙，推说其与法外交部有约会，打算溜走，但被华侨们拦住，直至他不得不同意刚从国内调来的陈雄飞代表参加大会。群众要求必须保证起义人员每日正常到馆上班，执行周恩来总理关于坚守工作岗位的重要指示，并不得勾结法国警察予以阻拦。爱国侨胞当场拟定了保证书，由陈雄飞代表段茂澜当场签字承认照办不误，并由群众推选出工人代表王子卿、商界代表陈卓林、学界代表杨承宗监督执行。

当日下午 6 时许，爱国侨胞会议散会了。侨胞们刚刚离去，按段茂澜预谋布置，CC 特务斯颂熙和青田帮特务陈楚本率领早就埋伏在附近的打手五六十人，呼啸而出，一拥而上，由斯颂熙、陈楚本等当场指挥，每五六个打手围打一个起义人员，拳打脚踢。凌其翰等猝不及防，

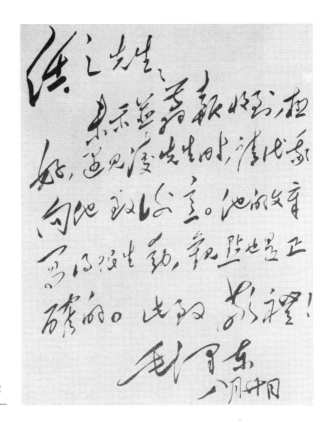

毛泽东谈凌其翰先生的亲笔信

无法抵抗；凌其翰脑袋挨了好几拳，疼痛不堪；孟鞠如虽说体格强壮，也免不了挨打，连眼镜都打落在地，被打手踏个粉碎；龚秉成被打得昏倒在地；王思澄受伤了……但令凌其翰没想到的是，段茂澜的三秘赵金镛（曾是凌在中央大学外文系任教授时的学生）跑来护着他突出了重围。

此时，凌其翰的法国司机丹尼尔看见凌被殴打，急忙去央求守大门的法国便衣警察进入馆内，把他抢救出来，由丹尼尔驾车送回住所。

"殴打事件"经过世界各大传媒的报道引起很大反响。次日，不仅巴黎的各大报，连欧美各国的报纸，也纷纷将巴黎中国使馆行凶事件作为头号新闻来报道。法国爱国华侨与进步留学生纷纷开会声讨国民党反动派，并向起义人员表示同情和声援。旅法参战华工总会、留法中国艺术学会、巴黎大学理科同学会、留法科学工作者协会、旅法华侨工商业联合会、留法勤工俭学同学友谊会、旅法中国公费生联合会、《华侨时报》社等八个爱国侨团，还发表了《告国内外同胞书》和《告法国政府、人民与世界人民书》。

中法关系冻结了

12 月间，英国酝酿承认新中国，法国议会外交委员会亦开始讨论，起义人员的境遇开始转好，凌其翰还准备同段茂澜讨论接管使领馆问题。

1950 年 1 月 6 日，英国政府宣布承认新中国后，法国尚未作最后决定。但是，1 月上旬，法国前驻北平总领事伯亚乐在拜见新中国外交部办公厅主任王炳南时透露说，在英国宣布承认新中国后，法国正在考虑与中国新政府建立关系。王炳南明白，对方言下之意是要影响中国的印度支那政策。

1 月 18 日，中国与越南正式建交，决定大力支持越南的抗法斗争，此举势必影响中法关系。

中法关系从此处于冻结状况。

法国当局出于对中国这一举动的报复，开始公开刁难起义人员，大批警察被派到乔治五世大街 11 号，以维持秩序为名，阻止起义人员进入。同时，法国方面想利用此事做文章，提出所谓双方"互惠条件"，以保持起义人员外交待遇、延期签证做条件，要求新中国给予原驻北平的领事馆人员以外交待遇。

周恩来认真研究了有关情况，认为中法建交不是短期内能够实现的事情，因此，全体起义人员长期留在巴黎意义不大。3 月 30 日，周恩来发出指示：凌其翰、王思澄、龚秉成、唐祖培、胡有萼、肖君石、章祖贻等 7 人及眷属即调回国，孟鞠如、钱能欣两人继续留在法国，做国民党旧外交人员的工作。

5 月 5 日，凌其翰等起义人员及其家属一行 20 多人，于法国马赛港乘法国邮轮"马赛曲号"东归。

卷 一 **专列驶过西伯利亚**

3 一个打赤脚的神秘老人在深山老林里长途跋涉，秘密从中越边界进入中国广西境内·"陈赓"的名字就是最好的通行证……

（1950 年元旦前后，越南北部深山）

镇南关。关墙上长满了青藤和野草，石砖上弹痕累累，关楼已被炮弹轰塌一角。这一带群山，属云贵高原向东蜿蜒而出的支脉。关楼西边的金鸡山顶设有左、中、右三座炮台，修建有兵营和盘山石道，山体深处挖有枪眼和迭层坑道。它处在中越交通要道的山口上，东西面内侧数十里，与下冻炮台、水口炮台遥相呼应，连成一体；四周群山连绵，峻岭环绕，地势极为险峻，甚为雄伟壮观，历来为我国西南屯兵戍边的险塞要地。1965 年，镇南关改名为"友谊关"，由陈毅题写关名，刻在城门洞上。

1949 年 12 月 12 日下午，解放军三十九军一一五师三四三团尖刀

1949 年的老镇南关

连冲至西南边防重镇镇南关，将一面自己缝制的五星红旗插在了关楼顶上。解放军四野主力与陈赓兵团共 14 个军组成的大军，经过穷追猛打大迁回连续作战，将白崇禧的桂系主力大部分歼灭，桂系残部约两万人窜逃越南境内的崇山峻岭之中。

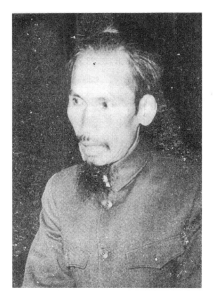

"二战"结束后，胡志明一直关注着中国革命的进程。

冲上关楼的解放军战士已经能够清楚地看见对面越南境内的法国殖民军的巡逻队。战士们还叽叽喳喳地议论着：那蓝眼睛钩鼻子的长官骑着高头大马，跟在后面的士兵有白人，也有黑得像炭的黑人。我们好些战士还是第一次看见黑人，显得很是惊奇……

就在这个时候，在越南境内绵延起伏的深处老林之中，走着七八个穿便服的男子。这伙人是在一个早晨，趁天还没亮时，悄悄离开越南太原省群山之中那片搭有几座小竹棚的密林的。他们要穿过越南北部高原的山区。

他们的目标是向北，再向北。

他们避开人烟稠密的城镇，也不搭乘汽车，远离有法国军队巡逻的道路，专走山野乡间小道。他们吃苦耐劳，只食用简单的干粮或饭团，喝山里的泉水。他们一般不在旅店、客栈投宿，只住在有关系有接应的偏僻村舍的农家里，有时也宿在岩洞里。

为了穿过法军的封锁线，他们甚至在没有路的密林里用砍刀披荆斩棘，开出一条路来。遇有低飞的法军直升机巡逻，他们就立即在树丛下藏身。

这伙人晓行夜宿已经走了十多天了，但他们行走的速度并没有放

1945年9月2日，在河内巴亭广场，胡志明宣布越南民主共和国诞生。

慢。在接近中越边境的高平一带的丛林里，他们先后碰上了逃窜进越南的国民党桂系部队的残部。他们尽管身上也携带有长短枪支，但仍然主动退避隐匿，避免与这些败兵冲突。

这伙汉子个个精壮敏捷、身手矫健。为首的老者约有60岁年纪，身材瘦削，穿着玄色开襟布唐装，脸庞窄长，头发花白，留着山羊胡子，宽额头下的眼睛格外明亮。他打着赤脚，竟也健步如飞。这伙人都听候他的调遣，遇事都遵循他的意见。偶然在山林里遇见当地土著山民，老者会用一条毛巾包起留胡子的下巴颏与半张脸，使人认不清他的相貌。

在一个暗夜里，他们来到了高平至东溪间的四号公路南边的密林里潜伏。高平与东溪是法军重兵占据的据点。在漆黑的下半夜，他们在地下关系的引导下，越过了四号公路，终于接近中越边境了！

按照既定的路线，他们要在广西龙州水口关附近越境。

他们这次向北到中国去，为了安全，不走法国军队占据的谅山至镇南关的公路，而选择了镇南关西面山势更为险峻的水口关，这是法国殖民当局防守薄弱的地区。

桂越边界一带，崇山峻岭绵延 600 多公里，而且还有纵横 50 多公里的原始森林，地形极为复杂。久远的历史，形成了两国边民婚嫁结亲、互相往来的特殊关系。长期以来，两国当局允许边民自由走动，赶圩做买卖，或是串门走亲戚。土匪、强盗、私商、逃犯、烟土贩子等三教九流人等，也常在这一带出没，穿上本地人的土布粗衣即可轻易地在某丛树林、某条小河或是某道悬崖下越过国界。"山羊胡子"老者带领的这伙人是越南的革命者，是越南劳动党的前身印度支那共产党派往中国的代表团。

他们在中越边境联系上了广西龙州县境内的中共左江游击队。早在第二次世界大战时，两国的抗日武装就曾经相互支援，并肩作战。半年前的 1949 年 6 月，中共左江游击队在司令员莫一凡的指挥下，为配合解放军渡江南下，展开了围歼敌伪军保安六团的水口战斗，得到了越南革命武装的支援。两国战士紧密配合，浴血奋战，有深厚的战斗友谊。

胡志明在越南西北深山老林里骑进。

在莫一凡领导的左江游击队协助下，他们越过了中越边境。但与别的越境者不同的是，老者带领这伙人越境后没有隐没在山林里，而是朝哨位上飘着五星红旗的中国边防军驻地走去。

当时为了保密，这些越南革命者没有暴露身份。但有人暗示说，"老人是陈赓将军的朋友"。

解放广西的大迂回作战就是陈赓将军指挥的。在当时，陈赓将军的名字就是最好的通行证。

站岗的战士忙让人把连长叫来。

这位连长姓李。李连长望着面前这个来自越南的神秘老者与他身后那伙便装的汉子，立即想起了几天前的事。部队占领镇南关后，师长来视察，在对团连干部讲话时，指着屋外边境那一边越南的群山说："我有一个战友，参加过二万五千里长征，他是越南人，曾经为中国革命出生入死。抗战胜利后，就听从党的分配，和参加中国革命的几个越南人一起回国闹革命去了。现在我们打到了中越边境，我想念老战友啊，不知道他怎么样啦？……"

李连长想，这个老者既然认识陈赓，还会说地道的汉语，那肯定是抗战胜利后回越南那批越籍老战士中的一个了。李连长就问："老同志，你认识我们陈司令员？"

老者说："认识，老朋友了。"

李连长说："前些日子解放了广西，陈司令又率领部队打到云南去了。"

老者说："那你就送我们去见你们的上级。"

李连长问："你们有什么事？"

老者笑了："你们打到了边境，我们也很高兴。我们是来找中国共产党联络的。"

李连长再次打量面前赤脚站着的这个老人，心想这人不是一般的越境者，而是越南共产党方面来的同志，那么朴实，像一个老联络员，就问："同志，你贵姓？"

老者说："我姓丁。甲乙丙丁的丁，就叫我丁同志吧。"接着，老者向李连长介绍身后一个中年人，"这是我们党代表团的团长，姓陈，叫陈登宁。"

李连长向陈登宁行了一个军礼。这一天，是1950年1月16日。

广西军区得到边境部队报告，越共派人来联络，但还不知道来人的具体身份。当时，边境一带的城镇刚解放没几天，新秩序有待建立，国民党部队的残兵尚在流窜，也有土匪趁机打劫。军区派一名保卫干部率领一个排的兵力到水口关，将越南来的丁同志等护送到龙州县城，在龙州军分区司令部下榻。

次日，他们再由部队从龙州护送至广西省城南宁，受到广西省委书记张云逸的欢迎。由于张云逸与陈赓熟悉，并且也于20年代大革命时在广州工作，丁同志就笑着暴露了自己的真实身份，告诉张云逸自己就是胡志明。

国内对于胡志明此次来中国入境的具体时间，史料上说法不一。但据笔者在越南河内的胡志明纪念馆考证，胡志明到达南宁的时间是1月19日。

龙州的原法国领事馆旧址，刚解放时为龙州军分区司令部。

4

几乎在胡志明到达中越边境时，毛泽东在莫斯科给刘少奇连发三封急电，要立即承认越南民主共和国……

（1950 年 1 月中下旬，南宁—北京—莫斯科）

　　大山沟里，一湾绿溪，一座小竹棚。这是越南太原省深山老林中胡志明的驻地。在这极为艰难困苦的岁月里，他在这座小竹棚里指挥着越南军民的抗法斗争。他曾多次化装穿越敌占区，去各根据地探望许多部队单位，出席一些战役的总结会议。越南民主共和国自 1945 年成立以来，还没有得到任何一个国家的承认，更没有一个国家提供援助。胡志明和他领导的党中央以民族独立的崇高理想和惊人的革命毅力坚持着抗法斗争。

　　1945 年 8 月 15 日，日本投降。8 月 19 日，越南人民胜利地举行了"八月革命"。9 月 2 日，胡志明主席在河内巴亭广场发布《独立宣言》，宣告越南民主共和国诞生。

　　在 1940 年日本入侵印度支那之前，法国这个老牌的殖民帝国已在

1945 年 1 月，毛泽东在莫斯科。

越南维持了近百年的殖民统治。在"二战"后担任法国临时政府首脑的戴高乐将军，原是一个竭力维护法兰西殖民帝国的帝国派军人，他把遍及全球的殖民地视为法兰西光辉业绩的一部分。戴高乐在首次执政期间是奉行老殖民主义政策的，他要竭力维护法兰西帝国的完整性。他曾在"二战"结束后向新闻界发表谈话强调："同海外领地联结在一起，法国是个大国；失去这些领地，法国就不再成为大国。"

戴高乐为恢复法国在印度支那的统治地位，派遣抢在美军前解放巴黎的名将勒克莱尔将军率领远征军 7 万人前往印度支那。

勒克莱尔远征军的首批部队于 9 月 12 日在西贡附近海岸登陆，越南抗法战争由此爆发。

1946 年 1 月 20 日，戴高乐因法国内部矛盾宣布辞职后，法国继任当局继续推行殖民政策，往越南增兵，还加派了空降兵与机械化部队。

1946 年 12 月，法军发动了在越南的全面武装进攻。

1947 年 3 月，侵越法军总兵力已经超过了 10 万，并攻占了越北的

朱德在中南海接待秘密来到北京的胡志明。

大部分城市和集镇。当年 9 月，法军又集中了 12 个团，在空降兵和海军江河舰队的配合下，使用机械化部队进行纵深穿插迂回，占领了越中边界地带，大致形成了对越南人民武装的包围。法军妄想速战速决，鼓吹在两个月内就可以征服整个越南。

当时，越共中央机关与政府被迫从城镇转移至越北山区坚持斗争。山里的根据地被法军分割包围，不断遭到扫荡。胡志明领导的印度支那共产党带领越南军民进行着艰苦卓绝的抗法斗争。越南军民采用游击战术，诱敌深入山里然后狠狠予以打击和消耗，使法国军队不断蒙受损失。

从 1948 年起，法国远征军因离本土太遥远，增援不易，加上"二战"后法国的实力大为削弱，法军无力速战速决，只得转变策略，采用巩固占领区，封锁和蚕食越军根据地，多次小规模进攻逐步扩大战果的战法。战争进入了相持阶段。越军面临极大的困难。根据地被分割，粮食、武器弹药与药品极为缺乏，部队分散为一个个连、营单位，各自为战，开辟了一个又一个农村或山区的游击根据地。

尽管他们孤立无援，与外界没有什么联络，但胡志明因精通汉语消息格外灵通，他通过身边的电台可以收听到来自中国的各种声音。北边不断传来令人振奋的消息：中国革命发生了巨大的战略转折，解放军百万雄师摧枯拉朽、勇猛疾进，在辽沈战役后，又在平津、淮海战役中大败蒋军，蒋家王朝在崩溃，华南解放指日可待，人民解放军不久就会打到印度支那边界。

1949 年 1 月，在越南太原省深山里，胡志明召集印支共中央举行全会，确认中国人民解放军将打到越中边界来，会议要求越南部队努力作好准备，以"迎接大好时机的到来"。全会后，越军在各个战场连续发动突袭性的小规模战斗。

法国殖民当局也感受到凯歌行进的中国革命对印度支那产生的影响。1949 年初，法军总参谋长雷沃斯将军奉派来到印度支那，并随即向越南增兵 3 万人。雷沃斯视察越北后，深觉形势紧迫，便发动了法军的越北攻势，以抢在中国人民解放军抵达中越边境之前，稳住印度支那战局。法军一方面强化了对越中边境的封锁，一方面向北部的越军根据地连续发动了八次蚕食进攻。越军根据地缩小了，越法两军在越北战场上形成了犬牙交错的复杂态势。

两军相持，法军占据绝对优势，越军处于劣势。

在此困难情况下，胡志明听到中国共产党领导的人民革命捷报频传，十分兴奋，决定派李碧山、阮德瑞出使新中国。李、阮两人是1949 年农历中秋后乘船走水路前往中国的。他俩后来分手，李碧山继续走水路，阮德瑞走陆路。

人民解放军的攻势要比李、阮两位使节穿过国民党占领区的速度还要快。

1949 年十一二月间，胡志明通过电台得知林彪和陈赓的大军已经打到广东、广西，心情更为兴奋。林彪和陈赓他都认识，那是在广州的黄埔军校。那时候，他在广州给国民政府的苏联顾问鲍罗廷担任翻译兼秘书，并在广州开训练班培养越南青年革命骨干。在广州，他与在巴黎时就认识的周恩来来往最多，因而与当时担任周恩来副官的陈赓更为熟悉……

在解放军大踏步南下进军时，李碧山经广西北海转船香港，与中共驻港的方方、乔冠华接上头，又转船经青岛进入解放区来到北京；阮德瑞经北海走陆路，穿过蒋占区，几经曲折也来到北京。这已是 1949 年10 月间。

李碧山、阮德瑞在北京得到刘少奇的接见，递交了胡志明写给中共中央的信件，要求与中国建立外交关系，并要求中国提供经济、军事援助和派人到越南去帮助工作。当时毛泽东已去苏联访问，由刘少奇代理中央主席工作。

12 月 24 日，刘少奇主持中央政治局会议，研究中越建交的问题，

胡志明到苏联，下榻在中国驻苏使馆。图为中国首任驻苏大使王稼祥与胡志明在一起。

认为在法国尚未承认中国之前，与越南民主共和国建立外交关系利多弊少。会后，刘少奇以中共中央名义致电越共中央："为了建立中越两党的经常联系，并讨论反对帝国主义共同斗争中的各项问题，我们希望越共中央能派一个政治上负责的代表团来北京，以讨论和共同决定有关的各项问题。""这个代表团只要能够负责地商讨问题，人数不必过多，并应秘密地来中国，不应公开。""只要你们的代表能安全地进入中国人民解放军所管辖的地区，以后一切安全全部由我们军队负责护送。"

历史已经处在一个大转折的关键时刻，胡志明决定亲自走一趟。他在越共中央政治局委员陈登宁的陪同下，带了六个助手兼警卫，就秘密地出发了。

他离开驻地在山野中走了多天，至1950年1月中旬才到达中国边境。

与此同时，刘少奇经毛泽东同意，选调了中央军委办公厅主任罗贵波作为中共的联络代表，去越南工作，沟通两党的联系。1950年1月

16日，罗贵波带着助手与电台离京赴越南。巧合的是，也就在这一天，胡志明经长途跋涉到达中国龙州边境。

1月17日深夜，毛泽东从莫斯科给刘少奇发来急电，同意立即与越南建交——

少奇同志：

（一）对越南政府要求建立外交关系，应立即答复同意。起草一个电文，请于明日（18）广播发表，同时由内部电台发胡志明。

（二）请将越南政府要求和各国建立外交关系的声明，由我外交部转送苏联及各民主国家。

毛泽东
1月17日下午10时

毛泽东发出这封电报后，想想觉得意犹未尽，第二天（1月18日），他又起草了一封以中华人民共和国外交部长周恩来的名义给越南外交部长黄明鉴的复电，以供《人民日报》发表。

以上电报发出不久，毛泽东又觉得这两封电报还有可斟酌修改之处，马上又在18日下午3时半给刘少奇补发了一封电报，将已发出的给越南外交部长黄明鉴的电报上添加了数十个字，特别提到毛主席"很荣幸地接到贵国政府主席胡志明"的声明，表明了毛泽东对胡志明的尊敬。

1月18日，《人民日报》和中央人民广播电台都报道了中华人民共和国宣布正式与越南民主共和国建交的消息。后来，越南政府将这一天定为"外交胜利日"。

紧接着，1月31日，苏联政府宣布苏联与越南正式建交。

据后来与胡志明交往甚多的韦国清告诉笔者，胡志明有一次来南宁

斯大林接受毛泽东建议，苏联承认越南民主共和国。图为1950年的斯大林。

避暑，谈话时曾说道：1950年元月初，他是在到达南宁时得知新中国已宣布承认越南民主共和国并同意与之建交的。胡志明还说：中国承认越南时，我们的政府和党中央还在深山老林里，人家说我们还是山里的"幽灵"，中国的外交承认对越南极为重要。

罗贵波刚刚离京，刘少奇就得到广西部队报告，胡志明已经秘密抵达中国境内。刘少奇即指示当地负责人迅速派人护送胡志明安全来京。胡志明到达南宁后，即由广西军区送至中南局所在的武汉。胡志明到达汉口后，受到中南局负责人林彪的接待，在汉口小作休息。

刘少奇又去电武汉的中南局，指示要热情欢迎胡志明："在他到达武汉后，你们可和他商量能否在北京公开欢迎他，看他意见如何再作决定。"

胡志明答复说，感谢主人的热情，考虑到国际及越南国内的情况，还是不公开欢迎为好。

根据当时刘少奇与毛泽东的往返电文，可以确定胡志明是于1月30日秘密乘火车到达北京的。为了安全，在火车上他化装成一个汉族老先生。抵达北京后，他被安排住进中南海。胡志明应该算是新中国成立后中南海接待的第一个外国元首。

当晚，刘少奇和朱德等热情设宴为胡志明接风。

席间，刘少奇请胡志明留在北京，与中共中央商谈援助越南抗法战争的计划，使越南人民尽快胜利；并告诉他，中国已经与苏联磋商，建议他们承认越南，使越南获得国际地位。

刘少奇还说："中国承认越南民主共和国，将会使法国延缓承认中国，但我们不怕！"

当晚，刘少奇致电毛泽东，报告胡志明来访情况：

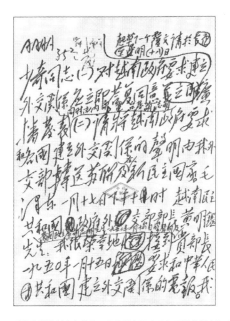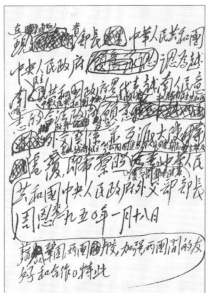

毛泽东发给刘少奇的关于承认越南民主共和国的首封电报手迹

胡志明同志今日已到北京，晚间政治局设宴招待并进行谈话，他作了简单的情况报告并提出了要求。我们除盛赞越南抗战成绩外，对他们的要求均给以满意的答复……他离开工作已有一个月，赤足步行17天才进入中国地界，他年已60，身体瘦削，但尚健康。

毛泽东接到电报后，即于2月1日以毛泽东、周恩来两人的名义发电给刘少奇，请刘少奇代为问候胡志明及其战友的健康，并祝"越南全境统一早日实现"。

胡志明在北京很高兴，但他坚持要去苏联，他说，他这次出国的一个主要目的是去苏联找苏共中央，他想面见斯大林。既然毛泽东和周恩来都在莫斯科，去苏联正好一起谈。

根据胡志明的要求，刘少奇安排他于2月3日晚间乘火车去莫斯科。

5 斯大林说不了解胡志明·专列驶过西伯利亚，毛泽东对胡志明说：法国鬼子不可怕，我们派去的顾问都是"土顾问"哟……
（1950年2月间—3月初，莫斯科—北京）

1950年2月17日晚上，毛泽东乘坐专列离开莫斯科。列车穿过乌拉尔山脉，进入了白雪皑皑的西伯利亚。

他喜欢雪。在异国，车窗外下雪也是"山舞银蛇，原驰蜡象"，只是相比起来，陕北高原的雪景显得更磅礴苍茫，更亲切动人。

胡志明也同乘这一辆专列从莫斯科来中国。

这趟专列上，毛泽东、周恩来与胡志明三位领袖人物，每人各住一节车厢。细心的周恩来注意到，胡志明的心情没有毛泽东那么好，清癯的脸上很少露出笑容。因而，周恩来一有空就到胡志明的车厢去看望，也邀请胡志明去毛泽东的车厢去喝茶说话。

当工作人员给胡志明沏上一杯龙井茶时，毛泽东笑着说：

"胡同志，请喝茶。你放心喝。我的龙井茶这次刚刚经过莫斯科皇宫医院的教授们化验。"

"化验？为什么？"胡志明问。

胡志明在看关于斯大林及苏联的报道。

"他们为我检查身体，讲我各器官正常，只是要防止肥胖，要禁烟、禁酒、禁肥肉，很惊奇我吃茶叶时竟连茶叶渣子也吞下去。"

"是不是也要禁？"

"化验结果使他们大为羡慕。"

"羡慕？"

"化验的结果表明，茶是长寿的好饮料，其中含有大量的人体需要的元素。苏联产茶少，他们好羡慕。"

"看来，可以送些给斯大林啰。"

"你也不是不知道，斯大林是不随便吃外国人送的东西的。"

与两个多月前来的时候相比，毛泽东显得高兴多了，在与人交谈时还经常说上几句轻松的笑话。这与初到莫斯科时受到冷落，经常沉默、焦急甚至生气发火，形成了鲜明的对比。

毛泽东在莫斯科虽说经历了些许坎坷，但还是打破了僵局，签订了《中苏友好同盟互助条约》，签订了贸易及贷款的协定，还签订了关于长春铁路、旅顺口与大连的协定，民航合作等协定，专列上还载有斯大林送给毛泽东、周恩来的两辆吉斯牌小轿车，真可以说是满载而归了。

相比之下，胡志明此次到莫斯科，除了要见毛泽东，也是要见斯大林。处在抗法战争艰难阶段的越南，是急切期望得到苏联老大哥的无私援助的。

实际上，胡志明在斯大林那儿是碰了一个"软钉子"。

2月3日晚间，胡志明在北京西直门火车站乘车赴苏联去会毛泽东与斯大林。此时，中苏间的主要条约谈判已近尾声。

斯大林没有马上见胡志明。斯大林心存疑虑，对毛泽东说："我不了解胡志明，不知道此人是不是马克思主义者？"

毛泽东说："我了解胡志明，他是一个马克思主义者，你还是见一见他为好。"

斯大林征求了毛泽东的意见后，便在克里姆林宫秘密接待了胡志明。胡志明感谢了苏联政府在数天前正式宣布越苏两国建交，并向斯大林介绍了越南军民抗击法国殖民军的情况。胡志明当面向斯大林提出请求，希望苏联往越南派遣军事顾问，并提供武器和弹药援助。

斯大林当时没有答复，说要同毛泽东商量这个问题。

会见中，胡志明提出就其作为越南领导人访问莫斯科而公开发布消息。

斯大林说："你不是已经来了吗？再宣布你访问莫斯科就不合适了。"

胡志明说："怎么不合适？"

斯大林说："西方记者会刨根问底，追问胡主席是怎么来的。是从天上掉下来的吗？"

胡志明很机灵地答道："你派一架飞机送我上天去兜一圈，再派人去机场迎接，我不就是正式抵达莫斯科了吗？"

这个建议把斯大林逗乐了，但他笑过之后还是婉言拒绝了胡志明的建议。

当时，赫鲁晓夫也在场。据赫鲁晓夫在其回忆录里记述：斯大林会见胡志明时，胡志明从皮包里拿出一本《苏联建设》杂志，要斯大林给他签名，斯大林当场签了名。过几天，这本杂志又被人从胡志明住处偷偷拿回来了。因为斯大林担心胡拿签名去派什么用场。赫鲁晓夫还回忆说，胡志明这次没有从苏联得到什么军事援助。离开莫斯科不久，他给斯大林去信要求支援奎宁，说在越南流行疟疾。当时苏联的工厂生产大量奎宁，因而斯大林慷慨大方地说："给他半吨。"

斯大林再次会见毛泽东，两人讨论了越南问题。

斯大林对毛泽东说：去年刘少奇来莫斯科时，他就说过，马克思、恩格斯去世后，欧洲就落后了，革命的中心由西方一步步转向了东方，现在转到了中国和东亚；因此，你们不仅有了很大的成就，责任也大了。中苏两党要分工，"你们多做东方和殖民地、半殖民地国家的工作，与东南亚各国建立密切的联系，在这方面多发挥你们的作用和影响。而我们对西方多承担些义务，多做些工作。我希望援越抗法战争这个职责，还是主要地由中国来承担，因为中国和越南在历史和现实中都有许多联系，双方比较了解，地理位置也相邻"。

斯大林认为，援助中国进行经济建设是苏联的重要任务。谈到军事援助，斯大林说："我们已经打完了第二次世界大战，大量的武器是用不上了，我们可以运许多到中国去，你们可以留下来，其中适用于越南的，你们也可以运一些到越南去。"

毛泽东赞同斯大林的意见。于是，中共和苏共两党对援助越南抗法战争问题很快就取得了共识：苏联援助中国的经济建设，中国援助越南的抗法战争。

在回国的专列上，毛泽东除了深入考虑刚刚诞生的新中国所面对的政治、经济与外交等诸多新课题，也在考虑援助越南的抗法战争问题。在莫斯科谈判有关中苏贸易条约问题时，他已经从统筹全局的观点，考虑到除了和苏联、波兰、捷克斯洛伐克、德意志民主共和国等社会主义国家搞好贸易之外，还要和英国、法国、日本、美国、印度等国做生意。在政治上，有最新的迹象表明，英国、法国与北欧、中欧的一些西方国家在考虑与中国建交的问题。法国政府在元月间已经试探着表示愿意和新中国建交。新中国迫切希望有一个和平安定的环境，并开展对外贸易，希望与西方国家建立正常的外交关系的。在上个月决定与越南建交时，毛泽东与刘少奇等同志就考虑到会影响中法建交。要实行援越抗法，就要准备承受与西方国家的关系受到影响。共产党人为支持兄弟国家民族解放斗争，是需要具有不惜做出民族牺牲的国际主义精神的。但

毛泽东与胡志明在北京会谈的情景。

在具体的处理上，因为涉及两党两国的关系，必须采取十分谨慎的方针，不能包办代替，要充分尊重越南的主权。

毛泽东的想法渐趋明确：在大力援越抗法的同时，必须严格遵循一条我军"不出境作战"的原则。

胡志明来到毛泽东的车厢，当然不是来品尝龙井茶的。

胡志明与毛泽东两人早就相识。他俩第一次见面是在 20 世纪 20 年代大革命时的广州。胡志明很佩服毛泽东在广州开办的农民运动讲习所，去过几次。第二次见面是在抗日战争爆发后，1938 年间，胡志明从苏联经新疆来到延安，住在枣园的窑洞里，和毛泽东作过长谈。这次在莫斯科，该算是他俩第三次见面了。他俩见面谈话是无拘无束的。

胡志明说："毛主席，你们是'小米加步枪'走过来的。"

毛泽东笑了："你不仅懂中国的五言七律，还很懂中国的革命。"

毛泽东谈起了五言七律，是指胡志明刚到莫斯科时曾告诉他，40 年代初，胡在广西遭蒋介石拘禁时在牢里写的《狱中日记》就是 100 多首汉文诗。

胡志明说："我们没有几杆步枪，我们现在只能以棍棒对付敌人的飞机、大炮。"胡志明直接向毛泽东提出了中国向越南派遣军事顾问、提供武器弹药的要求，还进而设想，由中国人民解放军越过边境进入越南，直接和法军作战。

关于越南要求提供武器弹药，1 月间，毛泽东就在莫斯科收到过刘少奇发来的印支共中央向中共中央提出的紧急援助清单。刘少奇已经全数批准了这份援助清单——

战防炮弹 1200 发

美式三〇步、机枪子弹 42 万发

英式三〇机枪子弹 9.1 万千发

希望援助（借用）汽车 20 辆

毛泽东从这份清单体会到，越南军民处境很艰难，看来连一支主力部队都还没有，说越南军民用棍棒对付法军的飞机、大炮，是不过分的。

但毛泽东对胡志明提出出兵援越早已经有了估计。他倾向于派军事顾问去越南，并提供必需的武器弹药、军事装备，必要时帮助组建一支主力部队，支持越南扭转战局，但这些还有待于中央最后讨论决定。

他望着眼前的胡志明，12年前在延安枣园会见时，头发乌黑、牙齿雪白而整齐，身体虽瘦却还丰满，眼下仅比自己年长3岁的他，已头发花白，牙齿脱落、脸庞瘦削，尽管精神还好，却已明显苍老了。在这样的年纪，打赤脚在深山老林中走了17天来中国，也是为越南的民族独立操尽了心啊！

毛泽东说道："法国鬼子不可怕，你们用棍棒抗法，也打了5年仗，不断给他们以打击。在近代史上，中国也曾有过冯子材、刘永福大败法军。胡同志，物质援助我们尽力而为，至于派顾问团嘛，我们不大好办，因为我们的干部没有受过正规的训练，没有进过学校的门，只是打仗有些经验而已。"

胡志明还是坚持要求说："我是了解情况的。你们的干部打过许多仗，这几年还打了好多大胜仗。我们是很急需他们的经验。"

毛泽东说："我个人没有意见，还要回去跟中央的同志商量一下。要派的话，我们的顾问可都是土顾问哟。"

在座的周恩来对胡志明说："你看，毛主席已经同意了。"

列车在冰天雪地里疾驰。外面尽管是太阳高照，天气还是出奇的冷。有人向周恩来报告说：天太冷，斯大林送给主席那辆轿车的水箱都冻裂了……

车厢里，胡志明心里感到热乎乎的，毛泽东和斯大林是那样不同啊！

6 闲居乡间的戴高乐，把中国看成"老虎"·当中苏两国还在高喊"友谊牢不可破"时，他已看出民族利益的冲突必将使两国走向分裂……

（1946 年春—1952 年春，法国科隆贝乡间）

科隆贝，在巴黎东南方 240 公里处，属于上马恩省辖区的一个乡村，地势开阔，树木葱茏。在村旁树林里的一块花岗石墓碑前，村民们聚集在一起肃立默哀。

这天是 11 月 11 日，是第一次世界大战纪念日。每年的这一天，科隆贝的村民们都要在这块本村死难者纪念碑前举行传统的悼念活动。在人群中也夹杂着几个军人，有的胸前还佩戴着勋章。这些都是退伍多年的老人，只有在这种场合才穿起保存已久的军装。

在悼念的人群中，有一个穿准将军服的老军官显得特别醒目。他身材特别高，鼻子特别大，尽管已有 60 出头年纪，但腰板还特别直，十足的军人气质。由于足有两米高的个子，他每次来参加这个悼念活动，都自动站在人群的最后一排，不愿意挡了别人的视线。但是村民们出于对他的尊敬，还是坚持请他到前排来。他平时在村里出入，都是像普通人一样，穿西装或是便服。村落的孩子们也特别愿意在这一天来领略他威风凛凛的统帅风采，然后回家津津有味地倾听大人们讲述他的逸闻与传奇故事。

在科隆贝，他处处把自己当做一个普通村民。村里的人敬佩他，要选他当本市议会的议员，他谢绝了。他宁愿以普通公民的身份，参加本村的有关活动。作为当地居民，他每年一次礼节性地拜访当地市长；作为军人，他参加本村退伍军人协会；作为教徒，他每星期天去教堂做弥撒。每当有村民生儿育女，他便送礼祝贺。每逢村民生病或有难事，他

法国小镇科隆贝

便悄悄予以帮助。

他就是拯救法兰西于危亡之中的伟大人物，一个自动退下来的赫赫有名的政府首脑，在"二战"中与丘吉尔、罗斯福齐名的戴高乐将军。

众所周知，"二战"期间，当德国法西斯攻占法国而法国执政当局决定投降的危急关头，1940年6月18日，他在伦敦通过BBC电台发表了著名的"六一八"号召，以"自由法国"的名义，号召法国军民继续战斗，让抵抗之火燃遍法兰西，使法国的历史掀开了新的一页。当时在上将如林的法国，戴高乐的军衔只是准将，职务只是原国防部的次长。

经过几年的艰难岁月，"自由法国"在血与火的洗礼中战斗成长，并团结国内外所有的抵抗力量，与盟军一起打回法兰西。他指挥的法军部队解放了巴黎。他回到巴黎、经过凯旋门时，受到了巴黎市民盛况空前的夹道欢迎！

因戴高乐的执政理想与法国政体的党派政治产生激烈冲突，他便于1946年1月20日宣布辞去法兰西共和国临时政府总理职务。

戴高乐挂冠离开巴黎后，夫妇俩就带着小女儿安娜隐居在科隆贝双教堂村的拉布瓦瑟里乡间寓所。科隆贝因村中教堂有双尖顶双十字并立而得双教堂村之名。戴高乐居住的是一处普通的老式乡间宅院。在小山丘旁,进入绿色大铁门,沿着一条树木掩映的甬道,便看到一座石墙瓦顶的二层小楼。常青藤爬满在屋墙上,周围是一片草坪和树木,一派宁静悠然的田园风光。

这一宅院是他专为残疾的小女儿安娜购置的。那是 20 世纪 30 年代中期,戴高乐还是个中校,有人向他推荐科隆贝这处占地甚广的房地产时说,那里绿树成荫、气候宜人,对他那个弱智女儿安娜的健康有好处。那一年安娜已经 10 岁了,许多朋友建议他们夫妇俩把这个残疾姑娘送到一所专门疗养院去。但他们夫妇俩都拒绝了。

戴高乐说:"小安娜并非自己要求降生到人间来的。我们要想尽办法让她过得幸福一些。"在安娜面前,也只有在安娜面前,这位冷峻刻板、目空一切的校级军官才会忘掉自己的尊严。为了逗安娜高兴,他会拍着大腿跳舞,唱着流行歌曲,还让安娜玩他的军帽。戴高乐夫妇俩离

1941 年,戴高乐在伦敦发表著名的讲话,号召自由法国起义反抗德国法西斯统治。

开巴黎后，在这儿才住了两年，1948年初春，刚满20岁的安娜就因患肺炎去世。戴高乐悲痛地将她埋在住处附近的墓地里。1952年他立遗嘱时，就特意写明"我的墓地就是安葬我女儿安娜的地方"。

戴高乐辞职时，将美国杜鲁门总统赠送给他的私人礼物——一架DC-4型飞机交给空军使用，并把他的一辆私用美国大型轿车卖给了一位艺术家。回到科隆贝，他另买了一辆只有两匹马力的法国普通型小轿车，让夫人伊冯娜平时驾车去采购食物与日用品。戴高乐的生活极为简朴清苦。他身材高大，胃口很好，有限的开支却不能使餐桌上经常有肉。有不多的酒，也得留着招待客人。有时候招待客人也常常以水代酒。在巴黎，戴高乐的朋友们就流传这样的笑话："你知道吗，我们刚从科隆贝回来，我们美美地吃了一顿既没有羊肉也没有土豆的土豆烩羊肉。"

头两年，屋里没有安装暖气，冬天就很冷。爱女安娜就因受凉得肺炎去世，迫不得已，他才想方设法装了暖气。戴高乐本可领取准将退休金，可是政府当局故意刁难，借口戴高乐只有战时的临时准将军衔，无法确认其军衔的真伪，就只给他上校级的退休金。将军素来性格高傲，

"二战"后期巴黎解放时，戴高乐重返共和国首都巴黎。

一气之下，宁可分文不要。这样一来，他手头就更拮据了，只能靠过去节俭存下的一些积蓄生活。

好些老朋友愤愤不平，为提高他的军衔和待遇多方奔走。好不容易活动到新总理下了一道命令：要把戴高乐的军衔提高到国家所能授予的最高一级。那就是元帅级了。戴高乐得悉自己将从所谓无法确认的准将，瞬息间摇身一变而为戴高乐元帅，就认定这是断然不能接受的。他立即回

1946 年 1 月，戴高乐辞去总统职务。

信一口谢绝。他指出，这种提升方式，"会令人感到奇怪，甚至可笑。唯一正确的办法是维持现状。如有困难，到时候死神会来解决的"。

法国总统为表彰罗斯福、丘吉尔、戴高乐和斯大林四大巨人在"二战"中的伟大功勋，授予他们军功勋章。他拒绝接受，并于 1947 年 1 月 18 日写信给奥里奥尔总统，说明拒绝接受的原因。"1940 年 6 月 18 日至 1946 年 1 月 22 日，我为形势所迫，行使了国家元首和政府首脑的职权，做了一些事情。但是，如果由于某个人代表和领导国家及政府有方，就给他授勋，那么，这等于国家和政府通过给此人授勋而给自己授勋，这是难以想象的。"

他也因此引起种种议论。有人称赞说：戴高乐将军是个可尊敬的正派人。也有人说：这个将军真是古板得可爱。

在历史的关键时刻对法兰西作了惊天动地的贡献的伟大人物，竟过着如此清苦简朴的生活，简直令人难以置信。无论你信不信，这确是客观存在而引人深思的事实。

科隆贝天宽地阔、风景优美、宁静安适，作为度假或者休憩当然不

失为一个好地方。但是，对于一个刚干过一番轰轰烈烈解放法兰西这样大事业的人来说，赋闲在家，眼看时光流逝，身体渐老，心头会觉得十分难熬的。目睹战后法国的大国地位遭到削弱，光辉不再，而当局事事唯美国马首是瞻，极为爱国的戴高乐的心情是难以与科隆贝宁静的风光协调的。

壮志未酬而期望东山再起的念头一直萦绕在他脑海里。他不甘寂寞，时时在观察形势与政局的变化，寻求东山再起。他时而外出接触政界人士，时而在重要的群众集会上发表演说抨击政府与时事。他的活动触动了执政当局敏感的神经，当局不惜采用行政手段施以报复，下令取消他出席非官方集会时的随车警卫、仪仗人员和警察保护，并规定国家电台不予广播。

在政治斗争中，他深切感到单枪匹马难以同传统政党连续较量，依仗个人声望、孤军作战是难以取胜的。他不想建立一个党，但他觉得需要有一支有组织的稳定的政治力量支持。于是，他悄悄筹划建立了一个凌驾于各老牌政党之上的政治联盟，取名为"法兰西人民联盟"。1947年4月，他在斯特拉斯堡宣布成立法兰西人民联盟。戴高乐的名字是一面旗帜，具有很强的号召力。法兰西人民联盟发展迅猛，短短一个月内，申请入盟的人数达到80万，并在市镇选举中获得了惊人的胜利。但联盟本身就是一个大杂烩，组织松散、鱼龙混杂、派系林立。一拥而上聚得快，也一哄而下散得快。许多政客通过选举当上议员，谋取了一官半职，也就背离原定的宗旨不想再"联盟"了。戴高乐看到法兰西人民联盟丧失了生命力，十分懊丧，1953年5月，他宣布联盟"今后无论在选举方面还是议会活动中都不再采取总体行动"，联盟成员只能以个人名义行事。这样，法兰西人民联盟虽未宣布解散，实际上也就此解体了。

法兰西人民联盟的盛衰是戴高乐政治生涯中心酸的一页。但其中的曲折经历对他从军人真正成为成熟的政治家是大有裨益的。在1946年下野不久，他就在着手准备撰写回忆录。从 1950 年开始，在联盟后期，他已经慢慢静下心来撰写回忆录了。

隐居科隆贝的戴高乐博览群书，不单是政治、军事、历史与哲学等书籍，就是园艺、机械、医药等方面的书也不放过。但戴高乐对中国的知识是贫乏的。而且他对中国的认识，抱有西方人那种传统的偏见，将中国视为"黄祸"。他认为中国一是穷，"贫穷而人口众多"，"是个什么都缺乏的帝国"；二是"野心勃勃，不可摧毁"，"正在窥视着周围的地区，有朝一日，一定要扩张到这些地区"。他把中国视为"老虎"，这与他崇敬的拿破仑将中国比喻为东方的雄狮有关。

在战后相当长的一段时间里，他不可避免地也是冷战的狂热鼓吹者。在反法西斯战争的艰难岁月里，他与丘吉尔结成了好友；在战后，即使是他自动辞职归隐科隆贝的时期，他也和丘吉尔保持着经常的联系。1946 年 3 月，丘吉尔在美国密苏里州富尔敦市发表了关于"铁幕"的演说，"在整个欧洲，从波罗的海的什切青到亚得里亚海的里雅斯特，

1947 年间，戴高乐组建法兰西人民联盟，以图东山再起。

降下了一块铁幕"，说在铁幕内的共产党国家都是"警察掌权，没有真正的民主"。这次著名演说标志了东西方冷战时代的开始。戴高乐与之呼应，在多次关于国际问题的演讲中，对共产党"集权主义统治"的斥责是十分猛烈的，把这些国家的制度斥责为"暴政"。他把法国共产党也斥责成"莫斯科的工具"。

但是，他和杜鲁门、杜勒斯等冷战代表人物不同的地方，在于他并不以意识形态决定一切。他认为，国家之间的关系决定于国家的利益，而不决定于意识形态。他对下列看法并不感兴趣：莫斯科竟能够在全世界范围内以非俄国人可以接受的说教形式来推翻"资本主义"，以扩大它的影响。如果他同意意识形态的作用，就会干扰他重振法国大国地位的宏伟计划，那么，法国和美国就会结成天然盟友，而不会有如此深的鸿沟了。

在东西方两大阵营冷战对立的背景下，新中国诞生了。在他看来，即使是意识形态色彩极为浓厚的中苏关系，意识形态的作用终究还是第二位的，民族利益才是根本的、决定性的。当毛泽东与斯大林握手，两国还在高喊友谊"牢不可破"时，闲居在科隆贝乡下的戴高乐已经看出，民族利益的冲突必将使中苏关系走向破裂。

中国战神秘密进入越南丛林

7

中共代表罗贵波携带电台入越·入越前，边境上正在进行歼灭回窜蒋军的水口关战斗·胡志明说：当务之急是将法军封锁的越中边界打开一个缺口……

（1950年1月—3月，中国龙州—越南北部山区）

国境线上的界碑就在眼前。中越双方在这里都没有设卡和建筑工事，边界十分宁静，树林里传来悦耳动听的鸟叫声。

罗贵波翻身从马背上下来，观看这块界碑。

这是一块用花岗岩刻凿成的界碑，一半埋在地下，地上部分有一米高。虽经风雨的剥蚀，石面的刻字仍很清晰，北面刻着"中国"两字，南面刻着"越南"两字。这是我国靖西县与越南高平省交界的一块界碑。

从1月16日离开北京，整整走了40天，罗贵波一行人马，2月23日到达靖西县城。26日，他们从靖西县城出发，启程前往越南。通往边境的道路被战争毁坏了，不能行车，他们将电台、器材与药品分装在几匹骡马上。这一行中方共有9人，包括秘书、参谋、警卫、机要员和报务员在内，在越方的阮德鸿与特地过境来迎接的越南主席府典礼事务长武延莹的带领下，沿着蜿蜒曲折的山路前进。那天正逢集日，两国边民自由通行往来，肩挑背扛，行人不断，圩集十分热闹，竟完全是一派和平景象。

罗贵波让大家稍事休息。他抚摸着界碑，心情很激动，回首眺望祖国连绵起伏的群山，不禁感慨万分。

他怎么都没想到新中国一宣告成立，国家在百年废墟中变化如此之迅速，他个人的命运也面临如此急促的变化：太原攻克后，他出任太原警备司令。不久上级找他谈话，要他回江西赣南老家去担任刚解放的赣南区委书记，兼军区司令员和政委。没两天又变了：准备派他去湖南，到刚起义的陈明仁将军的第二十一兵团担任负责职务。他接到正式的调令后才发现，中央军委决定派他去第一野战军担任第七军政委，准备进军大西北。七军军长彭绍辉率部先行。罗贵波因伤病复发，经批准先从太原赴京检查治病。到了北京，想不到竟被朱德总司令看中，要他组建中央军委办公厅，由他任主任。1949 年 10 月初，新建立的军委办公厅就设在中南海居仁堂里。当时条件简陋，他竟能和朱德、聂荣臻、叶剑英等大首长在一起办公，他的办公桌竟和朱老总的办公桌对拼在一起。

当时，毛泽东正在苏联访问，在京主持工作的刘少奇急于物色一位同志，代表中共中央，去越南担任联络代表，沟通两党联系。这项在当时极为神秘、特殊而重要的使命能落到他的身上，恐怕与他天天在中南海露面，中央首长们决策时容易想起他是有关系的。

中央首长们看到他，就会联想到他的经历、才干、性格等各方面的情况和特点。他刚 40 岁出头，年富力强、精力充沛，能到越南亚热带丛林里去过艰苦日子。他是从江西赣南组织潭口农民暴动出来的老红军，经历过苏维埃反围剿，参加过二万五千里长征，抗日战争爆发后一

中越边界界碑

直在太行山地区一带坚持战斗，先后担任过军区司令员、政委与地区的区党委书记等工作，意志坚定而处事谨慎，能够独当一面，善于在艰难的环境中打开局面，具有长期主持一个方面或者一个地区全面工作的丰富经验。罗贵波所具备的这些条件，正是中央领导物色赴越人选所着重考虑的。

这次，经过一番研究后，去越南这个特殊使命交给了罗贵波。12月中旬的一天，刘少奇把罗贵波叫到中南海万字廊办公室谈话，当面交代任务。

刘少奇说："贵波同志，中央经过仔细考虑，并报告了毛主席，都同意让你去完成一项特殊任务——担任我党的联络代表，去越南工作。"

罗贵波说："我可是从未出过国，没有在兄弟国家、兄弟党工作的经验。"

刘少奇说："没有关系。他们正在抗战，在山里打游击，同咱们抗日战争时期差不多。你和别的派出国当外交官的同志不一样，不是吃洋面包，而是打游击。中央经过仔细考虑，毛主席也同意你去。这是一项新的艰巨的任务。"

罗贵波觉得仗打了20多年了，已是家常便饭，就表示坚决执行中央决定。

刘少奇接着向他简单介绍了越南的形势，特别说明：越南的党中央和政府都还在深山里，现在国际上还没有一个国家承认越南民主共和国，更没有一个国家对越共提供援助，越南人民的革命斗争正处于敌强我弱、孤立无援的境地；中央认为，已经获得革命胜利的人民，应该援助正在争取解放的人民的正义斗争，援助越南人民的抗法斗争是我们义不容辞的国际主义义务。少奇要求他到越南后，完成好这样几个任务：一、负责向越共中央传达中共中央的意见，同时把越共中央的意见带回来；二、对越南的政治、经济、军事等方面的情况进行调查研究，提出意见供中共中央参考；三、告诉越共中央，中共援助越南的方针是定了的，但是有些事情现在还做不到，公路、铁路都还没有，靠人背是不行的，要先设法畅通道路。刘少奇还特意要罗贵波向越共中央表示，感谢他们在抗日战争期间对中国的粤桂黔纵队的照顾。

临行前，刘少奇又和罗贵波谈了一次话。刘少奇嘱咐说，你们去越南这件事一定要绝对保密，到越南后工作方式由越共中央确定，在适当的时候回国汇报。刘少奇还说，要告诉随行人员作好过艰苦生活的准备，在越南工作期间的待遇，请胡志明主席和越共中央按照越南干部的标准供给。刘少奇还用毛笔为罗贵波写了一封致胡志明的亲笔介绍信。

于是，罗贵波立即行动，紧急配好助手、工作人员，于 1 月 16 日启程离京南下。他除了像往常一样带了洗换衣服、必要的书籍文件外，只带了防疟疾、中暑的药品和两件在前门旧衣店买的美国夹克。

谁知罗贵波刚刚离开京城，刘少奇就接到广西部队报告，胡志明已秘密进入中国，正在来京途中。刘少奇立即通知罗贵波半途折回北京与胡志明见面。当时罗贵波已到了湖南衡阳，由于电讯联络出现差错，罗贵波到广州后才收到。而胡志明此时已去苏联，罗贵波就奉命继续往南进发。早年叶剑英与胡志明很熟悉，如今主政广东的叶剑英就给罗贵波物色了一个懂越语的翻译。

在他们南下至中越边境时，正遇龙州、凭祥又发生战事。元月下旬，逃窜在越南高平一带的国民党军十七兵团残部，在兵团司令刘嘉树的指挥下，妄图趁解放军大军入滇后回窜龙州，打开一条通往北部湾的通道，然后乘船逃往海南岛。广西军区在获悉敌意图后，指示驻扎在龙州的解放军四十七军撤出龙州，诱敌进占，张好口袋等敌军钻进来。敌军探得"龙州城兵力空虚"，果然中计，从越南高平经水口关越过边境回窜龙州、凭祥。四十七军在中越边境收拢口袋包围，在龙州和凭祥经两昼夜激战，全歼回窜敌军，俘虏 6000 多人，活捉了兵团司令刘嘉树。

因从广州乘船沿西江而上太危险，罗贵波一行就从广州折回衡阳，走铁路经南宁去越南。衡宝战役后，湘桂铁路遭破坏，还未恢复通车。

中越边境的靖西边关要隘第 12 道门

他们从衡阳乘坐一个火车头，边修铁轨边去桂林。在桂林由部队派武装卡车护送至南宁。这一路真是艰辛曲折。

在南宁，省委书记兼省长张云逸告诉罗贵波，广西已按中央指示，准备好了送给越南的武器和弹药，是否全送，如何接送，须等罗贵波去越南联络与调查后再定。罗贵波考虑越南在打仗，因而要求广西军区再给他配备两个军事干部。广西省军区副司令员李天佑将军给他配了两名军官，一名是师部的参谋处长，一名是军部的参谋。当时，桂越边境东段钦州、凭祥、龙州一带，我军正在进行剿匪，法军封锁十分严密，穿越该地区十分危险；经与越共中央联系，决定绕道通过西段靖西边境的秘密线路进入越南。由广西军区派一个连和五辆大卡车，机枪架在驾驶室上，武装护送罗贵波他们去靖西。路上，遇见一辆客车被土匪抢劫，抢去旅客财物和四个女学生。罗贵波立即下令警卫部队赶去追剿，夺回了被抢的财物和女学生。

2月23日，他们在部队护送下抵达靖西县城。

2月26日，他们早上离开靖西县城后，经边境小镇岳圩向越南高平省境内进发。

进入越南国境不久，从路旁的树林里走出五六个人来。阮德瑞上前介绍说："这是我们党中央派来迎接中国同志的。"大家笑着握手寒暄。原来这是越军总司令武元甲、越军总参谋长黄文泰等几个越共中央的领导来到边境迎接。使罗贵波格外惊喜的是，欢迎的越南人中竟有自己的老战友洪水。

两位老红军战友在中越边境线上重逢，心情十分激动。洪水是早年参加中国革命的越南人，曾在大革命时代考入黄埔军校，参加过广州起义，然后进入江西加入中国红军，担任过师政治部主任，经二万五千里长征到延安。抗战爆发后，曾和罗贵波一起在晋绥地区并肩战斗，担任过晋西北地委宣传部长，并在此与中国女子结婚。洪水是在抗战胜利后，经胡志明向中共要求而回到越南的，现在担任越南第五军区司令员，在抗法战争中屡立战功。

为了安全，越共中央派了一个小团（相当于中国一个营）兵力护送。罗贵波等都换上了越方准备的法式军装，头戴船形帽，大家高兴地合影留念。

进入越南北部山区后立即赶路，进入了深山老林。法国飞机经常侦察骚扰，飞机飞得很低，有时竟将树叶刮得哗哗响。飞机一旦发现什么，就狂轰滥炸。为了防空，队伍经常是昼伏夜行，行进速度很慢，每天只能走二三十公里。

200多公里路程，整整走了十几天，3月9日才抵达预定的目的地——太原省深山之中的一个大山沟，也是越共中央和越南政府所在地。

罗贵波一行到达后，被安排住进迎宾馆。该馆是在十分隐蔽的草坪上临时搭起的草棚。越共总书记长征，政治局委员、副总理范文同，政

罗贵波

治局委员、越军总司令武元甲，国会主席孙德胜，还有阮良朋、黎廉等负责人，都从各自的驻地赶来看望迎接。

几天后，胡志明在秘密访问苏联与中国后，也回到了越北根据地。胡志明看了刘少奇写的亲笔介绍信后，告诉罗贵波：越共中央政治局正准备召开重要会议，以迎接越南革命和抗法战争新胜利的到来，特别邀请罗贵波作为中共中央的代表参加会议。

罗贵波亲身感受到越北深山的条件的确十分艰苦，胡志明就住在极为简陋、四处通风的竹棚里，但他们都对胜利充满了信心。罗贵波在稍作安顿后，即让报务员架好电台，往北京给中共中央发报，报告他已顺利到达越北山区的有关情况。

3月13日，刘少奇为中共中央起草了致罗贵波的电报——

你对越南情况的了解及对中央的建议可分为两步：

第一步，大体了解一般情况，然后对急需解决的问题和急需中国的帮助先行研究、听取越南同志意见，即就若干问题提出意见，以便加以解决。例如，他们急需的军火帮助，交通运输组织的建立以及其他问题等。

第二步，就战胜法国帝国主义所需解决的各项根本问题进行调查研究并提出意见，例如，建立主力部队及党与政权问题等。

罗贵波带着电台，随时都能与北京联系，向中共中央汇报和及时听取中央的有关指示。通讯联络的畅通，使他在异国艰苦环境下工作有了精神支柱和克服困难的信心。

8

罗贵波视察越军主力部队后大吃一惊·中共中央同意向越军派顾问，毛泽东说：派出的干部"只当顾问，不当指挥员"……

（1950 年 3 月—4 月，越北山区—北京）

在这大山沟里，越南共产党（即印度支那共产党）政治局会议连续开了两个星期。会议开得很热烈，委员们情绪很高。罗贵波参加了大会，也参加了一些小组会。尽管有人现场为他翻译，他还觉得不够，不满足，他需要深入了解各方面的情况。越方动员了十几个华侨青年紧张地工作，将会议的各种越文材料及时翻译成中文，以供罗贵波研究。三四月间的越南北部山里，气候已经酷热难耐。天擦黑的时候，黑压压的一大团山蚊嗡嗡地跟在人的头顶，用树枝拨打也驱不散。在棚屋里的地上，则用竹木烧起几处微火，冒出青烟，说是防蚊子、防昆虫、防潮

原法国驻靖西领事馆旧址

湿。每到晚上，罗贵波就在青烟缭绕之中，或者是躲在蚊帐里面，借着油灯光研读材料或是起草电文。

这次越共中央政治局会议，在敌强我弱、难于短期打赢这场战争的情况下，经充分的讨论，提出了请求中国给予军事与经济援助的一揽子计划。这个援助计划，与两个月前，也就是元月时他们向中共中央提交的援助清单相比，已经是大得多了。这个新计划，在军事方面认为当务之急是组织一个战役，将法国殖民军封锁的越中边界线打开一个口子，开辟一条中国至越南的交通运输线，以保证援越的物资源源不断运进越南。因而，后来就将这个以打通两国边界为目标的战役称为边界战役。

越方为边界战役讨论准备了两个方案。其一，先攻打越滇边境的边镇老街，打开中越云南边界的通道，利用原有的滇越铁路运输援助物资。其二，先打越桂边境南面的重镇高平，打通中越广西边界，但法军在高平驻有重兵，因而难度要大得多。实施这两个方案，都需要中国派出得力的军事干部帮助。

3月19日，罗贵波向中共中央发电报，报告越共中央准备实施边界战役的情况。他也向北京方面报告了自己的看法：先攻老街，打开云南方向的边界，因老街法国守军较弱，易于取胜；但云南太偏西南，其物资和交通条件从长远看不足以供应越南战争的需要，滇越铁路早

中越边境的法国天主教堂

在抗日时期拆掉了开远至河口段，短期难以修复。他主张先打高平，然后修通广西至越北的公路和铁路，将其作为援助越南的主要通道。

越共中央政治局会议结束后，罗贵波也穿着越军的服装，由越军总司令武元甲陪同，在越北根据地各营地视察越南人民军部队。罗贵波看了后大吃一惊。部队每人每天只吃两顿，每顿就是一个饭团，没有菜与副食品。士兵面有菜色，形单体瘦。他们能不能像中国人民解放军一样具有连续作战的勇猛作风呢？

罗贵波在多年后曾经回忆说："我没想到越军的情况是这样的，部队普遍缺粮，油更谈不上，战士们体质虚弱；衣服多已破旧，大多数人打赤脚。武器装备更差，什么型号的枪支都有，弹药的补充很困难。特别是他们没有打过较大的战役，缺乏攻坚战的经验，纪律也松弛。这样的部队怎么能在越中边界打一场大的战役呢？"

在视察中，罗贵波虽没有怎么明说，武元甲也看出了他的疑虑。武元甲说："我们的士兵大都是农民的子弟，觉悟都很高，能吃苦。我们现在的政治基础很好，后方巩固，军民士气高昂。带兵的干部多是从军校出来，缺乏指挥实战的经验。"

罗贵波告诉武元甲：他自己最初参加革命，也是在江西老家农村组织数百名农民暴动，靠大刀、长矛和仅有的四支步枪与一支驳壳枪，打起红旗上了山；参加红军后，在党的领导下，战胜各种艰难困苦，仗也越打越大，队伍也就越来越发展壮大；后来建立了正规部队，四个野战军在人民支持下，运用毛主席军事思想，打了几个大规模的战役，才打败了蒋介石反动派。

武元甲清醒地说："我们还缺乏正规军，缺乏攻坚和攻城的兵种和重型武器，缺乏快速通讯手段，缺乏指挥运动战的军事干部。我们需要中国的支援。"

待罗贵波视察结束，越共中央通过罗贵波提出了具体的援助计划。这个计划分两部分：

第一，越方请中国派出一批干部，到越南总军委、越军总部和师级以上的高级指挥机关担任顾问，介绍中国军队建设和作战的经验，全面帮助越南搞好军队建设，协助组织指挥作战；同时，要求派出一批团、营级的军官，到越军主力部队中直接担任团、营指挥员。

第二，越方已下决心整编正规军，拟将需要整编的两万名越军主力开到中国去整训，请中国在广西或者云南提供训练地点，并对整训部队进行武器弹药、通讯器材、医疗救护等方面的全部装备。

越方还希望，在 1950 年内组建起正规军 6 个师约 10 万人的部队。

中共中央经讨论研究同意向越方派出军事顾问，毛泽东明确表示说，派出的干部"只当顾问，不当指挥员"。

4 月 13 日，刘少奇为中共中央起草复罗贵波电——

> 越南同志向你提出许多问题，你可就所知道的尽量予以答复和讲解，不知道的就不要任意解答。关于毛主席军事思想，你可就毛主席在 1947 年 12 月《目前形势和任务报告》中十条军事原则加以解释，并可将《古田会议决议》及《中国革命战争战略问题》介绍给他们。

4 月 14 日，刘少奇又为中共中央起草复胡志明电——

> 我们已派定一个兵团司令员韦国清同志到越南，协助你们创办军官学校并建立正规军，他现有病，还须休养一段时期，大约在一个月内可率若干军事干部及学校干部起身赴越南。老街及高平战役所需武器及干部的帮助，已令云南及广西准备，并有一部已集中在开远及砑色寨，你们部队开入云南、广西训练的计划，亦已令两省准备中。

罗贵波（图中站立者）在主
持中国军事顾问团会议。

4 月 15 日，罗贵波在考察越北根据地后，结合根据地的现状与越
方同志的要求，准备向越方讲毛主席关于"固定区域的割据，用波浪式
的推进政策"；为此，他发电向中共中央请示。

4 月 28 日，担任解放军代总参谋长的聂荣臻为中共中央起草复罗
贵波的请示电，此电文对毛主席这一军事原则作了阐释，并特别送交毛
泽东审阅。毛泽东阅后同意。释文称：

> 毛主席的这一军事原则是在民族民主革命战争中，敌强我
> 弱的情况下，创建、巩固、扩大革命根据地时，既反对保守主
> 义又反对冒进政策，使巩固和发展根据地相结合的原则。所谓
> 波浪式的推进，就是根据地扩展到某一境地，就要暂时停止推
> 进，而进行新区的发动群众建立政权，建立人民武装等项巩固
> 工作，到新区已经可以作为依托再行推进。

9

越南告急！法国政府数次要派骁勇善战的勒克莱尔将军再去印
支出任远征军总司令，他都说要找下台的戴高乐商量商量……

（1947 年—1951 年，巴黎—科隆贝）

在科隆贝乡间小楼的不大的客厅里，墙上挂着好几幅油画。其中最触目的一幅画的画面是满天阴云低垂，一队神态坚毅的法兰西士兵在一片沼泽地里艰难地行军。客厅里摆着几张赭色的沙发，普通的茶几和椅子。在连着客厅的书房里，并排摆着六个大书橱，装满了书籍。书橱顶上支放着罗斯福、丘吉尔等人送的大照片，照片上有本人的签名。墙上挂着一些饰盘。书房中还放着一张小桥牌桌。

在客厅里那幅描绘士兵行军的油画前，穿便装的戴高乐与一个身穿将军服的军官又一次在讨论着。这位将军叫勒克莱尔，看上去要比戴高乐年轻得多。虽说在行家看来，这幅画并不算有多大名气，但因其着力表现法兰西士兵的坚毅顽强精神，深得戴高乐喜爱。勒克莱尔也很喜欢，每次来看望戴高乐都要对这幅油画多看几眼。

勒克莱尔对戴高乐说："将军，这幅画使我不能不回忆起我们那些最艰难的岁月……"

在戴高乐隐退期间，能

1943 年在前线指挥作战的戴高乐将军

够到远离巴黎的科隆贝乡下这个客厅里喝咖啡的人不多，也就是多年忠实追随戴高乐的一些老朋友。报纸和史书上将他们称为"戴派人物"、"戴圈子的人"或是"戴高乐主义者"。巴黎当局那些走马灯似轮换的执政者，慑于戴高乐的声望与影响力，也常在夜里来到这儿；或是沟通求助，求他帮助度过危机，或是带给他威胁性的"忠告"，让他不要乱发议论，影响政局。

一般的人跑到科隆贝来求见，是会遭到婉拒的。常人包括知名人士要见戴高乐将军，在巴黎就可见到。在退隐生活中，他保持了每星期三、四到巴黎去的习惯。戴高乐秘书处的人员会安排来访者在巴黎拉彼鲁滋旅社 11 号房与将军见面。

可以自由出入戴高乐乡间住宅的人很少，勒克莱尔将军就是其中的一个。勒克莱尔如此尊重戴高乐，两人的关系是有历史渊源的。

1940 年 6 月 16 日，法国沦陷，雷诺政府辞职，贝当组阁而向希特勒德国乞求停战投降，戴高乐只身飞往伦敦。6 月 18 日，他在伦敦 BBC 电台发出号召，宣布"自由法国"将战斗到底。由于他只是个人发出号召，他又只是一个担任国防部次长的准将，当时无论是在法国本土，或是海外领地，抑或在伦敦，没有几个人相信戴高乐所代表的事业会成功，愿意接受他领导的则更是寥寥无几。当时，戴高乐乘坐一架英国飞机要飞往非洲寻求海外殖民地的总督们支持，正当飞机要启程时，又追上来一个要跟他去非洲的"说客"，这就是勒克莱尔少校。勒克莱尔算是最早几个追随戴高乐的校尉级年轻军官中的一个。

勒克莱尔负责西非（法属赤道非洲），在喀麦隆及刚果布拉柴维尔工作得卓有成效。10 月 27 日，当戴高乐在刚果的布拉柴维尔发表《布拉柴维尔宣言》，宣布成立帝国防务委员会，勒克莱尔也成为其中的成员。勒克莱尔在布拉柴维尔组织起一支沙漠纵队，作为"自由法国"的军队开往北非作战。

在戴高乐的指挥官中，战绩最辉煌的就是勒克莱尔。他骁勇善战，而且是一位天生的将才，在征战中逐渐成为一个传奇式的人物。1941年1月，他率领的乍得团与意大利军作战，他声东击西，派出一个纵队佯攻木祖克，而真正进攻的目标却是远离拉密堡的库弗腊绿洲。他征集了约100辆卡车，运了几百名士兵，带了仅有的一门75毫米加农炮、几门35毫米炮和几挺不好使的机关枪，经过战斗，竟使人数过千的意大利守军投降。投降之后，守军才发现他的部队人数少得可怜。勒克莱尔被破格提拔任命为上校。经三年多的征战，至1944年夏天，盟军要实施诺曼底登陆、勒克莱尔率领的第二装甲师来到英国时，他已被称为将军，获得少将军衔了。当时，罗斯福不喜欢戴高乐，想在盟军占领巴黎后组织占领军政府，将法国变为美国的附庸国，因而撇开戴高乐的法国民族解放委员会而制定诺曼底登陆的"霸王"行动，还规定务必对戴高乐封锁消息，只能在登陆前一天通知他。

但是，戴高乐坚持"法国的首都必须由法国的军队来解放"，经盟国一致同意，勒克莱尔的这个师将不参加诺曼底登陆作战，而肩负直接进攻巴黎的光荣任务。

8月1日，勒克莱尔的第二装甲师在诺曼底登陆后，突破德军防线，直逼巴黎。盟军巴顿的第三集团军已经打到了塞纳河，但盟军总司令艾森豪威尔将军仍然迟迟不下令进攻巴黎。戴高乐去追问艾森豪威尔。艾森豪威尔支吾搪塞。有迹象表明，美国想给巴黎伪政权时间，变换面孔后与美国合

戴高乐隐居科隆贝乡间，埋头写回忆录。

作组织新政权。

戴高乐甚为气愤与焦急，决定自己赶往巴黎。

8月22日，行进途中，戴高乐接到已抵巴黎外围的勒克莱尔的一封信。原来，勒克莱尔早已等得不耐烦了，已派遣一支由吉耶邦少校率领的先头部队进入巴黎去与抗战运动组织联络；为此，勒克莱尔受到美国第五军杰罗将军的严厉斥责。戴高乐立即回信赞扬勒克莱尔的主动行动。

戴高乐让车队加速向巴黎疾进。大约是迫不得已吧，艾森豪威尔这时才下达了让第二装甲师向巴黎挺进的命令。

8月23日下午，戴高乐的车队赶上了勒克莱尔的第二装甲师，两人在朗布依埃相会。戴高乐立即指示勒克莱尔在蒙帕纳斯车站设立进攻巴黎指挥部。戴高乐对这个比他年轻的将军说："你真幸运啊！"

勒克莱尔的装甲师在郊外经过激烈的战斗后，于24日晚上攻入巴黎城内。这才保证了戴高乐于25日驱车进入巴黎奥尔良大街，还赶上了德国占领军放下武器投降的时刻……

后来，1945年8月14日，戴高乐特别委派勒克莱尔将军赴东京湾美国的"密苏里号"战列舰上，代表法国在日本裕仁天皇的投降书上签字。

在抵抗德国法西斯解放法兰西的战斗中，勒克莱尔将军屡立战功，深得戴高乐的器重，并在法国军队中享有很高的威信。在戴高乐辞职退隐后，印度支那的战火愈烧愈炽烈，胡志明领导下的越南军民到处抗击法军，法国殖民者在印度支那越陷越深。在困局之中，多届政府都会想起勒克莱尔将军。

在"二战"刚结束时，担任法国临时政府首脑的戴高乐是把海外殖民地包括在法兰西帝国的版图内的；因而，1945年9月，他派遣勒克莱尔将军率领7万远征军，远征印度支那，同行的还有派去担任高级专员的蒂埃利·达尔让利额海军上将。勒克莱尔率领1万军队进入西贡，在越南南方"恢复"了法国人的秩序。当时，刚成立的越南民主共和国控制着越南北部广大地区，接受日军投降的国民党部队尚未撤出。后来，勒克莱尔与达尔让利额之间，对于如何正确解释戴高乐的政策，以及在戴高乐辞职后如何衡量军事和政治行动的功过得失，发生了意见分歧。勒克莱尔虽是军人，却感受到了时代的潮流，深信法国终究要与越南民族主义者达成协议。他认为，越南人当时对"独立"（这是法国人坚决不使用的字眼）一词的解释，正是法国人所理解的"自治"，因此他建议使用这个忌讳的字眼。他建议法国政府应在其武装力量控制河内地区之前，宣布愿意承认越南在法兰西联邦范围内的独立。那个时候戴高乐虽然已经下台，但对这种观点深恶痛绝。达尔让利额也反对这种观点，其人专横跋扈，不可一世，却又优柔寡断。而勒克莱尔虽性格急躁，但为人正直，备受部下的推崇。两人在印度支那处在一起，真是格格不入。勒克莱尔军衔又比达尔让利额低，就更觉得难以忍受；于是，勒克莱尔向法国当局提交了辞呈，几星期中一请再请，终于获得批准。

勒克莱尔甩掉了包袱，就从西贡回到巴黎来了。

当时，法国军方在外交部长皮杜尔等政界人物的支持下，主张武力解决越南北方，恢复法国殖民统治。皮杜尔甚至多次向军方表示："应不惜使用任何手段使法兰西受到尊重，哪怕使用大炮！"

果然，1946年11月3日，法国海军舰队炮轰海防市，随后陆军和伞兵进而"扫荡"。一周之内，越方死伤成千上万。这一天，成了印度支那殖民战争的象征。法国当局妄图以武力扑灭民族独立和解放运动的熊熊烈火，结果只能越来越消耗国力，陷入愈来愈深的危机之中。

短暂执政的莱昂·勃鲁姆总理召见了勒克莱尔将军，打算派其前往印度支那出任法国远征军总司令，然后接替达尔让利额担任高级专员。尽管戴高乐已不掌权，勒克莱尔仍将他视为自己的上级。因而，勒克莱尔对当局的回答都是："我在答复之前，得跟戴高乐将军商量一下。"

勒克莱尔为了勃鲁姆总理的任命，写信给戴高乐。戴高乐回信说，勒克莱尔不应该再次去印度支那，应该支持达尔让利额在那儿继续干下去。戴高乐把勒克莱尔视为最"光荣"的戴派元老人物之一，去担任印度支那远征军总司令这样危险的职务，恐怕会因为法兰西第四共和国的失败而被人当做替罪羊。勒克莱尔因此拒绝了勃鲁姆的任命，他借口说，政府召回达尔让利额，将意味着在印度支那和世界人民面前承认法国的失败。

社会党人保罗·拉马迪埃上台担任政府总理后，也面临法国在印度支那困境，战争老打不赢胜，钱花起来像个无底洞，士兵不断在前线牺牲，又得不断向那儿增兵。于是，刚执政的拉马迪埃总理也像其前任一样，将勒克莱尔将军召到拿破仑墓东边不远的瓦伦纳路57号的总理府。新总理在马提翁大厦黄厅的办公室里，先对勒克莱尔恭维一番，称赞他为法兰西立下了卓越的功勋，是当今法国最能征战的将领，然后就进入正题："印度支那的局势很糟糕，我们还是期望你去那儿出任总司令，国家把力挽危局的希望放在你的身上了。"

勒克莱尔还是那句老话："对此任命，我还是先跟戴高乐将军商量之后，再作决定。"有人劝勒克莱尔，在去见戴高乐之前，最好还是跟共和国总统樊尚·奥里奥尔谈谈。他如约见到了奥里奥尔，总统也力劝勒克莱尔接受这项任命。勒克莱尔还是回答说，听听戴高乐意见后再说。

勒克莱尔又找了戴高乐，两人的谈话是在巴黎索尔费里诺戴派总部进行的。戴高乐大发雷霆，责备勒克莱尔过分重视政府对他的恭维。这使勒克莱尔受了委屈，他本来就不想再去印度支那；他也是急性子，也有自己的脾气，他反驳说，将军了解到的有关印度支那的一切不过是达尔让利额告诉他的那点情况而已。勒克莱尔进而指责将军执政时丢掉了叙利亚和黎巴嫩，从而导致这一连串失败。这是指1945年戴高乐执政时让叙利亚和黎巴嫩从法兰西联邦独立出去了。

戴高乐高声喊道："那不是我，是卡特鲁。"

戴高乐很快就冷静下来，对勒克莱尔说："法国必须坚持印度支那在法兰西联邦里，在交趾支那问题上，不能对胡志明作任何让步。至于你是否接受政府任命的事，这次我不作决定。"

戴高乐不作决定，就是默认勒克莱尔不去印度支那。

几天后，勒克莱尔将军写信给拉马迪埃总理，断然拒绝接受在印度支那的任何职务。

10

韦国清奉调离开军队来北京，先说是准备出使联合国，后来又说出使英国；突然，一道命令下来，却是要他到他家乡南边的国门外去打法国鬼子……

(1950 年 4 月—5 月，北京)

1950 年 4 月间，就在罗贵波进入越南一个月以后，向越南派出军事顾问团已列入中共中央的议事日程。当时，处理与越南有关的大大小小事情，还是由刘少奇负责。向国外派出军事顾问团，是新中国成立后的一个崭新的课题。

选派谁来担任这个军事顾问团的团长呢？

在三四月间，每次接到罗贵波从越南发来的请示电报以及草拟相关的回电时，刘少奇头脑里都在考虑这个问题。胡志明也来过电报，要求派其熟悉的陈赓将军去越南。他征求过毛泽东的意见。毛泽东说，陈赓还要担大任，短期去可以。毛泽东所说的"担大任"，是指中共中央当时正在积极准备解放台湾。

这位团长必须既是杰出的军事将领，又要十分熟悉政治工作，才能在国门之外完成这一复杂而艰巨的任务。在连续考虑了好几个人选以后，刘少奇想到了一个人。毛泽东、朱德、周恩来都赞同。

这个人就是韦国清。

他是与耿飚、姬鹏飞、韩念龙、黄镇等一批将军们几乎同时接到调令来到北京集训，准备进入外交战线、出任新中国首批驻外大使的。在此以前，他是第三野战军第十兵团的政委。抗战胜利后，美国马歇尔来华调停，他担任过军调部徐州方面中共代表，大约是这段涉外经历使他被选中担任外交官了。当时，从各野战军调到外交部的各

新中国成立初期的韦国清

个级别的干部都有，但像他这样兵团级的干部也只有少数几个，是要委以重任的。他出生于 1913 年，这年刚 37 岁。他说："只要党需要，完全可以从头干起。"开始听说是要让他漂洋过海，代表中国去纽约出使联合国。后来因为恢复新中国在联合国权利的时机尚未成熟，就让他去英国当大使；又因英国在承认中国问题上耍两面派手法，致使中英两国之间实行"半建交"，只能降格互派临时代办，那就用不着他去了。

刘少奇熟悉韦国清。

抗日战争期间的 1941 年 1 月，皖南事变后，在形势极为艰难的时候，中央授命刘少奇与陈毅领导重建新四军。八路军五纵队整编为新四军第三师，五纵的三支队整编为九旅，旅长是张爱萍，旅政委就是韦国清。那时韦国清只有二十七八岁，已经是很勇猛而成熟的指挥员了。那时候，洪泽湖出了群顽匪，威胁着根据地的安全，匪首高铸九自称"九路军"，发出狂言说："八路军是旱鸭子不敢下水，'九路军'不怕八路军。"九旅不信这个邪！那时候，刘少奇从上海买了一批书籍回军部，其中有一本是从俄文翻译的讲述了日俄海战的长篇小说《对马》。书中讲述了日俄对马海战中，日军以劣势的小舰队，重创沙俄的强大舰队，生俘俄

国舰队司令官的故事。刘少奇推荐给了九旅的领导张爱萍、韦国清。书中的战例启发了张、韦两人，他们琢磨着水上作战的战术技术，组织了我军的进剿船队。当政委的韦国清工作细致深入，动员战士克服困难与怕水心理，苦练水性。洪泽湖一战，大败匪"鸭子"，使高铸九的"九路军"全军覆灭，使新四军的几块根据地连成一体。

当时，刘少奇给九旅发报祝捷时，与新四军副军长兼参谋长张云逸谈起了韦国清。刘少奇说，韦国清是个少数民族干部，年纪那么轻，除了勇猛之外，还显得那么睿智、干练和谨慎，是块好料子。张云逸就向刘少奇谈起了韦国清。韦国清是桂西壮族山区东兰县的贫苦农家子弟，15岁就参加了韦拔群领导的农民自卫军，不久就参与了进攻县城的东兰暴动。在百色起义中，他跟随韦拔群转入了红七军，既精明又特别能吃苦，因而被挑选到军部的警卫队，担任军长张云逸、政委邓小平的警卫员。他跟随红七军"小长征"，经桂黔湘粤赣边界地区，进入江西苏区与中央红军会合。至1931年，刚满18岁的韦国清就担任红军团长了。他跟随中央红军参加了抢渡皎平渡、巧渡金沙江等著名的战斗。红军抢渡乌江天险时，干部团团长陈赓与担任该团特科营营长的韦国清，率领工兵营肩负架桥任务，在夜里疾行山路赶到边界河渡口，迅速架起浮桥，使中央红军全部及时过河，攻占了遵义。在红军到达陕北的最后一战直罗镇战役中，率部奋勇作战的韦国清身负重伤。到陕北治伤后，进入红军大学学习。

听了张云逸的细说，刘少奇从此更了解了韦国清。

洪泽湖战斗结束不久，韦国清转任九旅旅长。1942年冬反扫荡，他指挥了著名的朱家岗战斗。九旅勇战加巧战，以步枪手榴弹重创有飞机、坦克、汽艇配合作战的侵华日军精锐部队平林十七师团。此后，九旅被视为新四军最能打硬仗的主力部队。1943年春，蒋军韩德勤部突袭新四军淮北根据地，韦国清率九旅主力运动作战，迅速包围了蒋军予以歼灭，生俘了国民党江苏省主席兼鲁苏战区副总司令韩德勤。

解放战争开始时，刚 32 岁的韦国清已担任山东野战军第二纵队司令员兼政委。1946 年底，韦国清率二纵在与蒋军名将胡琏指挥的整编十一师在宿北交手，同时在人和圩包围了戴之奇率领的整编六十九师师部。整编十一师与整编六十九师都是蒋军王牌主力，全美式装备，刚从缅甸回国进攻山东解放区。经过极为激烈的战斗，全歼人和圩守敌，击毙了中将师长戴之奇，震惊了蒋介石。紧接着，韦国清又指挥二纵开展白塔埠战役，全歼蒋军第四十二集团军军部及其第二、第四师，活捉集团军总司令郝鹏举。在孟良崮战役中，韦国清率领两个纵队在青驼寺阻击敌援军，血战三昼夜，保证了主攻部队在孟良崮全歼敌王牌主力整编七十四师。淮海战役中，韦国清率苏北兵团二纵、十二纵及中原野战军十一纵等三个纵队作战，首歼敌一〇七军后，又参加了歼灭黄百韬兵团

韦国清（前）、邓逸凡（中）、罗贵波（后）在越北。

与黄维兵团的战事。第三野战军组建后，韦国清出任第十兵团政委，与司令员叶飞一起，横渡长江后参加了上海战役、福建战役，先后兼任福州市委书记、市长、福建省委组织部长等职务。

选中韦国清出任援越中国军事顾问团团长，是考虑到他在军事、政治两方面都有卓越的业绩，能够胜任这一艰辛而复杂的任务。

1950 年 4 月初，韦国清接受任命后，住在北京前门附近的一个招待所里，开始组建援越军事顾问团的工作。

韦国清接任后，遵照刘少奇的指示，向各野战军领导人请示选调组织军事顾问团所需要的干部，各野战军领导同志均表示积极支持。邓小平还提出，顾问团人员可从各野战军选调，为了工作方便，团部人员均应从第三野战军选调。

4 月 17 日，中央军委发出指示，从二野、三野和四野各选调一个师的全套顾问（包括师、团、营三级），从三野选调顾问团团部人员，从四野选调一个军官学校的全套顾问及教员，组成中国援越军事顾问团。4 月 26 日，中央军委再次指示西北、西南、华东、中南军区和军委炮兵，增调营以上干部 13 人参加顾问团，准备担任越军高级指挥机关和部队的军事、政治、后勤顾问或助理顾问。

由于刚成立的新中国处于十分复杂的国际环境之中，中央军委要求在绝对保密的情况下组建援越军事顾问团，对家属、亲友、战友、同事，甚至对不涉及此事的一般上下级关系，都不能说。

韦国清找三野首长粟裕商议从三野调出干部，他很敬重自己的老首长粟裕，请粟裕提名并确定。韦国清是三野打出来的名将，粟裕对于中央首次派出援外的军事顾问团，就挑选了韦国清当团长，觉得也是三野的光荣。

粟裕想起三野所属的二十三军刚在渡江战役中经历了和英国军舰发生炮战冲突的"紫石英号事件"，这是新中国即将成立前发生的最重大的军事涉外冲突。二十三军在总前委与中央军委的直接指示下与英军接触，很好地处理了这次事件。粟裕便提议担任过二十三军副军长兼参谋长的梅嘉生给韦国清做主要助手，说梅嘉生有勇有谋，且处事细致谨慎、周密干练，熟悉司令部业务，是个出色的参谋长。梅嘉生当时在设在南京的华东军政大学的第三总队当总队长。第三总队政委是邓逸凡，长期在部队做政治工作，具有丰富的政工经验。粟裕对韦国清说："他俩一武一文，正好做你的左右手。我就把第三总队首长们都给你了，他们刚刚在军政大学里学完结业，正好给你组成军事顾问团团部。"

梅嘉生，1912 年出生于江苏丹阳县贫苦农家，幼年随母亲到上海读书，初中毕业后当过店员，不久到南京投考军事学校，学习装甲兵课程，同时也接受了进步思想。"七七事变"抗战爆发，他没有随军校撤往大后方而回到家乡组织抗日武装，成立了农民自卫团。不久，陈毅带领一支部队北上，梅嘉生即率领队伍加入新四军，还参加了著名的黄桥战役。1939 年入党。担任过新四军一师三旅参谋长等职务。解放战争中，转战苏北、山东，多次参加重大战役，荣立战功，曾任华东野战军第四纵队参谋长、二十三军副军长兼参谋长。

邓逸凡，广东兴宁人，1912 年生。1930 年参加红军，做秘书、文书工作，从中央苏区参加了红军二万五千里长征。抗日战争中担任新四军政治部秘书长。解放战争中在华东野战军韦国清指挥的第二纵队担任政治部主任。

1988 年间，笔者有幸数次访问了他。他告诉笔者，选中他入越还有一个原因，就是他家乡在广西，老家东兰县离要去的越南只有 100 多公里山路。他要去的越北根据地山区，与桂西山区连绵一体，都是云贵高原向东南方向伸延而出的余脉，地形、气候、风俗，甚至居住饮食生活习惯，都有相通相近的地方；加上主政广西的张云逸将军又是他熟悉的老首长，广西的后援保证对于援越抗法极为重要。

他回忆说："我 15 岁那年离开家乡参加红军，至今还没有机会回老家一次。因为我参加红军，我父亲被反动派五花大绑，在村口集市卖肉的案板上，残忍地开膛杀害示众。后来，我带领军事顾问团经过靖西县去越南，靖西离我老家东兰已经很近，等于经过家门口了！入越任务太紧，我只能在靖西县城向从东兰来赶圩的老乡问了问家乡的情况。其实，我和顾问团的同志们在越北山区协助越南军民抗击法国鬼子，已经等于在我的老家门口打仗了。"

11

毛泽东说：不是我要派同志们去越南，是胡志明向我要的。他还叮嘱了许多"不要"：不要张扬，不要代替人家指挥，不要冲到第一线，免得给敌人俘了去……

（1950 年 6 月 22 日—27 日，北京）

毛泽东极为焦虑不安，从周末得到消息起，已经连续两天熬夜没有睡觉了。

毛泽东一直担心的事情出现了！

1950 年 6 月 25 日拂晓，朝鲜内战爆发。朝鲜人民军随后越过"三八线"，发起了南进汉城战役和水原战役。这立即使他意识到刚诞生的新中国将面临巨大的困难。

他 3 月从苏联访问归来后，一直着力抓两件大事：一个是恢复经济，另一个是解放台湾。由中共中央起草的土地改革法草案，过几天就要公布执行。半个月前，他主持召开中共七届三中全会，提出了"为争取国家财政经济状况的基本好转而斗争"的主旨报告。恢复经济的工作即将全面展开。1 月 5 日，美国国务卿艾奇逊在声明中表明对台湾蒋政权将采取"放手不管"的政策。在解放台湾问题上，中央已经作了积极的部署，新建的空军和海军的装备正陆续到达，进攻台湾的技术条件问题正在通过各方面的努力而逐渐得到解决，二野的好几个主力军正在粟裕指挥下操练水战。中共中央已经开始建立了依靠自己的力量解放台湾的决心，并初步考虑在明年条件基本具备后选择时机实施渡海作战。现在朝鲜战争爆发后，他最为担心的是美国介入朝鲜战事和改变对台湾的政策。金日成5月份在秘密访问莫斯科后来到北京，声称斯大林明确地说统一朝鲜现在是可行的。他听后当即就提醒金日成，要考虑美国干涉的可能性。金日成却说，只要两周时间就可以统一朝鲜。

现在战争已经爆发，金日成两个礼拜能解决问题吗？

毛泽东的心情感到沉重……

他原定在6月25日与刘少奇、朱德一起接见援越军事顾问团，只好往后推延了。

这时候，中国援越军事顾问团团级以上的干部20多人，按中央军委的命令，来到北京接受任务，住在北京前门外的打磨厂乡村饭店。这是中央的一个招待所，平时虽说也人来人往，可都显得比较肃静。1950年6月22日下午，他们这批师、团级军官一住下，院子里骤然间变得热闹起来。

他们都是前方的战将，多年来为新中国的诞生在战场上出生入死，每个人都战功累累，而且几乎每个人身上都落有伤疤，好些人的命是从战场上捡回的。他们都在兴奋地议论，这次一定能见到毛主席、朱老总等中央首长；其中好些人没有来过北京，这次也希望在出国前能痛快地逛一逛北京城。

早已住进后院一栋小楼里的顾问团团长韦国清，立即赶过来看望这些将跟他去越南的战将们。见面之后，韦国清告诉大家："这几天，大家都不要外出，等候中央首长接见。"

大家等了两天，都不敢离开院子太远。

6月24日，他们接到通知：国际形势非常紧张，中央首长连续熬夜，接见暂时往后推延。有的人政治嗅觉灵敏，估计马上有大仗要打。既然接见往后推迟，有关部门就安排大家游览北京名胜古迹。

6月25日这天是周末，白天游览之后，晚上还安排了去长安剧院看京剧。因为有的干部要求到北京最有名的长安剧院或者吉祥剧院看一场京剧，说是北平和平解放时，人家四野某军进城部队拿出一部分黄金"家底"，买门票给数万名干部战士，轮流到长安、吉祥几个剧院过了戏瘾，连程砚秋、马连良、赵燕侠都登台为战士们演出了，这事在部队反应很强烈。这次，韦国清也和一批同志去看京剧。当晚看戏回来，他就得到了朝鲜战争打响的消息。

在与中央军委办公厅联系后，韦国清再次通知大家：因为朝鲜战争爆发，首长接见再次推迟。

25、26日两天，朝鲜人民军分东西两路越过"三八线"后，进展顺利，已经进逼汉城。据外电报道，朝鲜人民军由苏制T-34坦克开道，苏制榴弹炮、迫击炮和重机枪火力掩护，攻势锐利，推进迅速，素有"亚洲之狮"称号的韩国陆军溃不成军；朝鲜人民军的苏式雅克螺旋桨战斗机已经扫射了汉城李承晚"总统"的兰宫官邸……

顾问团的战将们到底都是从炮火硝烟中过来的，他们虽在游览名胜，但心也系在战事上，都在议论朝鲜战场的进展；有的人还由此联想到奔赴越南的任务在战略上将会更重要。头两天，人民军进军顺利，因而有人预测说：我猜这两天就要接见。果然，26日晚上，顾问团就接到通知：明天，毛主席"刘主席"朱老总等中央领导一起接见大家。

27日下午，韦国清团长带领顾问团的师团级军官与机要人员来到了中南海颐年堂。那时的颐年堂还没有装修，显得十分空荡，大厅堂里摆放了几十张椅子和板凳，墙壁上还张挂有原来的宫廷字画。

大家等了一会儿，刘少奇、朱德在掌声中进来了。没有看见毛主席和周总理。

刘少奇先讲话："情况你们看报纸都知道了，朝鲜打起来了，形势很紧张，怕帝国主义插手，因为这关系着朝鲜的命运，也关系着我们国家的安全。所以，中央很关心朝鲜的局势发展，忙得很。主席这几天很操劳。他是夜晚工作，白天睡一会儿，现在正在休息。周总理也忙着开会。就由我和朱总司令跟大家见面谈谈。"

他曾听说顾问团在组建过程中有几个人正式提出过不想去的意见，因而讲了共产党人的国际主义精神，讲到中国革命过程中就有许多国家的共产党人参加、流血、牺牲，其中就有越南、朝鲜与其他国家的同志。

接着，朱德在讲话中讲到顾问团去越南的任务和工作方法。他说："你们去越南，不是像外交官那样去办外交，而是去帮助人家打仗，要上战场。帮助出主意，想办法，介绍我们的经验。打仗的时候帮助分析敌情，提出意见。帮助不是代替，不要推开人家、凭自己的意志指挥人家。不能照搬我们的经验，也不要看不起人家的意见。"

他还提出，去越南要准备吃苦，要把我军艰苦朴素的作风带过去。

这时，毛泽东来了。顾问们立刻都站起来，向他行军礼。毛泽东先和韦国清、梅嘉生、邓逸凡握手，问了几句话。然后，他又走到顾问们中间，跟大家逐一握手，并询问每个人的姓名、年龄、籍贯和职务，见到过去的熟人，还说上一两句笑话。

毛泽东对顾问们说："中国革命已经胜利，人民已经得到解放，但越南人民还在法国殖民者的铁蹄下受苦受难。大家不但应当同情他们，还应当伸出双手援助他们。胡志明主席和许多越南人曾经帮助和援助过中国的革命斗争，有的还流血牺牲了。现在我们援助他们的抗法斗争，是完全应该的。"他又说，"不是我要派同志们去越南，是胡志明主席在北京向我要的。他也去了莫斯科，去寻求苏联援助、派顾问。斯大林没有同意，说中越两国相邻，也了解，由我们支援越南。谁叫我们革命先胜利呢？那就要帮助人家，这就叫国际主义。"

毛泽东还谈到了请韦国清当团长。当时韦国清刚刚结婚，妻子许其倩是刚参加革命不久的大学生。他虽是新婚燕尔，但一说让他去越南帮助打仗，马上就表示服从中央决定了。毛泽东说："本来将韦国清从三野调来外交部，是叫他去联合国工作的。但是联合国在美国操纵下，还不让我们进去，还要那个蒋介石。后来，中央又考虑让国清同志到英国去当大使。但英国人还有点怕美国，那里只能降格了。这样，中央考虑让他到越南去，他很同意，这很好！舒服的环境可以去，艰苦的地方也能去；只要工作需要，其他都不计较。这一点，你们要学习韦国清同志。"

毛泽东还讲到顾问团的任务："顾问团去，是帮助越南组织建设一支革命化的正规部队；帮助他们组织指挥作战，主要是运动战和较大规模的正规战。游击战他们自己有经验，由他们自己去搞。千万不要拿我们的经验去硬套。千万不可急于求成。顾问就是顾问，实际上就是参谋，给人家领导同志当好参谋，出主意，想办法，协助领导。不可当太上皇，不可包办代替。要和人家搞好团结，不要有大国的思想。"

毛泽东兴之所至，给大家讲起了中国与越南关系的历史："我们要虚心一点，到了越南，见到了人家，首先要向人家道歉。为什么？因为我们的老祖宗曾经对不起人家，侵略过人家，好长时间里越南是中国的属地。东汉时期有个大将马援，'马援征交趾'就是讲他征服越南的事。交趾就是越南。到了清朝末年，清朝腐败透顶。中法战争中中国本来已经取得了不小的胜利，左宗棠的部队在镇南关打了胜仗；但是，法国恐吓清朝，逼迫清朝签订了割地赔款求和的条约，承认法国占领越南，这样越南就成了法国的殖民地。二次大战，日本帝国主义占领了越南。日本投降后，胡志明的游击队开进了河内，成立了政府。不久，法国人卷土重来，出兵越南，把胡志明的政府赶出了河内。他们正在山里坚持抗法斗争。我们解放了，就要援助他们，诚心诚意协助他们打败法国殖民主义，实现民族解放。"

顾问们听得聚精会神，津津有味。

毛泽东强调了援助和自力更生的关系，这是他讲话的高潮："革命要争取外援，但又不能依靠外援。这不仅仅是因为我们穷，百年内忧外患，不可能把他们的需要包下来。我们的援助是无私的，但毕竟是有限的。要使越南同志了解自力更生的重要意义。"讲到这里，他真是动了感情，"一个国家、一个党、一个军队，要有自力更生的思想，要有克服困难的精神，要有克服困难的办法和能力，它才是坚强的，才有胜利的希望。胜利了，才有力量建设自己的国家，才能富强，才是真正的独立解放，才是真正的胜利！"

他已经不只是讲援助越南了。他的讲话，充满了自信，充满了激情，充满了力量。大家都被他打动了！

毛泽东在讲完主要的话题后，还问起了一些具体问题，叮嘱了有关保密的事项。他嘱咐：以后特别注意"顾问团"的名称不要随便叫，要用代号；我们的军装不要带去越南，去了后多穿便衣或者越军的军服；不要代替人家指挥，不要冲到第一线去，以免给敌人俘了去；不要随便外出，不要单独外出。要多想办法保密，最好定一个《守则》。

当时准备发给每人一块瑞士表、一双皮鞋和一杆派克笔。在当时，有这三样东西真该算是"富翁"了。朱老总看了报告，觉得去越南山里很艰苦，似乎没有必要。打算叫下面再研究一下。毛泽东听了把手一挥就说："总司令批了就行了，不要叫别人研究了。知道的人越少越好，你就大方一些吧。手表、皮鞋、钢笔，统统满足大家的要求。第一次派顾问团嘛，代表我们的国家，再困难也不在乎这点东西，你们看呢？"毛泽东问刘少奇和朱德。

刘少奇、朱德都表示同意："好吧！就按这个单子吧！"颐年堂里顾问都笑了起来。

12

梅嘉生让驻军封锁车站，追回中央给顾问团的 500 两黄金·徒手来广西、云南受训的越军部队，得到配给中国主力作战部队的装备……

（1950 年 5 月—7 月，北京—靖西）

　　刘少奇将韦国清、梅嘉生与邓逸凡留下来研究具体问题时，考虑到万一出现最困难的局面，不能从祖国取得供给的情况，因而决定让顾问团带上可供几年之用的经费。为方便携带，特别批准到中央银行领取了 500 两黄金和一皮箱人民币。

　　这 500 两黄金，由梅嘉生带领贴身警卫周洪波去银行领出来后，放在一只铁盒子里，由周洪波先随身带回南京保管。7 月份，他们从南京乘火车出发。这 500 两黄金就置放在梅嘉生的卧铺下面。火车只能开到衡阳，衡阳至柳州的湘桂线还常受流窜的国民党残匪袭击。梅嘉生一行到衡阳时天刚擦黑，在站台上就听到了远处传来的枪声，因而下车时显得匆忙。警卫员警惕地四下张望，其他人在急促中清点随身携带的物品。火车很快就开走了。这时，他们才发现卧铺下装黄金的铁盒子没有拿下车。

　　梅嘉生得知后极为生气，批评警卫员们的慌乱疏忽，并立即采取措施，和车站军管会联系，想办法要迅速截住开走了的那辆火车。火车终于被截停，当地驻军赶上车去检查，装黄金的铁盒还在梅嘉生的卧铺底下。梅嘉生连夜派人乘车去将黄金取回，这才松了一口气。

　　梅嘉生将这箱黄金带到了南宁。胡志明派黄文欢到南宁来迎接顾问团。经了解，越南的情况远没有在北京想象得那么严重，顾问团就决定将这 500 两黄金留在国内。

　　1950 年 4 月间，在着手组建援越军事顾问团之前，中共中央已下令责成中南军区和西南军区，在 4 月初开始按计划完成越军所需武器弹药的调集、运输和支付；同时由广西省军区抽调一个汽车团，开辟从柳州经南宁入越的运输线，运送援越物资。广西紧急修复了被战争破坏的柳州至靖西、柳州至龙州的公路。当时广西正在搜剿窜逃进山里的国民党残部及拦路抢劫、杀人越货的武装盗匪，因而军区领导派出作战部队沿路护送援救物资。

地处桂西的靖西县，与越南人民军总部所在的广渊相邻近。20世纪三四十年代时，越南革命者在中越边境进行革命活动，胡志明也经常在靖西进出。1949年底，当解放军在桂东南地区围歼国民党大部队时，国民党靖西行政专署督察专员兼保安司令赖慧鹏决定率部向解放军投诚；1950年1月中旬，广西军区派部队进驻与接管靖西，接受赖慧鹏率部3500人投诚。尽管靖西对面越南境内有法军重兵进驻的高平据点，但中越之间在大山与丛林中还是可以通过秘密通道来往的。

中共中央应越方要求，委派广西省军区副司令员李天佑将军到靖西边境秘密会晤越军总司令武元甲，听取越方有关边界战役后勤保障的具体要求。之后，中国成立了以李天佑为主任的支援委员会，负责领导战役所需粮食、弹药、药品等援助物资的筹集和运送工作。在中国靖西与龙州两地，设立两所专门收治越军伤员的野战医院。

现居住在龙州水口关附近那马村老人李阿宝，已经70出头了，当年曾背送运输援越物资。他回忆说——

> 那时，边境还很乱。国民党逃兵经常从越南那边跑过来打抢，抢耕牛、抢商店，抢了又跑到越南的山里去。解放军送货的武装车队把汽车开到边境的山下，组织我们这些出身好的民工去山边背货，周围高坡上架起机关枪保护。我背过的木箱里头装的好像都是枪支子弹，好重好吃力。好在那时候年纪轻，有的是力气。边境是山，我们将货箱背上山，从一个山凹处下山，山下的树林子就是越南地界了。他们来扛货的尽管都穿

便衣，但看得出都是士兵。每卸运一部车，发一块光洋给大家分。那时的一块光洋好值钱哟。我那时候得过二十几块光洋，积攒起来才有钱讨了老婆。

与此同时，根据越方提出的要求，经中共中央同意，越军新建的第三〇八师和二〇九、一七四两个团开到中国境内，由中国给予更新装备和帮助训练。中央指示广西、云南两个省军区，在广西靖西和云南砚山两县分别设立训练基地。

离休后住在广西河池地区某干休所的林大民，当时作为军区干部曾经接待与协助训练来广西受训的越军主力二〇九团与一七四团。他回忆说——

那是 1950 年 5 月上旬的一天，我随同我方军训人员到靖西的边境小镇岳圩附近山坡上，山坡下界碑的南边就是越南高平省重庆县地界。这一带山险林密，十分偏僻，据说是法军的两个边境据点之间的接合部。靖西县政府还组织了县里人民准备了饭菜饮水在岳圩附近迎接。

中午时分，越军部队从界碑那边的树林里走出来了。他们大都打着赤脚走路，一个个衣衫破烂、面黄肌瘦。他们看见我们在这边朝他们挥手，都露出了笑容。他们将随身携带的各种武器都解下来，放在那边的树林里，再运回根据地去给别的部队继续使用。我们隔界看了悄声议论。有的说：越军主力的这些装备真还不如我们过去的粤桂黔游击纵队。有的说：靠这些旧枪支抗击"番鬼佬"（洋鬼子）也真不容易。

靖西县把学校腾给越军训练使用。我们的干部将他们分班领进宿营的房屋，战士们惊讶得眼睛都亮了！整齐的木板床铺上列着 12 个铺位，12 顶蚊帐，12 床被子摆得像一溜豆腐块；

每个铺位上叠着崭新的军衣；墙边摆列着12杆亮铮铮的枪——10杆步枪、两支冲锋枪。他们惊讶过后，喜笑颜开。我们的同志告诉他们，配给你们的装备完全按中国人民解放军野战军主力部队的规格。

每个团还配备了轻重机枪、迫击炮和山炮等，我记得还配备了一种刚出厂闪着蓝光的无后坐力炮。我在的四野部队算是解放军中装备最好的啦，都还没有使过这种新式的炮。

我看见越军一个副团长抚摸着炮身，感动得眼里噙着泪花。这位副团长用生硬的汉语说："越南—中国……胡志明—毛泽东！"

13

法军总参谋长雷沃斯将军强化越中边境的法军据点。法军调来了最能作战的外籍军团。雷沃斯不让美军上校去高平……

（1949年11月—1950年6月，芒街—镇南关—老街）

一架法国军用螺旋桨飞机沿着越中边境越南一侧缓缓飞行。

尽管雷沃斯将军胆子很大，让飞机几乎紧贴着边境线飞行，但他起飞前一再叮嘱飞机驾驶员，要其绝对不能飞过中国境内。他并不认为中共军队能有战斗机起飞来拦截，而是他不愿意自己乘坐的飞机因越境而招致中共地面炮火的射击。他对于不久前发生的英国"紫石英号"军舰事件印象极为深刻。

那是半年多以前，在解放军百万大军全线横渡长江的前一两天，英国"紫石英号"军舰驶入长江内河航道，被解放军猛烈炮火击伤，只好降下了白旗。另一艘英国"伴侣号"军舰疾驶来增援，也被炮火重创。

英国远东舰队获悉后，副总司令梅登海军中将立即乘坐旗舰"伦敦号"，率领驱逐舰"黑天鹅号"全速驰援；在驶过长江上的江阴炮台后，英国舰队与解放军炮群展开激烈炮战。结果是双方都有伤亡，英军方面除"黑天鹅号"受伤较轻外，"紫石英号"受创最重，"伦敦号"与"伴侣号"次之。在双方炮战过程中，长江南岸国民党军队的炮群一直保持沉默，未有介入。此事形成了一件很特别的外交事件，震动了西方大国，成为国际舆论关注的热点。

当时，英国下院对此事件进行了激烈的辩论：英国在任首相艾德礼辩解说，根据英国与国民党政权签订的条约，"英国军舰有合法权利开进长江执行和平使命"，前首相丘吉尔更是大声呼吁"英国政府要派一两艘航空母舰到中国海面去"；维克多议员说，"过去由于中国缺乏团结，而我们又有武器上的优势，所以一艘炮舰就能在不小的地区内把中国人吓得手足无措了。但现在不可能再这样做了。"经过辩论，大部分英国议员认为派遣航空母舰为无稽之谈，觉得这种办法对中国已经行不通了。麦克米伦概括说，现在看来，"炮舰"观念似乎太过时了。后来此事在英国就不了了之了。

1950年，法国军队在越南。

但此事却引起了雷沃斯将军的警觉。他首先让法国的印度支那远征军总司令部给所属的海军舰队下了一道命令，在中共控制华南地区海岸线后，法军舰艇不要随意驶进中国海岸惹事。此次乘飞机前，他听说法军飞机过去常有随意飞进中国境内空域的事，就给空军也下一道命令：今后除非有特别命令，任何飞机不准擅自飞入中国领空。

法军总参谋长雷沃斯将军这次乘飞机巡视，先是从海防往北飞至北部湾海岸线附近的芒街上空，飞机再往西飞行。芒街是越中边境线最东的边镇；因为天气晴朗，能见度极好，飞经谅山地区时，就能比较清晰地看见边境北侧的镇南关，关旁边山顶两座炮台上还架有陈旧过时的德国克虏伯轮座大炮，在山谷中的关楼上飘扬着一面中国的五星红旗。

在飞机上，雷沃斯从高倍数望远镜头里看得清持枪守关的中国士兵那张娃娃脸。中国战士的脸庞丰满，似乎营养颇好，要比瘦弱的越共士兵强多了。上个月，他曾从陆地上观察过镇南关，那次镇南关上插着的还是国民党蒋政权的青天白日旗。地处通衢要道上的镇南关从古至今一直是兵家必争之地。史料上曾说，几十年前法国远征军与清朝左宗棠将军的军队在镇南关打过一仗，那些梳着长辫子的官兵竟也没有吃亏，使枪炮坚利的法国部队付出了相当大的代价。雷沃斯越来越觉得，现在这支毛泽东的中共军队，要比满清王朝的辫子军队难对付得多！

当中共的军队用木帆船渡过长江后，美英法三国军界都关切他们的进军速度。就中共的军队需要多长时间能打到中国大陆最南端的海边，雷沃斯曾分别征询美英两国有关军界人士的看法。英军总参谋部有专家估计说，中国长江以南地区相当于半个欧洲，中共军队，还不是机械化进军，除了高级指挥员骑马或者乘坐缴获的美式吉普外，士兵们徒步进军，要将美式装备的蒋军赶下海去，至少得有两个年头。美国五角大楼一个到过中国的将军可没有那么乐观，此人说腐败的蒋政权被赶出大陆是迟早的事，但将军手里的美式装备也不是吃素的，因而判断共军要打到两广海边起码需要一年时间。雷沃斯将军比较倾向于美国将军的看法。法国远征军需要在解放军攻至镇南关之前，把越南北部山里的胡志明的政府与军队彻底解决，他曾估计一年后，也就是 1950 年夏秋间，解放军将可进逼越中边境，如果中共援助越共打通法军的边境封锁线，越共的根据地将和中国广西云南连成一片，那么整个印度支那将面临"赤化"的命运。雷沃斯说历史给他了一年的机遇。为此，他在 1949 年秋天赶紧在越南亲自部署了三件事：一是增强兵力；二是强化越中边界的封锁线；三是制定扫荡越共的 1950 年春季攻势。

可是，解放军渡过长江后，攻势极其迅猛，大出美英法军事专家所料，只用了半年左右的时间就横扫南中国大陆，打到了越中边境。雷沃斯计划的三件事完成了两件：边境封锁线强化了，兵力增强了。至 1949 年底，法军在印度支那的总兵力为 23 万人左右，其中包括来自法国本土的部队 5 万人，在非洲、欧洲招聘雇佣兵组成的外籍军团约 7 万人，其余是伪军。在关键的越北地区，属于法国远征军总指挥部直接调遣的陆军总兵力将近 8 万人，其中机动兵力有 12 个营，其余部队分散据守在大小据点之中。机动兵力中有 4 个伞兵营，为法军最精锐的作战部队，能在最短促的时间内派往最需要的地方作战。此外，法国在印度支那的空军约有 150 架飞机，战斗机、运输机各占一半，有 2/3 的飞机都已调集在越北地区的机场。海军的舰艇在海岸线附近海面警戒。这就是开展 1950 年春季攻势前他部署的总兵力。

雷沃斯根据情报分析，解放军尽管已打到越中边界镇南关、水口关，但其境内局面还很乱，时有战斗发生，盗匪也很猖獗。中共要建立并巩固地方政权尚需时日，在其自顾不暇之时还谈不上给胡志明多大多强的援助。为了给中共境内增添麻烦，雷沃斯将军对逃入越南北部地区的国民党残余部队采取了一种灵活政策。退入越南的蒋军部队约有 2 万多人，经查实为蒋军一二六军与四十六军的所属部队，按法国政府有关命令需将其全部缴械，然后遣送至暹罗湾的富国岛；但雷沃斯只命法军将其一部分解除武装，对另一部分近万人的军队施以军事压力，让其在越北的山里无法生存，又回窜入广西境内。

他在河内部署好扫荡越共的 1950 年春季攻势后，准备回巴黎向总理府报告。

在离开印度支那之前，他要乘飞机巡视一次越中边界的态势，并从空中审视一下东起芒街、西至老街的边远线的据点。最近半年来，他已经耗费了颇大的人力、物力和资金，来加固与扩建边界上的 100 多个大小据点，其中从高平至亭立的四号公路一线已经构筑成完整的防御体系；谅山和高平是四号公路防御体系中的两个核心守备点，筑有永久防御工事，各驻守一个精锐的机动兵团；谅山与高平之间，有同登、那岑、七溪、东溪等较小的防卫据点，各驻有一个营的兵力。

不一会儿，北边平而关、水口关等险关要隘尽在鸟瞰之中；南边的丛林里通往高平的四号公路若隐若现。飞机快要飞经高平地区上空时，雷沃斯将军想起了那位一定要去高平考察的美军上校史密斯。

史密斯上校带着几个助手来到越南，声称其任务是受美军参谋长联席会议派遣，来考察美援在印度支那的使用情况。法国在"二战"后国力大为削弱，不得不依靠美国的财政与军事援助。几年来，美国财政援助的一部分、军事援助的大部分都用到印度支那战争中了。真是拿人家的手软，又希望人家下次多给点儿，雷沃斯将军身居法军总参谋长之高位，也得在河内某豪华酒店屈尊宴请军衔与军职比他低得多的美军上校。这位美军上校原是麦克阿瑟将军的部属，也是个麦克阿瑟的崇拜者，脸型有点像麦克阿瑟，窄长而下巴有点歪，也叼着一支同样的烟斗。此君也不分场合，言必称麦克阿瑟如何有才干或是在菲律宾如何勇猛善战……在雷沃斯宴请时，他一开口又讲起麦克阿瑟来。雷沃斯尽管心中不快，可是人家代表财神，只好忍着性子恭听。

这位上校不知道从哪儿得到雷沃斯将军第二天要乘飞机视察越中边界的消息，在宴席上就不知趣地提出要与雷沃斯同乘这架飞机去视察。雷沃斯只好婉言拒绝："飞机太小，有两个该去的军官也得裁减下来，实在抱歉。下次有机会再去吧。"

史密斯话外有话地说："你不让我去看看，多了解些情况，我怎么打报告给你们增加军援？"

雷沃斯以退为进，笑说："好呀，等你回华盛顿去搞一批大飞机来，我们再一起去吧。"

谁知，第二天雷沃斯去机场之前，史密斯跑来找他。史密斯要求说："将军，我不能跟你乘机去就算了。请你派车让我去高平考察一次。"

雷沃斯不想让上校到高平去考察。高平是法军在越南西北部最重要的据点。他知道越共无力攻打东边的谅山，要取得中共援助，很有可能要进攻西边的高平。他最近已下令特别整固，并布以重兵。

雷沃斯想了想，对史密斯说："好的。我让部属安排好后通知你，你回饭店去等候就行了。"

在史密斯走后，雷沃斯对留下的副官说："我视察回来后，我们就离开河内去巴黎了。你让河内的司令部几天后通知史密斯，说通高平的四号公路不断遭越军袭击，目前途中无法保证美国军官的生命安全。若他还要去，让他继续等候。"

副官问："如果他真愿傻等下去呢？"

雷沃斯笑了："你就让他永远等下去好了。"

雷沃斯乘坐的飞机经高平飞至越南西北山区的大森林。尽管这次他对精心筹划的春季攻势充满了信心，但从飞机上鸟瞰着下面这茂密苍茫的亚热带密林，他未免从心底冒出几丝疑虑与担忧：在如此好藏身的茂密森林里，这次能够将他们扫荡干净吗？胡志明的干部与军队像幽灵一样存在着，每次寻找到他们藏身的山沟与丛林，包围了既定目标，待付出一批士兵伤亡作代价冲上去后，才发现他们忽然间消失得无影无踪，往往只寻到一些他们住过的草棚、用过的灶具和穿烂的割胶鞋等。但他又安慰自己说，我们已经将他们从河内等主要城镇驱赶到山里去了，再对他们穷追猛打彻底剿除该是指日可待的。

在雷沃斯将军乘机巡视越中边界地带之后，法国军队开始了1950年春季攻势。

14 陈赓将军秘密潜入越南丛林（之一）：胡志明向中共点的将·毛泽东说：湘军的左宗棠能打败法国鬼子，陈赓当然能在越南打开一个相当的局面来·有的越军军官认为中国人打国民党可以，打法国兵不一定行……

（1950 年 7 月 7 日—19 日，昆明—交趾城）

1950 年 7 月 16 日，星期天。在终日的倾盆大雨中，一支不大的队伍在滇南的山里行进，途中山峰兀立、林木耸天，他们朝着滇越边界走去。

越是接近边界，雨也下得越大，山越险，树越密，崎岖蜿蜒的山路也越难行走。队伍中，有 20 多匹高大的军用骡马，驮着用雨布遮盖的军用装备，行进起来就更显得艰难。行列里，为首的就是赫赫有名的战将陈赓。

他骑在马上，那夹着马肚子的双腿被雨水浸湿了，两只腿上的陈年旧伤都在暗暗发痛。他早已经习惯了。他就是带着这两条伤疤累累的腿，经历了数百次大小战斗，从二万五千里长征、八年抗战与解放战争中的北征南战，最后经大迂回解放广西进而解放云南的。这时，他作为原第四兵团司令员，担任西南军区副司令员兼云南省军区司令员。他在完成了中国大陆上的主要战斗后，这次奉命出国去越南打仗，帮助越南组织与实施边界战役。

说起陈赓，就不能不说他受伤的双腿。他差点儿就没了腿，成不了红军中有名的"战神"。

陈赓将军

受过伤的双腿中，左腿的伤最早最重。那是 1927 年他参加"八一"南昌起义后，打到江西会昌，被敌军机枪扫射，左腿连中三颗子弹，膝盖、胫骨与腓骨三处被打断。在福建汀州经过简单治疗包扎后，伤未痊愈，就又随军行动。腿伤很快就严重化脓，部队需紧急行动，他只好离队，拖着伤腿逃脱敌人搜捕。熬过种种艰辛曲折，经汕头、香港辗转来到上海时，他的腿已经严重化脓腐烂生蛆，医生说只有截肢才能保住性命。他刚刚 25 岁，往后没有腿怎么打仗？他祖父就是湘军的武将，从小让他练刀枪棍棒、摸爬滚打，给他讲出生入死的惊险战斗经历，培养了他当兵打仗的兴趣。个子刚长大，就进了湘军，还和彭德怀一个团。大革命来了，又考取了黄埔军校一期。刚刚开始为革命从戎，怎么能没有腿呢?

他苦苦哀求医生无论如何要保住他的腿。幸好医生是上海最有名的骨科大夫牛惠霖兄弟,还是宋庆龄的亲表兄弟。经宋庆龄过问叮嘱,牛大夫说:"即使设法保住了腿,恐怕也是个瘸子。"在牛大夫精心治疗下,他的腿终于奇迹般地保存下来了。可是,却留下了以后刮风下雨就有疼痛暗生的隐患。没过两年,他担任红十二师师长,率部冲锋时右膝盖中弹,又从苏区送至上海请牛大夫治疗。后来的百战征程,他就是带着这双伤腿走下来的。

他这次去越南是胡志明向毛泽东提出来的。那是3月间的事。一天深夜,机要科长送来一份北京急电,是周恩来发来的。电文如下——

陈赓,明日派飞机到昆接你上京。注意:上京之事切记保密。

周恩来

次日,飞机经过8小时飞行安抵北京。早已等候在飞机场上的专车,把陈赓送到中南海毛主席住处。

毛泽东见了陈赓笑着说:"陈赓哟,你跑得好快。"

陈赓说:"主席召见,岂敢不快!"

毛泽东说:"陈赓同志,叫你匆匆来京,是因为胡志明主席向我点了你的将。再说,你和胡志明早就认识。我和老总(朱德)、少奇、恩来商量后,决定派你去越南,帮助胡志明领导的越南共产党消灭法国在越南的殖民军。打击法国殖民者,实质就是打美帝国主义。"

毛泽东召见陈赓,亲自交付了援越抗法的任务。

胡志明要点陈赓的将,是因为他对陈赓很熟悉。早在20年代第一次国共合作时期,胡志明受共产国际派遣,作为苏联顾问鲍罗廷的秘书来到广州,同时进行培养越南青年革命骨干的工作,就与周恩来、叶剑英、陈赓等有来往。胡志明曾经与陈赓有机会同宿一个斗室。陈赓在广州平定商团叛乱、东征作战中，表现出的杰出的军事才干与豪爽侠义的性格，很得胡志明欣赏；抗日战争初期，胡志明从苏联来到中国，在延安枣园住过一段时间，也曾问起陈赓。回到越南的胡志明仍很关心陈赓的命运。他曾经向 1945 年从延安回越南的洪水打听陈赓的情况。

胡志明点将的电报放在毛泽东的案头时，毛泽东曾幽默地说，胡志明看中了我们湖南的将领能打仗。湘军的左宗棠都能打败法国军队，我的老乡陈赓当然也能够帮助越南打开一个相当的局面来。

毛泽东的家乡湘潭与陈赓的家乡湘乡县紧相邻，只有半天的路程。早年陈赓在长沙进入毛泽东倡导开办的湖南自修大学，就与毛泽东结识，当时毛泽东就对这位同乡有很深的印象。陈赓有勇有谋的军事才能与赫赫战功，毛泽东是心中有数的：

1931 年秋，陈赓出任红四方面军主力红十二师师长，连续作战 8 个月，四战四捷，活捉敌师长赵冠英，痛打汤恩伯军队，歼敌 6 万多人，陈赓的军事指挥艺术初露锋芒，被誉为未尝一挫的红十二师师长。

1934 年底，中央红军长征须强渡乌江、夺取遵义，担任中央红军干部团团长的陈赓接受了乌江架桥的任务。陈赓率战士们冒着严寒和对岸敌人的炮火，用竹排架起了浮桥，保证中央红军渡过了天堑乌江，然后烧掉浮桥，把薛岳率领的国民党追兵甩在后面。这就为召开遵义会议赢得了时间。

1935 年 1 月 27 日，遵义会议后红军北上，在土城战役中，中央军委指挥所被敌军逼近，而身后是赤水河，危在旦夕！陈赓临危受命，率干部团抗击敌军，智勇双全，重创敌军，坚持至一军团返回增援。在山头指挥的毛泽东欣喜地赞许说：陈赓行，可以当军长！

接着，陈赓又率领干部团巧夺皎平渡，为中央红军飞渡金沙江建立奇功。

红军到陕北，担任红十三团团长的陈赓主攻占领了直罗镇，得到毛泽东的热情问候和祝贺。不久，陈赓调任红一军团第一师师长。

抗战爆发，陈赓出任八路军一二九师三八六旅旅长。陈赓率部东渡黄河作战，在较大规模运动歼敌战中屡屡重创日军，击败多田骏、花谷正等日军名将，威名大震。

在抗战胜利后，在上党战役中，担任纵队司令员的陈赓指挥太岳纵队，歼敌 1.4 万多人；接着，他又在吕梁、汾孝、晋南豫西战役中，击败拥有美式装备和优势兵力的黄埔同学胡宗南，毛泽东高兴地称赞道：陈赓，将才难得！

在淮海战役中，陈赓率领的第四纵队、第九纵队担当起了啃硬骨头的作战任务，胜利完成了歼灭黄维集团的攻坚任务。

过长江前，在整编中陈赓出任第二野战军第四兵团司令员兼政委，辖十三、十四、十五三个军。在渡江南进中，他敢于向林彪提出不同的意见，提出先包围敌人再回歼的方针。经毛泽东批准后，陈赓兵团大踏步迂回作战，以神奇速度解放了广东、广西和云南。

在毛泽东召见后，陈赓就回到昆明做相应的准备工作。

6 月 18 日，中共中央给陈赓的电报，将他去越南的任务指示得很具体。电报说——

　　……你去越南，除与越南方面商谈和解决若干具体问题外，主要任务应根据越南方面的情况（包括军事、政治、经济、地形、交通等项情况在内），及我们可能的援助（特别注意物资的运输条件），拟一个大体可行的军事计划，以便根据这个计划，给予各种援助，分别先后运输各种物资，并训练干部，整编部队，扩大兵员，组织后勤，进行作战。这个计划，必须切合实际，并须越共中央同意。……望你在越南了解他们各方面的情况之后，和越共中央一道，共同拟订一个可行的计划。并将我们援助他们的计划也加以拟订，报告中央批准后实行。

陈赓此次接中央指示后，考虑到中央已派了罗贵波在越南，韦国清亦将率军事顾问团赴越，便于 6 月 28 日致电西南局并中央，报告说："我决于 7 月 5 日由昆动身赴越，但我应以何名义去越，请即示之。"

6 月 30 日，中共中央复电陈赓："陈赓到越可用中共代表名义。"他被中共中央赋予全权，作为中共在越南的最高负责人，在必要时可代表中共中央作出决断。

在作赴越的准备时，陈赓考虑得很细致周到。他托人在香港买了一批手表、钢笔和收音机，作为送给越共中央的礼物。他挑选了一批各部门的精兵强将，组成赴越的工作班子，例如四十师副师长王砚泉、兵团作战处副处长王振夫、十四军作战处长梁中玉、炮兵团长杜建华等，都是他手下得力的战将。几年来，他们跟陈赓每次出征都是打胜仗，加上陈赓性格豪爽幽默，大家都很愉快，相信此次跟随陈赓出国可以打一个国际胜仗。

陈赓在多年征战中对指挥作战中的通讯工作特别重视。抗战胜利后，美国马歇尔来华调停，军调部美方人员使用了装有电台的通讯车，在中国随时可以与美国本土通话。他看了就十分羡慕，有关部门曾经想为他做一部，在吉普车上设法装上电台，却因技术条件限制未能解决。后来，在解放昆明时缴获了一部通讯车，但仗已基本打完。他说，可惜那部缴获的通讯车没法开到越南丛林里使用。他让随行的兵团机要处副处长挑选性能好的电台，配上三个机要员，便于沿途与中共中央、西南军区和在越南的罗贵波保持密切联系。当时朝鲜战争已经打响一个多月了，战局进展将影响国际形势与中国安危，他还特别嘱咐再要了一个机要员来收录新闻。

陈赓是于 7 月 7 日上午悄悄地乘小火车离开昆明的。这是法国人在 20 世纪初修筑的窄轨铁路，从昆明通往中越边境的老街。这时的老街还由法国军队占据。陈赓只能乘小火车到开远。当日下午 4 时到达开远下车。遇大雨，在开远逗留了一天。

7月9日，换乘汽车继续南下。离开开远后，即要翻越大山。途中下起大雨，敞篷卡车上的官兵都被淋得浑身透湿。当晚，陈赓接到罗贵波从越南转发来越共中央的电报，通知陈赓：越军总部改变了原定攻占老街的计划，确定改向高平进攻。

7月10日中午12点半，陈赓到达砚山。当时越军第一主力三〇八师正在砚山接受整训，已经训练了一个多月了。原定三〇八师经整训后，预定攻击目标是老街。到达住处后，陈赓立即接见了越军三〇八师的师团及西北战场干部，听取训练及有关情况汇报。据陈赓日记记述，越军"月训练成绩很大，初步解决了战术思想问题，特别是炮兵射击、爆炸及机动机枪使用，收到很大成绩"。

主持越军训练的我十三军军长周希汉坦率地告诉陈赓："在训练中，我军总的说来和越南部队相处得不错。但是，据翻译反映，越军连以上军官还有一些人认为自己文化程度比中国顾问高，看不起我们的顾问，认为我们的顾问土气，打国民党行，打法国兵不一定行。"

陈赓听了，并不以为然。

7月13日中午，陈赓来到文山。文山以南山势更险，已不通公路，他只好舍车骑马。7月15日，陈赓一行从宿营地新街出发时天下大雨，而且越下越大；他们冒雨前行，于下午2时来到临近边界的麻栗坡县城。

1947年7月，陈赓与彭德怀、贺龙、王震在陕北。

越南河阳省委已派人到麻栗坡迎候。

本来陈赓那负过伤的双腿就不适宜骑马，现在却在马上颠簸，再加上雨水的侵袭，他的双腿发出阵阵疼痛。第二天，他决定在麻栗坡休息一天，一是希望腿痛能慢慢消失，二是他可在这里集中精力反复思考即将开始的越南作战。首战攻高平，志在必胜，该怎么打？

他在 7 月 17 日这天的日记中写道：

> 整日考虑越南作战。越南作战方针，应该是争取完全主动，求得消灭法帝机动部队为目的，改变敌强我弱之局面。高平作战，应该是围困高平，引诱谅山之敌增援，求得在运动中歼灭其 5 个机动营。如达到此目的，对越北作战即有决定性之胜利意义。

7 月 18 日，陈赓一行从麻栗坡进至边境的交趾城。陈赓的印象是这儿"女人装束颇有越南味道"。

7 月 19 日，陈赓进入了越南境内。他在日记中记述道——

> 天气炎热，山高路窄，泥滑难行，有马不能乘，下山至清水河，已精疲力竭。今天算是付出了一点儿国际主义的代价。
>
> 清水河为中越交界处，河上架有铁索桥，河岸法人筑有堡垒。过桥，越共派专员设亭招待，备有各种饮料及水果，饥渴至此，狼吞虎咽，也顾不得国际礼貌了。越共备有马车 10 余辆，把我们带到距清水河 16 里之小乡村宿营。此为越共专门招待我们的地方，招待甚周。吃喝均不同于我国，饶有趣味。稍事休息，即令代表团同志开展调查运动。
>
> 一夜大雨。牙痛甚剧。

15

陈赓将军秘密潜入越南丛林（之二）：毛泽东回电陈赓：越军应先打小仗，目前不要直打高平·胡志明喜为陈赓改古诗……

（1950 年 7 月 19 日—8 月 15 日，越北丛林—北京中南海）

在越南境内已经走了好几天了，陈赓满脑袋想的就是这入越第一仗怎么打？

沿途跋涉，近看身边都是茂密的树木、横生的藤蔓，远看层层叠叠起伏的山岭、密密层层望不到边的森林，陈赓慨叹道：真是无山不森林，无林不丛密，土地肥沃，庄稼茂盛，怪不得法帝国主义啃紧骨头死不松口哟。

路过河阳、吴溪等山里小城镇时，看到街上房屋全被破坏，他注意到所剩残垣败壁多为钢筋水泥结构，此为云南所罕见。云南那边山镇街上的房屋大多为砖木结构。一方面足见此地昔日之繁荣，另一方面使陈赓联想到，像高平、老街这些法军经营已久的重要堡垒，法国人绝不会吝惜钢筋水泥的。事后他才知道，在砚山训练越军时，十三军军长周希汉曾吩咐作战参谋李挺，仿造一个法军老街阵地，让越军作针对性攻坚训练。李挺四处勘寻，找到了相似地形，构筑了一个土木工事，在当时看来已经相当坚固了。半年多后，老街被占领，李挺跳进法军工事一看才知道法军构筑的是钢筋水泥永久性工事，要比他仿造的工事坚固好几倍。好在陈赓已从城镇废墟中敏感地判断出高平、老街法军据点肯定是钢筋水泥的永久工事。

攻占高平这一仗怎么个打法？

当然，如果是由他手下中国人民解放军第四兵团的部队来打，同时拿下高平与老街，都不会是什么难事。但是，经过几天来接触越军主力部队的干部战士，以其现在的作战思想和战斗力，要拿下高平，就不能不使他费脑筋了。

他在砚山县逗留了两天，接触了越军主力三〇八师，并详细了解了训练情况。我军周希汉军长亲自讲课，讲了中国革命战争的三种武装力量——游击队、地方武装和正规兵团，也讲了三种主要战斗方式——游击战、运动战和攻坚战，逐步过渡到以攻坚战为主。周希汉的主导思想是要让越军了解和掌握打歼灭战的战法。十三军还抽出了一部分营、连干部训练越军的战斗技能。主要内容是班、排、连、营规模的进攻战术训练，单兵技战术训练，抵近爆破、扫雷、设障训练，以及中国军队特有的用迫击炮抛射炸药包摧毁敌工事的战斗技能训练。越军对抛射炸药包特别感兴趣，后来在战场上广泛使用，还发展了这一战法，使其成为抗法战争及后来的抗美战争中越军的主要战法之一。越军西北战场政委双豪还给了陈赓一个报告，谈参加整训的感受与介绍情况。此报告有很好的自我检讨，阅后使陈赓"甚为兴奋，觉得他们的前途是无限的，越南的全部解放是有保证的"。

入越境后，沿途所到之处，陈赓皆与越方各级负责人交谈，广作调查研究，还接触了越军另一支主力一六五团。他渐渐摸清了越军存在的问题，特别是越军干部对即将实施的边界战役的目的与作战思想，与他的想法截然不同。越军广大战士觉悟高，特别能吃苦，但纪律涣散。越军的各级干部大都是知识分子，缺乏实战锻炼，唯武器论思想严重，认为武器装备好了就能攻克高平。一些越军军官认为中国没有空军、海军和呼之即来的伞兵部队配合作战，恐怕打不过法国兵。陈赓觉得这种说法不足为训。更重要的是，越军干部对战役的着眼点是在于如何夺取城镇，甚至占领更多的地盘，而不像中国人民解放军在毛主席军事思想影响下，战役的着眼点是怎么去消灭敌军的有生力量，争取战场的主动权。

尽管牙痛、腿痛，但经过几天的酝酿思考，陈赓头脑中已经有了比较成熟的高平作战方案。7月22日，在夜宿郎法的时候，他致电中共西南局并转中共中央，提出了越北作战的意见——

> 越军主力一部经滇、桂整训装备后，情绪甚高，但营以上
> 干部实战指挥经验较少。据此，目前越北作战方针，应争取于
> 野战中歼敌之机动部队，首先拔除一些较小的孤立据点，取得
> 首战胜利，积累经验，提高与巩固部队情绪，争取完全主动，
> 逐步转入大规模作战。
>
> 对于越方决定打高平，建议采取围点打援。先夺取外围孤
> 立据点，取得经验，再夺取高平，并利于吸引谅山之守敌，集
> 中业经整训的部队，选择战场，歼灭谅山方面出援的法军机动
> 部队。若谅山机动部队 3～5 个营被歼，则高平及谅山附近之
> 若干据点均将便于攻占，越东北及越北敌我形势亦可大为变
> 化。

这天晚上，他还致电罗贵波，请他重视越军作战指导思想的问题。

整个 7 月下旬，在中南海里，朝鲜和越南的战事加上北京酷热的天
气，使毛泽东难以入眠。他经常上床躺了许久后，又突然翻身下床去看
地图。

自美军的先遣部队第三十四团于 7 月 4 日在朝鲜参战以来，至 7 月
下旬，沃尔顿·沃克将军指挥的美国第八集团军已经全部卷进了朝鲜战
场，而且在朝鲜人民军的攻势面前，正在向这个靴形半岛的南边尽头节
节败退。军用地图上标明战线的人民军红箭头总是在向南移动，但毛泽
东在兴奋中颇存担心，并不以为此时金日成已经稳操胜券。外电报道美
军已有大规模增兵的迹象，麦克阿瑟蠢蠢欲动，在东京竟扬言"要去台
湾视察防务"；法国派了一个 1000 多人的团开赴朝鲜；而英国《政治家
报》载文猛烈抨击英国派遣一个有 1800 人的旅去朝鲜参战的举动"纯
系胡来"。毛泽东要求解放军总参作战部尽快拿出一个我方对朝鲜战局

发展的判断来。

而对于显得更遥远的越南，他密切关注着陈赓的消息。

7月19日当晚他就接到了陈赓已经进入越北丛林中的报告，他立即叫人同时悬挂起越南大地图。尽管陈赓几乎每天都向中央报告自己的动态，但这几天，毛泽东还是不止一次地问身边的人：陈赓有消息没有？他已经到哪儿啦？该见到胡志明了吧？

7月22日，他接到了陈赓关于高平作战方针的电报。

7月23日，他立即复电陈赓——

> 你的几个电报均已收到。越军高平战役甚为重要，请你自己并帮助越南同志充分研究情况，务作充分准备，确有把握，然后动手，期于必胜。此战胜利后，应估计老街之敌可能逃跑，因此越军要准备打第二仗，歼灭老街逃跑之敌。你在越南应帮助他们打几个仗，打开一个相当局面。

在以后的几天里，毛泽东也在思考着高平作战的问题。

7月26日，毛泽东接陈赓电，获知其已经弃马车乘船抵达越南宣光省的白木县，离越共中央驻地太原的山区很近了。他亲自为中央军委起草了给陈赓的关于高平战役的指示电——

> 我们认为你的意见是正确的。越军应先打小仗，逐步锻炼能打稍微大一点的仗，然后才可能打较大的仗。目前不要直打高平，先打小据点，并争取围城打援是适当的。

毛泽东在电报中没有忘记提醒陈赓要"注意秘密和自己的安全"。

7月27日一大早，陈赓一行就从宿营的宣光省白木县出发了。在胡志明派来的越共中央统战部长范同志的陪同下，要去白木与太原交界一带山区去会见胡志明。道路崎岖难行，森林也更茂密。到胡志明驻地，要走 60 里山路，牙痛兼腿痛困扰着他，他强咬着牙坚持行走。因为是越共中央的驻地，法军飞机也常来头顶盘旋。飞机来的时候，他们就隐蔽休息。

当日下午 4 点左右，陈赓终于来到越共中央驻地所在的太原山区。胡志明和几位越共中央委员及罗贵波都在山口迎候。胡志明十分高兴地与陈赓紧紧拥抱。胡志明对陈赓抱着很大的希望，寒暄过后，在陈赓下榻的竹屋"宾馆"里，胡志明与陈赓两人就无须翻译直接交谈起来，而且直入主题，谈起了即将进行的高平作战。

陈赓说出了自己的看法：经过调查了解，考虑到越军目前还缺乏大规模作战的经验，尤其缺乏攻坚战的能力与经验，立即攻打高平，将会付出太大的代价；所以需先打法军的小据点，取得胜利，积累经验，然后逐步转入大规模作战。在目前阶段，应制造战机，围点打援，在野战中大量消灭法军机动兵力，掌握战场主动权，最后即可拿下高平、谅山等较大据点。

胡志明说自己不懂军事，表示同意陈赓的看法。

当晚，陈赓给中共中央致电，报告他已抵达越共中央所在地，并会见了胡志明。

第二天，7 月 28 日，陈赓接到了毛泽东 26 日起草的关于高平作战方针的电报，心里踏实多了。他请已到越南 4 个多月了的罗贵波介绍越南情况。两人在国外见面，感到格外亲切。罗贵波详细介绍了越南当前局势，并提醒陈赓，一部分越共同志有急性病。罗贵波说：越南抗法战争已经进入第 6 个年头了，他们经历了长期而又艰苦的岁月，中国革命一取得胜利就对越南迅速支援，使得一部分越南同志对抗法战争的胜利变得过于急切，对于新近整编的部队和装备的武器寄予很大的希望。法国在"二战"中尽管遭到了削弱，可是，越南毕竟太弱，因而越南敌强我弱态势的改变和逆转，还需要一段不短的时间，战争还要延续相当一段时期。

7月29日上午，陈赓由罗贵波陪同，到山谷深处一条小河边的密林里去看望胡志明。胡志明所住的茅棚高脚屋就搭在一片小空地上。胡志明喜盈盈从屋里迎了出来。

上了小竹屋，只见一席一毯，简易桌上有一部打字机、几本书，柱子上挂着一个帆布背包及一个怀表。陈赓见了十分感动，说："胡主席太简朴了，可敬可敬！"

胡志明特意准备了一只烧乳猪，请陈赓来吃午餐，以作洗尘。当乳猪端上来时，胡志明笑着说："我改了两句七律汉诗，以示欢迎。我将原句子中的'美人'两个字，换成了'英雄'。陈大将军是中国革命的英雄，此次来越南，也要成为帮助越南革命的英雄。"

胡志明说罢就朗声吟道——

乱石山中高士卧，
茂密林里英雄来！

主人情真意切，但陈赓牙痛，不能多吃，两人干脆谈起话来。话题还是高平作战方针。两人商定：围困高平打援，在野外伏击七溪方面的法军援兵。席间，胡志明十分关切陈赓牙痛，说在行进途中要派一位有博士头衔的医生为其悉心治牙。

7月31日，陈赓继续上路，前往高平。胡志明走出山口，为陈赓送行。陈赓听说自己行进的路线都是由胡志明亲自安排的。正要分手启程，胡志明看见陈赓等人每人手执一把从中国带来的雨伞，说："打伞容易为法军飞机或是奸细所发现。越南人在山里走路没有打伞的习惯，为了保守秘密，我给你们换了。"

胡志明说着亲自动手收走了雨伞，叫人拿了草帽来发给每人一顶。

陈赓一行，跋山涉水，晓行夜宿。有一段路坐上了烧木炭的破汽车，但沿途频频抛锚，一天只行驶了 19 公里。陈赓在日记中说，"乘汽车算过了瘾"。

沿途可见的街镇、柏油路、桥梁皆遭破坏，他们多是走险要的山路，加上越方护送的人很怕飞机，行进速度甚慢。

陈赓告别胡志明后，又走了两个星期，于 8 月 14 日到达越军总部所在的广渊。韦国清率领军事顾问团也于数天前到达广渊。中国援越的军事将领们都在这儿汇集了。

16

法军飞机为什么频频飞临紧邻广西边境的这个小村·陈赓决定先打东溪，武元甲满脸惊诧，大觉意外·一场只歼灭法军几个营的战役，牵动着毛泽东的神经……

（1950 年 8 月 14 日—8 月 24 日，紧邻广西边境的越南某小村）

8 月中下旬，法军的飞机频频飞临越北一个偏僻的小村。开始是一两架，后来是五六架，还开枪扫射；最多的那次，竟飞来了八九架，又是扫射又是轰炸。

这就是越南广渊紧靠中国龙州边境的一个小村镇。这一带，地形地貌气候与桂西山区完全一样。每当法军飞机来到村子一带上空盘旋或扫射时，越军的官兵都甚为慌乱，仓促躲避；而中国顾问团的官兵则十分镇定，他们在解放战争中早已学会与蒋介石的飞机周旋的本事，现在只好先教越军部队对付敌机的课程。

武元甲的越军总部就设在这个绿树掩映的村镇里。村镇看上去极不显眼。但在 1950 年 8 月中旬，这个偏僻普通的村子里却战将云集，仅中国方面就有师级以上干部多人。越方除了总司令武元甲大将之外，还有六七个少将。

抗法战争中的武元甲

8月14日深夜，中国方面的军事汇报会正在陈赓的住处举行。参加援越作战的近20名师团级军官都云集于此。

军事顾问们向陈赓、韦国清汇报了高平一带越法两军态势。

据情报和侦察结果，法军在高平至谅山的四号公路重兵布防，共有13个营约1.1万人。法军约有100架飞机在越北的机场使用，配备有3～4个伞兵营做机动使用。在高平构筑的钢筋混凝土工事十分坚固，由法军萨克东上校率领3个营据守，直接攻坚将导致重大伤亡。高平至谅山的四号公路，几乎与越中边界线平行。法军在高平至谅山之间有东溪、七溪两个较小据点。其中，七溪靠近谅山与中国凭祥，东溪靠近高平与中国龙州。东溪是个很小的镇子，镇里只有一条很短的小街，四面环山，中间是一个凹地，镇子就坐落在凹地北边的一个小丘陵上。

陈赓听了极感兴趣，要求把东溪及与东溪有关的情况介绍得更详细些。

在军用地图面前，有关顾问继续汇报——

东溪距中国边境龙州下冻区的布局关仅有10多公里，四号公路沿西北往东南穿过镇子当中，过街的公路就是当地的圩集，三天一圩。往常来赶圩的人很多，从中国龙州下冻区也常有边民来赶圩做买卖。解放军打到中越边境后，法军管得严多了，赶圩的边民少了。距西北方向的高平约60多公里，南边距另一个据点七溪25公里；原来有从中国龙州通越南高平的公路，修于20年代前后，旧军阀陆荣廷和谭浩明溃败时，就从这条公路逃到越南。东溪正处在两条交通要道的交叉点上，这个据点直接封锁住了这个方向的中越通道。据越军情报，法军在东溪驻有一个加强营，有七八百人，不及高平守军人数的一半。

为了尽快得到中国方面的援助物资，在越中边境打开一个口子，两个多月以前，5月25日，越军主力一七四团在去广西整训前夕，曾集中兵力围攻东溪，打了两天，重创法军后占领了东溪。

陈赓脖子动了一下，他的近视眼镜在灯光下一闪，问道："占了多久？"

顾问答说："只占了一天。"

5月27日，越军攻占东溪镇。28日清晨天刚亮，法军立即组织反攻。在东溪周围空投了一个伞兵营，使用了坦克与重炮，趁越军立足未稳，在猛烈的炮火攻击下，夺回了东溪。法军被歼两个连，越军也伤亡300多人。法军的士气一度受到打击。

在8月14日晚上的汇报会上，陈赓有了新想法，既然越军能攻占东溪一次，也就能攻占第二次，占而据之，加以巩固，借以吸引法军援兵。越军在四号公路两旁的丛林里埋伏好，以优势兵力对敌加以歼灭。攻占东溪要比包围高平会使法军指挥部感到更容易派出援兵。

边界战役的具体作战方案成熟了！

因为原来的计划先攻打高平，近一个月来越中双方一直是按攻打高平进行筹划和对越军进行动员的；现在决定先打东溪，对这一重要变更，胡志明那儿倒好说明，而要说服越军总司令武元甲却要花一点气力了。但他知道，只有说服了武元甲，才能统一越军干部的思想。这晚，陈赓没有睡好觉。

8月15日，越军总司令武元甲设宴款待陈赓、韦国清。餐后，陈赓和武元甲商谈边界战役具体作战方案。陈赓说："总司令同志，我的想法是先打东溪。"

武元甲满脸惊诧，觉得十分意外，说："为什么不打高平？不是早在一个多月之前就决定了攻打高平吗？"

武元甲，矮壮的个头，头发浓密，那很黑很灵活的眼睛给人印象很深，但聪明又执拗。在广渊，经常可以看见他穿着普通的越军短裤军装，踏着凉胶鞋。他精力充沛，言谈不多，胡志明却说他是"积雪覆盖着的火山"。他在越军中是实力派首脑。1912 年出生于越南广平省，其父熟悉儒学经典，他也有儒家根底，除了打仗，还能著书立说。14 岁到顺化为人当差送信谋生。21 岁进河内大学读书，结识了长征和吴庭艳，当时名叫邓春区的长征引导他参加了革命，他经常和右翼民族主义者吴庭艳辩论，企图说服吴改变信仰。武的努力没有成功，吴庭艳后来成了美国支持的南越总统。因而有人开玩笑说："要是当年武总司令能说服吴庭艳，越南早就不需打仗而统一，也就不需要总司令了。"他还做过河内中学的历史教员，以资补生计。据说，武元甲特别乐于在黑板上用粉笔勾画出拿破仑发动的好些军事战役略图，并对拿破仑大加赞美。1939 年秋，法国殖民当局搜捕越共党员，武元甲逃往中国，在中国第一次见到胡志明。1941 年，他奉命回到越北山区筹建武装力量。

越南人民军的前身，是武元甲在 1944 年年底组建的武装宣传队。从 1945 年 8 月发动起义，宣布越南独立开始，越南武装部队都在他领导之下。在 1950 年以前，他指挥的最大最有名的战役，是 1947 年秋冬的越北反攻作战，亦叫秋冬战役；其作战规模是投入 18 个营又 30 个连，作战任务是破坏交通、袭扰敌基地，实际上还是规模大一点儿的游击战。此战役打死打伤法军 6000 余人，俘敌 270 人，击毙法国远征军副参谋长兰贝特上校。1948 年 1 月 20 日，胡志明给越军授衔时，武元甲被授予唯一的大将军衔，其余授了 10 名少将军衔。

虽说武元甲性格上武断执拗，但他面对的是陈赓，是指挥十万野战精兵攻城夺池的真正大将军，连国民党军中最能作战的白崇禧桂系几十万部队都没能逃出陈赓的运筹帷幄。

因而，武元甲在惊诧之后，很快就冷静下来，静听陈赓说出其中的道理。

越军正处于转变的过程中，由游击队转为正规军，由游击战转为运动战与歼灭战，在此转变之中的首战至为重要、至为关键！第一仗打不好，就影响士气。高平三面环水，一面靠山，法军经营已久，工事相当坚固，易守难攻。以越军目前的战斗力，拿下高平并不容易，即使侥幸攻下，也将付出高昂的代价。现在先打较小的东溪，孤立高平，迫使敌军增援，越军即可在野外运动中打援，歼灭敌人的有生力量，在使敌军军心动摇后，再攻高平。

武元甲听了后，觉得陈赓的意见有道理，就表示没有意见。

连续几天，陈赓一边布置顾问团写出作战具体方案，一边与武元甲深入交谈。对此他的日记有所记述：

> 8 月 15 日
>
> 武今日设宴欢迎我们。向武提出作战意见，因为他提不出意见，只能同意我的意见。
>
> 8 月 16 日
>
> 上午时间均与武谈话。
>
> 8 月 18 日
>
> 访武谈话。
>
> 8 月 22 日
>
> 武来商谈工作，他表示自己不行，要求我在战役结束以后再离开。

经过上述几次谈话以后，8 月 23 日，武元甲在广渊召开团级以上越军高级干部会议，进行东溪作战动员。听了武的讲话，一些越军指挥员对先打东溪思想不通，心存疑虑，纷纷问武元甲，为什么不按照原定的计划打高平。武元甲觉得自己难以说清楚，就对大家说：明天我请陈赓将军到会，回答大家的问题。

8月24日，陈赓出席了越军高干会议。

一位越军指挥员首先发问：我认为高平是省会，法军苦心经营多年，是边境封锁线上的核心据点，一举攻下高平，不仅有重大的军事意义，而且还有重要的政治影响。

有人接着说：以越军有限的力量，先打东溪、七溪，等到打高平的时候，力量就消耗得差不多了，恐怕不一定能攻克高平了；高平拿不下，法军的边界封锁线还是没有打开。

陈赓回答说：要打开法军的边界封锁线，首先要消灭法军的有生力量，否则，即使付出很大代价攻下了高平，也巩固不了。打东溪要比打高平容易取胜。首战取胜，对战局影响很大。敌军不甘心失掉东溪，七溪、谅山的敌军可能会增援，我们就可以在野外对援军加以歼灭。

他还针对越军的弱点说：大家知道，高平地势险要，易守难攻，守敌较多，是块硬骨头。据点三面环水，攻击部队要渡水作战，既要打纵深，还要打空降的援兵，人民军缺乏攻坚的经验，困难甚多，容易打成得不偿失的消耗战。诚然，乘敌不备，突然进攻，在开始的时候可能会有一定的作用，但不能解决战术与技术上的全部困难。首战不胜，对整个边界战役会产生不利的影响。因此，最好先不攻高平，而打孤立突出、设防不甚坚固的东溪，有利于南北两面相向合击，取胜把握较大。打下东溪，拦腰切断了四号公路，高平就被孤立起来了。这就迫使七溪、谅山的敌人极有可能出援，这就创造了在运动中歼敌的战机。

有人问："要是七溪的敌人不出援呢？"

陈赓说："要是七溪之敌不出援也好，就在拿下东溪后乘胜攻取七溪。最后，集中全部主力进攻高平，并力争在运动中将敌聚歼。依我看，攻下东溪后，七溪敌军会好难受，它出援也难，不出援也难呀！"

会场气氛活跃起来了，有人笑出声。

陈赓继续说："在歼灭东溪、七溪敌人的有生力量后，陷于孤立的高平守军动摇，而人民军经过多次战斗，经验多了，胜利信心足了，那时再打高平，就比较容易取胜了。"

越军干部们兴奋地议论起来。但又有人向陈赓提出：我们没有连续打仗的经验，体力又不好，像这样连续奔袭作战，恐怕部队坚持不下来哟。

陈赓笑了起来说："既然知道自己的弱点，就更不应该先打敌人最牢固的据点，而应选择较弱的据点攻击。先打弱的，再打强的，强的也就变弱了。至于讲到人民军部队缺乏连续作战的经验，解决的办法只能是在战斗中获取经验。体力差的事，要各级领导注意改善伙食，让战士们吃好点。还有在作战中部队会有消耗减员，就需要有计划地补充兵源。"

陈赓前后共讲了 4 个小时，效果很好，把在场的军官们都吸引住了。

当日半夜 12 点，武元甲还打电话给陈赓说："你讲得太好了！讲了那么多中国革命战争的宝贵经验，毫无保留，解决了我们干部好多思想问题，我们都非常高兴。"

笔者 1993 年在越南访问，有一个退休老军官阮廉说："我原来是主张先打高平的，现在回想起来，那时有急于求成的思想。长期以来，我们太希望能一下子就攻克一个大据点，太需要有这样一次胜仗了！陈赓将军那一次讲话，真像一包对症开出的好中药，不但治了我们的急性病，而且对我们后来打仗受用不浅。尽管已经过去 43 年了，他的讲话在我的记忆中还历历在目。"

就在 8 月 24 日这天，毛泽东以中央军委的名义复电陈赓：同意你们的作战计划。这份电报说——

      ……为了保证这次战役胜利，似应在干部中灌输连续作战的思想，以便对付谅山敌人来援，而又可视歼灭时的情况，以及在东溪、七溪敌人被消灭后，高平之敌可能逃跑，或向南增援的情况。判断敌方统帅部可能不预料我方（电文中的"我方""我军"指越方、越军，下同——本书笔者注）现已能够集中两万余人在一处作战，可能以为仍不过几千人或一万人，因而从谅山派出三四个营或四五个营向东溪、七溪增援的可能性是很大的。如果敌只派出三四个营增援，而地形又有利于我军，战力充足，则我军于解决东溪、七溪后就有可能歼灭此援敌。如果此援敌被歼灭，则敌方统帅部可能迅速改正其对我方力量过低之估计，而命令高平之敌放弃据点向南增援，夹击我军，则我军于歼灭谅山援敌后，又有可能要向高平援敌作战。如不作战，则只好让高平之敌逃跑。假如出现此种情况，则我可有于20天左右时间内，要打大小三四个仗的可能。因此，1.照你们估计的情况及计划，在40天内从容歼灭边界之敌，这样是很稳妥、很有利的。2.照上面估计的情况，则准备在20天左右打大小三四个仗，如能打胜，则是更有利的。但不知越军有此能力否？

陈赓接到北京的电报之后，像往常一样，反复看了好几遍。他的确信服毛泽东的卓越军事才能，特别是毛泽东预见高平之敌弃城之后可能南下，提醒要准备连续打几仗的指示，弥补了自己所拟战役计划上的不足。这天，陈赓写了下面的日记——

8月24日

今日为越军高干会议的第二日。我起草的计划，交由武传达后，据说无意见。武坚邀出席讲话，我作了4个钟头的讲话，均针对着越军弱点而说，颇受听众重视，武几次表示对他教育意义甚大。晚12时又来电话，表示我讲话中所述中国之宝贵经验，解决他们干部中许多思想问题，甚觉兴奋等语。

军委来电，完全同意我提出的作战计划，并作了补充解释，因此信心倍增。

越中两国的将军们在极端秘密的情况下，紧锣密鼓地筹备着边界战役。对陈赓来说，歼敌几个营，只是一个很小的战役而已，但现在却需要花很大的精力和武元甲及总参谋长黄文泰等越军高级将领研究攻击部署。越军团营指挥员甚缺实战经验，部队纪律又很差，战斗力未经考验，因而使陈赓在决定部署时很费苦心。

9月10日，胡志明来到了越军总部。胡志明的来往行动，均不骑马，也不乘车，不坐轿，都是赤脚行走，用毛巾包着胡须和半张脸，以免让路人认出。经过讨论，人民军总部领导一致同意陈赓的意见。胡志明批准了作战计划，并指示："此次战役只能打胜，不能打败。"

胡志明到驻地看望中国军事代表团。从左至右：韦国清、胡志明、陈赓、罗贵波。

9月11日，胡志明在武元甲的陪同下，到陈赓住处看望。胡志明十分了解此战的胜利对于越南革命与国家前途之重要，而自己的爱将武元甲还没有指挥重大战役的经验。他满怀期望地对陈赓说："请你放手指挥，包下这一战役的胜利，还包下下一个战役的胜利。"

陈赓表示说："胡老，我一定尽自己的最大努力去争取胜利。我是有些把握，但不是绝对把握。不过，打胜仗主要还得靠越南的军队和人民。"

与此同时，法新社从河内发出一则电讯，称越共游击武装头目武元甲与代表北平的陈赓将军在中越边境某地举行秘密会晤，双方签订了军事条约云云。

陈赓听了付之一笑，说："真是好笑得很！这说明法帝嗅觉不灵，实际上我早已在越北地区走了一圈，已经成为越军总部的上宾。"

17

四号公路被切断了·陈赓认为经三次攻击才夺下东溪，虽胜了，也是个败仗·整个边界战役是坐镇中国布局关的陈赓与坐镇河内的卡邦杰将军在较量……

（1950年9月15日—9月底，布局关—东溪—河内）

在攻击东溪战斗打响的前一天，9月15日，陈赓回到了广西龙州县境内的布局关。这儿有公路直通东溪，据说这条路以前是汉朝时马援将军修的驿道，19世纪末法国殖民者加以扩建成公路。本地人说，解放前法国人的汽车经常开来龙州运货。陈赓沿途看见，卡车奔驰，烟尘滚滚，经广西军区培训和装备的越军第一支汽车运输队已投入使用，那60辆汽车中有好些是刚缴获蒋军的美国十轮卡车。他还看见越南动员了大量妇女，将中国的援助物资从边境运往东溪前线。妇女们挑着盛满米的竹箩筐，排着长长的队伍行走在山道上，竹扁担声吱呀吱呀，甚是动听。

他离国已有两个来月了。布局关地处龙州的下冻区。龙州是右江的老革命根据地，邓小平、李明瑞创建的红八军就在这一带起义闹革命。他感觉边民对解放军的情绪要比在越南地界好多了。布局街上有个妇女在教两个幼童唱歌："工农兵联合起来，打敌人……"多么熟悉的旋律！这不就是当年老根据地传唱的歌曲嘛！他油然而生一种亲切感。

越军的总部就设在布局关南边越南境内的村子里，这儿距东溪前线只有10余公里。陈赓和越军总部随时保持着联系，必要时还可以乘吉普车赶去前线。韦国清和邓逸凡在越军总部。梅嘉生和越军总参谋长黄文泰都留在东溪附近的前线指挥部，直接掌握战斗情况。师、团、营的顾问都跟随所在的部队到达预定位置，协助越军指挥。

回到广西边境前那几天，情报和边界一带的种种情况表明，法国的印度支那远征军总司令卡邦杰在和他进行较量。在进行部署时，为保守秘密和保证攻击的突然性，陈赓几次劝阻越军派人出去侦察。后来，法军飞机每日多次作穿梭飞行，还准确地轰炸了越军参谋部，死伤几个人，谅山、东溪一带法军也调动频繁。陈赓觉得东溪法军似已增兵，判断敌军已经发现越方企图。陈赓再三追问，才知道越军干部不听劝阻，仍派员侦察，果然在东溪附近被俘去了两个侦察员，并有三〇八大团派出侦察的两位小团干部至今未返，似已被敌军俘去。估计秘密已经泄露，战役行动可能遭受很大的困难。

法国远征军总司令卡邦杰觉察越军意图后，立即作出反部署。他看出越军主力集结东溪，他用起了孙子兵法的"围魏救赵"计，从河内派了5个机动营的兵力奔袭越共中央所在地太原，以吸引越军东溪主力回救太原，他再以七溪的兵力扫荡东溪、高平一带。卡邦杰还组织逃入越北的国民党残部3000多人，企图越境回窜广西，截断越桂交通，诱我解放军驻扎在龙州地区的主力向东，以便法军扫荡东溪、高平。陈赓觉得法军指挥官策动蒋军残部回窜中国，对我人民解放军是有利的，我解放军早就想尽快剿灭这些残匪。事实证明，他们一回窜入境，即被广西军区部队歼灭。

但是，法军已觉察了越军攻击东溪的企图，这却是陈赓最为担心的事。他踌躇不安，失眠了！他反复斟酌，权衡利弊。中外军事史因作战计划泄露而招致失败的战例还少吗？

9月9日，他在日记中记述——

> ……越军干部不接受劝告（我几次阻止他们侦察），自由行动，暴露企图。此次行动，必然遭受更多困难，甚至可能破坏预定计划。但是决心不变，仍按原计划执行。

经过几天的部署，参战部队的军事、政治和后勤准备工作已经完成，战役准备就绪，陈赓仍坚持按预定计划实施战役。

在陈赓回到布局关的当晚，武元甲也从越军总部赶来看望，并说各部门已按计划进入各自阵地，明天（16日）拂晓前可进入战斗。

17-3

边界战役中的法军坦克

16日拂晓，越军以步兵一七四团、二〇九团和十一、四二六营两个独立营，配备九十五炮兵团，总兵力7000多人的绝对优势，对东溪法军发起进攻。法军守军为350人。当年参加中国军事顾问团工作的一些干部所撰写的《中国军事顾问团援越抗法斗争史实》一书，对东溪之战有翔实的记述——

战斗一开始，各团、营的顾问均亲临阵地帮助指挥。一七四团和两个独立营迅速完成对东溪的包围，并占领进攻出发阵地；炮兵分队在炮兵顾问帮助下有效实施火力急袭和抵近射击；爆破队进行连续爆破；在各种火力掩护下，进攻部队逐次攻占了东溪外围部分据点。但逼近敌防御中心后，发展迟缓。至17日晨，守敌在航空兵掩护下实施反冲击。由于人民军缺乏经验，指挥不及时，便从已占领的阵地上撤退下来。前线指挥部命令部队继续进攻。人民军战士不怕牺牲，英勇作战。但部队因缺乏协同动作和统一指挥的经验，前进艰难。陈赓、韦国清亲自到前指，与武元甲研究攻击受挫的原因，总结经验教训，调整了部署。黄昏，向东溪再次发动攻击。由于前线部队没有按照预定部署行动，只从一面进攻，使敌人得以集中火力进行顽抗。直至半夜，攻击仍未奏效，部队又准备撤出战斗。陈赓得知这一情况，立即向胡志明、武元甲建议：严令部队不惜任何代价，坚持下去。并提出重新调整部署，改为四面环攻，重点放在北面和南面。人民军前指接受了这个建议，再次发起攻击，终于突破了敌人核心阵地。战至18日8时，全歼守敌，缴获了全部武器弹药。

边界战役第一炮终于打响了！

法军封锁越中边界的四号公路已被越军拦腰斩断。据外电报道，法国殖民当局十分震惊，其远征军不敢即刻反击。越军方面十分兴奋，据说这样的歼灭战在越盟作战史上是第一次。

16日晚，陈赓在布局关住宿了一晚。17日，获知攻打东溪没有得手，他即刻赶去越军总部了解情况再次部署攻击。他这天的日记如下——

9月17日

昨晚攻击未得手，因攻击于下夜2时才开始，打上3小时即已天明。突入东溪之部队，一见天明即发生恐慌，自动撤出。昨晚算是白费力气。

我上午去武之总部，研究未得手之原因：一、不遵守攻击时间，原来预定黄昏攻击，但迟至拂晓以前才开始，时间不够。二、各级指挥部不敢向前，以致不能掌握突击部队。三、通讯联络组织不好。四、干部假报告，欺骗上级。我当（面）向武指出以上问题，并为之重新调整部队，部署攻击，准备今日黄昏再行攻击。武均一一接受。

边界战役中的法国军队

18日，东溪作战勉强取胜。依陈赓豪爽的个性，要是他带领的人民解放军打成这个样子，他早就大发脾气骂娘、找前线指挥员来狠狠训斥一通，甚至给予处分了。因为是兄弟党、兄弟国家的军队，他好不容易才忍住了脾气。本来，我军的炮兵顾问事前把在解放战争中创造的火力急袭与抵近射击的经验毫无保留地传授给了越军九十五山炮团：根据东溪据点碉堡比较外露的情况，在攻坚中将一部分火炮隐蔽地抵近前沿，采用直接瞄准近距离射击的方法摧毁敌军碉堡。第一次攻击时，威力很大，越军炮弹接二连三在法军阵地上猛烈爆炸，摧毁了敌军好些火力点，但步兵还远离冲锋地域，法军有时间从容地重新组织火力，击退后面迟迟来到的越军冲锋。而冲锋的先头部队和法军接上火了，团部离火线还有三四里之遥，很难掌握部队。二〇九团的一个连，趁夜色偷袭，拔掉了鹿砦，捣开敌军防线钻了进去，占领了法军的一块阵地。但却没有后续部队跟进，团部以为打进去的是一个小团（营），不必急于再派兵力跟进。天一亮，突进东溪的越军害怕法军飞机轰炸，即发生恐慌，干脆自动撤出战斗，但是已经付出了很大伤亡。

后来，陈赓在一次总结时说："东溪作战算是胜了，但在战术上讲，则是一个大败仗！东溪敌实际人数为267名（越方虚报800名），我攻击人数将近1万，经两日三夜的战斗，中途几乎被迫撤退，我伤亡500余人，敌尚逃掉20余人。我方兵力、火力均居绝对优势，以如此之战斗力，希望攻击约2000人据守的七溪，则不啻缘木求鱼。因此我以为越军仍须求得打小据点，以逐渐锻炼战斗力，特别是改正领导作风，改良组织，加紧干部训练。不然，作战计划都是空的。巧妇是难为无米之炊的。"

攻克东溪的这天下午，胡志明过境来到布局关陈赓的住处，把他庆贺东溪作战胜利而写的一首汉文诗赠给陈赓——

携杖登高观阵地，

万重山拥万重云；

义兵壮气冲斗牛，

誓灭豺狼侵略军。

胡志明除了赠诗、告喜讯，更重要的是要听陈赓的意见，下面的仗怎么打。

陈赓读了胡志明的诗，高兴地说："好好！诗中表现胡老下了那么大决心，法国侵略军一个也跑不了。"

攻占东溪，切断了四号公路，再按原计划攻取七溪的话，西北方向的高平重镇将成为一座孤城。在东溪发生激战的时候，卡邦杰将军终于确信越军要开展大规模进攻，急令驻守谅山的勒巴日上校率部队驰援东溪。陈赓暗暗高兴，立即与胡志明、武元甲商议，取消原定越军主力三〇八师围攻七溪的作战命令，而继续设埋伏，准备野战歼灭北援之敌军。陈赓认定，远征军总司令卡邦杰将军绝不会扔下将近 2000 名高平守军不管。只要七溪法军北上支援，就会钻进越军主力三〇八师的埋伏圈。

陈赓在 9 月 20 日的日记中记述——

9 月 20 日

敌向七溪集结，现已集中三个黑人小团，一个伞兵团，约 3000 千人，企图收复东溪，并乘机扫荡越北。因此决定停止七溪行动，打击北进之敌。以两个团位于东溪，三个团位于东溪东南山地，两个营位于西南山地，作袋形布置，待敌进至东溪以南时作钳形夹击，歼灭其大部或一部。胡、武均同意。武即下令部署。

三〇八师刚刚在中国换成美式装备，潜伏在路边山头的丛林里，等待着猎物进入张开的口袋。从 9 月 20 日开始，越军一连在山头等候了多日，天还下起雨来。连绵的秋雨下了好几天，越军战士给淋得湿透。七溪的法军还是没有出动。

这使陈赓大伤脑筋。敌军司令部是否已经发觉越军意图？他心情颇为沉重。不巧，他又给病蚊子叮了，染上了疟疾病。他在日记中自嘲：刚刚给夫人写信说什么"疟疾无法侵入我身"，谁知牛皮一吹就破。

9 月 22 日至 26 日，陈赓一病就是 5 天。在这 5 天里，从河内派出的法军已经攻占了越共中央机关所在地太原。陈赓的压力就更大了。胡志明很关心战局的进展和陈赓的健康，几次去看望卧病在床的陈赓。

在山头丛林里埋伏的三〇八师从来没有这样打过伏击，时间一长，有些人就忍不住了，牢骚怪话就来了，有的军官还要求撤下去。据当时在三〇八师担任顾问的王砚泉回忆——

> 等啊等，七溪的敌人就是不动。越军有些干部就开始说怪话了。特别是那些原先就主张打高平的人抱怨得凶，说打东溪错了，消耗了自己的力量，又没有援兵可打，还把打高平的有利机会也丢了。发这些牢骚的不是基层干部而是营以上军官，他们都知道陈赓在帮助越军组织这次战役，也知道先打东溪是陈赓提出来的，所以他们开始怀疑陈赓的指挥。这些牢骚和议论，通过各级顾问都反映到陈赓耳朵里去了。陈赓不予理睬，即使在病中，他总是把注意力集中在法军总指挥的动向上，他坚信法军不会放下高平不管，法军在已经作出的部署上必定要有下文。他已经断定，战役主动权掌握在越军手里，法军比越军急得多，坚持不了多久就要作出下一步举动了。

阴云低垂，蒙蒙细雨悄无声息地连续下了好几天了。能见度太低，

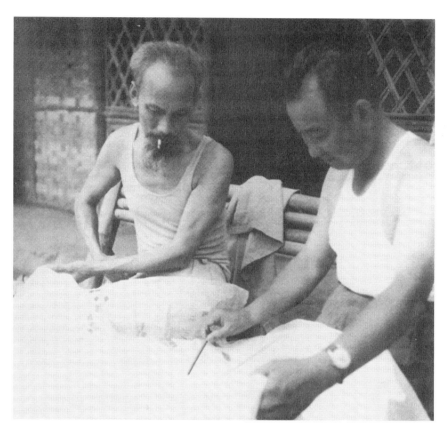

边界战役中的胡志明与陈赓

连法军的侦察飞机也停飞了。从七溪至东溪的四号公路，已经遭到破坏，没有任何车辆行驶。附近的山地树林格外寂静。两军也在无声地对峙着。对双方的最高指挥官来说，简直就是一场神经战！

这时，有的越军军官主张：法军如不出援，越军就挥师北上攻打高平；还有的主张干脆撤兵保卫太原。陈赓建议越军前指说服干部，耐心坚持，静待敌军下一步行动，捕捉歼敌的机会，要在坚持性、坚韧性上完全战胜法军总指挥。

陈赓为此连续几夜难眠。他在苦苦地想：我面对的这位法国卡邦杰将军真会不管高平重镇的法军了吗？

18

关键时刻，武元甲要把部队撤下来；陈赓有些火了：如果这样的仗不打，我就卷起铺盖走了·毛泽东去电给陈赓撑腰，最后胡志明电令攻击·陈赓笑着说，解决了边界战役后，要解决胡伯伯的"夫人问题"……
（1950 年 9 月 28 日—10 月底，东溪—高平—谷社山区）

9 月 28 日，攻下东溪已经整整 10 天了。陈赓觉得再也不能静候了，想了一计，要诱敌出援。

他建议越军前指派出一七四团向七溪以南佯动，要作出点声势来。此举果然奏效。法军误以为越军主力南下去保卫太原，乃决定实施原来的出援计划。法国远征军指挥官卡邦杰是不会放下高平法军不管而让越军吃掉的。

等候在七溪的勒巴日上校，接到了进占东溪的命令。勒巴日对于此时出援有顾虑，回电给谅山：目前不知道越军主力的动向，重型火炮与运兵车因公路毁坏都没法随行，阴雨天气使空军没法支援，要攻占东溪十分困难，请司令官斟酌。法军司令部回电是：勒巴日率部立即出发！

9 月 30 日晚上，绵绵细雨之中，勒巴日兵团 3000 余人离开七溪，企图重占东溪，接应将由高平南撤的萨克东兵团。

10 月 1 日上午，勒巴日兵团进入了三〇八师设伏地区。

陈赓所期待的以野战歼灭敌人的战机，终于出现了！

可是偏偏在这个关键时候，三〇团将近半数部队没有经过总部同意，撤下阵地去中国水口关那边背粮食去了。因为粮食续不上，有的干部要将部队撤下去。顾问王砚泉建议：山后稻谷熟了，可派一部分人去收割一些，大家搓米就食。师长王承武同意顾问意见，可是副师长高文庆等人不赞成，认为这样白等还不如派部队去运粮。最后双方达成妥协，派一半战士去背粮。他们刚撤离阵地走了一天，法军就乘着清晨的雾气从阵地下面穿过，朝东溪而去。

事有凑巧，法军勒巴日兵团在到达东溪的南山时，即被越军另一支部队一〇九团一个连的士兵发现了，枪响之后，在雾霭和慌乱之中，勒巴日上校不知越军底细，以为遭到越军主力阻击，急忙命令部队抢占南山临近的山头，和南山越军形成对峙。

此消息震惊了越军总部。在总部的顾问梅嘉生立即电告在布局关的陈赓，并赶快找武元甲。

陈赓催问："攻击部队为什么不进入指定位置？"

武元甲为难地说："部队扛粮食去了。"

陈赓严肃地说："攻击命令已经下达，为什么还让攻击部队去扛粮？"

武元甲支支吾吾说："三〇八师已经报告，他们正在集中部队，准备出击。可是集中有些困难，有的小团和中团找不到指挥员。"

陈赓叹息道："命令已经下达，就要严格要求部队，否则就会延误战机。"

陈赓给王砚泉打电话，要他督促三〇八师背粮士兵急速返回，归还建制后立即出发包围敌军。到一个营就出发一个营，到一个连就出发一个连。

10月2日，三〇八师背粮的部队回来了。于是，三〇八师、二〇九团和独立十一营等部队把勒巴日兵团占据的山头包围了起来，不断发动进攻。但由于进攻部队组织指挥不严，协同配合不好，除了三〇八师八十八团占领了龙飞东北高地外，其余攻击均未奏效。两军仍处于对峙态势。

10月3日，勒巴日接到卡邦杰命令：如在东溪受到越军阻击，勒巴日必须从南面绕过东溪，不惜代价沿四号公路北上增援高平。与此同时，驻守高平重镇的萨克东上校也接到了卡邦杰命令：丢掉辎重装备，放弃高平城，南下与勒巴日兵团会合。该日中午，高平城里爆发一阵惊

胡志明看望中国军事代表团的女兵。

天动地的巨响，萨克东炸毁了带不走的弹药与重型装备，与伪高平省长一起，乘着运兵车、拉着大炮沿四号公路南逃，企图在勒巴日兵团接应下摆脱困境，一起撤回七溪。

3 日晚间，在东溪南边的勒巴日兵团在越军的不断攻击下，趁着漆黑的夜色，离开了四号公路，越过越军包围圈，窜入公路以西的谷社山地区，占领了有利地形继续顽抗，以接应萨克东兵团南逃。

越军由于不敢出击，只是在阵地里对峙，待 4 日上午 10 时枪声稀疏了，才发觉勒巴日兵团已经逃走。

萨克东兵团一出高平，立即被监视他们的越南地方部队和游击队尾随追击。4 日傍晚，萨克东兵团行进到东溪以北，受到一七四团警戒部队阻击，同时得知勒巴日并未占领东溪，并已受困于谷社山区，自己也就不敢继续乘车沿四号公路行进，乃放火焚烧乘坐的 50 余辆汽车、10 多门重炮与所带的辎重。四号公路一时浓烟滚滚，火光冲天，萨克东兵团徒步向邻近谷社山的 477 高地靠拢，妄图与勒巴日兵团会合，再夺路逃向七溪。两个兵团的电台频频直接呼叫。

陈赓和军事顾问团领导人研究了战役发展情况，认为当前两军态势对法军十分有利，是极为难得的歼敌良机。

5 日傍晚，武元甲命令三〇八师暂停攻击，原地待命。武元甲打电话给陈赓说，两股敌人即将会合，力量将增强，而谷社山地势复杂、崎岖难走，越军已连续作战 4 天了，十分疲劳，看样子难以全歼敌军，是不是把部队撤下来，以后再打？

陈赓忍不住了，说："这样的仗再不打，就无仗可打了！"

据说，这是他入越以来少见的激动，但他有所克制，没有像在国内一样发火。他平静地对武元甲说："如果这样的仗不打，我就卷起铺盖走了！"

武元甲说："部队连续埋伏了 10 余天，又打了 4 天仗，没有休整，伤亡大，体力差。"

陈赓已经作了调查了解，三〇八师的顾问王砚泉在电话中汇报了情况：越军伤亡不算大，三〇八师有一次伤亡是在与法军争夺空投食品时遭法军火力杀伤；越军体力是弱，但主要问题是干部决心不够。

陈赓说："这样好的战机，如不及时抓住，稍纵即逝，悔之莫及！不能有任何的犹豫和迟缓。在此关键时刻，司令部动摇，会葬送战役胜利的大好时机！首先必须坚决、彻底、迅速地歼灭勒巴日兵团，然后再集中全部主力歼灭萨克东兵团。这个决心不能有任何动摇，也决不能再出任何差错。"

陈赓放下电话，即给胡志明疾书一短信，希望整顿干部思想，建议胡志明亲自鼓励前线官兵继续坚持战斗，要把敌军围歼消灭。他还立即面授电文，向中央军委及时作了汇报。

胡志明很快就派人送来了复信："你的意见很使我们感动，已令他们照办。"

谷社山区渐渐稀落的枪声又响了起来，且越来越激烈。

10月6日，毛泽东以中央军委的名义，给陈赓回电——

先集中主力歼灭东溪西南被我包围之敌，然后再看情况围歼高平南逃之敌，此种计划是正确的。如果东溪西南之敌能在几天之内就歼，高平之敌又被抓住，谅山等地之敌又不能出援，或虽出援而我军（指越军，下同——本书笔者注）能分出一部分予以阻隔，使之不能妨碍我军对东溪、高平两地之作战。则你们可以取得两个胜仗。因此，对东溪西南之敌必须迅速、坚决、彻底加以歼灭，即使伤亡较大也不要顾惜，不要动摇（要估计到干部中可能发生此种情况）。以外，并要对高平逃敌确实抓住，不使逃脱。并要对谅山等处可能出援之敌有所布置。只要上述三点处理恰当，胜利就是你们的。

接阅了毛泽东的电报，陈赓很高兴，更坚定了歼灭谷社山两股敌军的信念。他挥着手中的电讯稿，对身边的参谋们说："毛主席批准的战斗没有打不胜的！"

陈赓即刻将毛泽东电报内容转告胡志明。胡志明获悉后，立刻向前线官兵发了一封电报："现在形势非常有利于我们，因此，战士们务必坚决全歼敌人，争取胜利！"

6日下午，胡志明的电令迅速传达到前线营级战斗部队，连中国毛泽东主席发来电报、支持全歼谷社山敌军的消息也一起传达了。经数天野战的越军士兵深受鼓舞，士气大振。对谷社山敌军的攻击更为勇猛。6日下午，在越军激烈的打击下，两股法军节节退败。勒巴日兵团四散逃窜，退缩至一个狭小的山地里。萨克东是法军中颇有名气的军官，颇

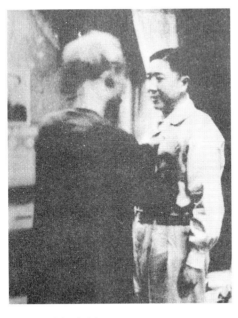

胡志明给罗贵波颁发勋章。

能打仗，率部队在山里且战且退。此时他却收到了司令部的电报，告诉他勒巴日兵团已经在东溪以南被围，有被歼灭的危险，命他尽可能驰援勒巴日。萨克东在丛林中一边行进一边用电台呼叫勒巴日，形势对法军来说已经是十分严峻了。

6日夜晚，中国顾问团的电台收听到附近有两个法军电台在频频呼叫。情况表明：勒巴日兵团已在被围歼之中，而一七四团与萨克东兵团正在交火。两个法军电台的不断呼叫，说明两股法军始终没法会合在一起。

听着不断传来的情况报告，陈赓的情绪已经变得平和了，他打电话给武元甲，并称赞越军打得好，希望克服艰难，一鼓作气，歼灭勒巴日之后，再掉转头来吃掉萨克东。

6日当晚，越军收缩了包围圈。至7日上午，勒巴日兵团被越军全歼，计有第一黑人小团，第八摩洛哥小团，第十一黑人小团的一个大队，两个伞兵大队；勒巴日上校藏身在一个岩洞里，相持至7日下午，终于打出白旗，带领参谋部人员投降。

越军再接再厉，又经过一天一夜的战斗，萨克东兵团全部被歼，萨克东也被俘虏。高平省伪省长也同时被俘。驻七溪的德拉布上校率4个连的欧非籍兵，曾经试图援助萨克东兵团，但队伍刚上路不久，即受阻击。他见势不妙，担心也被围歼，便慌忙缩回七溪。

10月10日，法军撤出了七溪。同日，法军在损失600多人后也撤出了太原省，对越共中央根据地的威胁解除了。

10月中下旬，在越军进行休整的时候，法军撤出了越北的那岑、同登、谅山、亭立、安州等城镇。11月上旬，法军还从越西北重镇老街和沙巴撤退。至此，法军在越北边境苦心经营三年的四号公路防御体系土崩瓦解。越北根据地和中国广西连成一片，越中边界的交通线全线畅通了。

边界战役大获全胜，战果远远超过了预定目标。原定计划为歼敌5个营，攻占高平。实战结果：歼敌9个营，计8000余人，克复5个市，13座县镇，越共的越北根据地得以巩固和扩大。

捷报频传之中，陈赓在日记中曾形容"胡、武喜得发狂"、"欢喜若狂"。胡志明派员送来了几瓶刚缴获的法国香槟酒，以示慰问。随酒还附有一封信。陈赓打开信一看，是胡志明亲笔用汉文改写的唐诗，可从诗中感受到胡志明心情极佳——

> 香槟美酒夜光杯，
> 欲饮琵琶马上催。
> 醉卧疆场君莫笑，
> 敌兵休放一人回。

胡志明还在越军总部设宴庆功，慰问中国军事顾问团。胡志明端着酒杯，逐一向每位军事顾问敬酒。在三〇八师顾问王砚泉面前，胡志明只喝了半杯。他以为王不知详情，便悄声对王说："这杯酒我只喝一半，留下一半给夫人喝。"

王砚泉一愣，全顾问团都知道胡志明还是"伟大的独身"，何来夫人？王砚泉一时不知怎么答对，正要被罚酒。在一旁的陈赓笑了："该罚的是胡伯伯！胡老终日为革命操劳，至今顾不上解决生活问题。我们解决了边界战役的胜利，今天在此要解决胡伯伯的'夫人问题'。在座的都是共产党员，我建议通过一项党的决议：限他三个月内找一个夫人。否则，罚酒两杯。"

胡志明机灵地大笑而答："这个决议我理应服从，但这个决议似乎该由妇女大会来作。今晚不是妇代会，我就难从命了。"

全场鼓掌，齐声叫好。胡志明喜洋洋地走到陈赓面前："兄弟，这一仗你真是帮了大忙。来，干了！"

胡志明虽然很想要求陈赓留下来，继续指挥以后的战役，但是朝鲜战场局势的发展使他觉得没法挽留陈赓了。

就在边界战役扫尾的时候，10月7日，美军越过"三八线"直逼朝鲜民主主义人民共和国首都平壤，威胁着中国东北地区的安全。10月13日，中共中央政治局作出了派遣志愿军入朝参战的最后决定。在这种情况下，中共中央电促陈赓归国，在越南的工作由韦国清、罗贵波负责。

11月1日，陈赓乘车回到了广西龙州。

此时，彭德怀已经率领第一批志愿军部队28万人秘密进入朝鲜。

志愿军在朝鲜打了五次胜仗后，第三兵团一个师在转移中遭到敌机袭击和机械化部队包围，一下损兵三千。这是志愿军入朝作战以来头一次重大损失，司令员彭德怀坐卧不安，急电国内："火速派陈赓来！"

总参谋部回电："换一个人行不行？"

彭德怀很坚决地答道："不行！"

卷 三

奠边府震撼日内瓦

19

毛泽东指示先在越西北用两个半师攻莱州·韦国清重返越南，给胡志明拿来法军"纳瓦尔军事计划"的绝密文本，武元甲看了后不再坚持去越北平原作战……

（1953 年 10 月—12 月，北京—越南北部山区）

1953 年 10 月下旬，韦国清奉中共中央之命再次进入越南。

边界战役后不久，韦国清回国治病。从 1952 年初开始，由罗贵波兼管军事顾问团的工作，1952 年 5 月底，中央军委正式任命罗贵波兼任军事顾问团团长。1952 年 10 月间，病愈的韦国清奉中共中央之命，带着毛泽东、彭德怀的有关西北战役的意见，到越南帮助指挥西北战役，还从后方深入西北地区的人民军前线指挥部帮助指挥。然后，韦国清返回中国。这时，中央考虑到韦国清跟胡志明及越南的党政军领导已经很熟悉，又是壮族人，准备让他担任广西省的主要负责职务。

他回国不久，越南抗法战争战局的发展变化又需要他再次前往越南。

边界、西北、上寮战役，进一步改变了印支抗法战争的战略态势，并使法国远征军遭受了重大的损失。这迫使法国当局易帅换马，改派著名将领纳瓦尔将军担任远征军总指挥。纳瓦尔是个足智多谋的指挥官。1953 年 5 月，鉴于其数位前任均在越南战场败落而退，他决心要为法军挽回败势。他就任后，先飞往华盛顿，在美国五角大楼的将军们的参与下制定了一个新的军事计划，企图摆脱被动、争取主动，在三年之内使印支战争转败为胜。这个计划被称为"纳瓦尔计划"，甚得杜勒斯国务卿和美国军方的赏识和支持。美国决定对法国的军事援助增加 50%，并专拨 4 亿美元用以组建越南伪军，共扩编了越南保大政权的伪军 108 个营。美国还为法军和伪军提供了大量军事装备。

为了实施"纳瓦尔计划"，法国当局也不惜血本，从其本土、北非和南朝鲜抽调了 12 个营的兵力增援印支远征军。1953 年 8 月，法军撤出越西北的重镇那产，将那产全部兵力空运至北部平原，加强了机动兵力的优势。至此，纳瓦尔在印支战场共集中了 84 个营的机动兵力。这是法国企图用军事手段解决印支问题的最后努力。真可谓来者不善，善者不来！

早在 1952 年九十月间，胡志明秘密访问北京，与中共中央商量开辟西北战场，其中西北战役的第二阶段冬季作战计划就是要攻占那产、莱州。按照"纳瓦尔计划"，为建立高度集中机动部队，法军主动撤出那产，使越军原定的冬季作战计划须作改变。1953 年 8 月 13 日，面对

韦国清与朱德在一起。

变化了的情况，越南劳动党中央电请中共中央"对情况认识和今后作战方向问题"，"帮助提供意见"。与此同时，越人民军总部在武元甲的主持下重新制定了冬季作战计划，放弃了原定夺取莱州的计划，把作战方向从西北调整至北部平原地区，将包围那产的部队撤至清化。

8 月 22 日，越南劳动党中央政治局开会讨论作战问题。武元甲的发言强调偏重于北部平原战场的正面作战，未提夺取莱州，也不积极主张进一步开辟上寮战场。经过讨论，会议认为，目前应加强敌后斗争，正面战场则给予有力的支援和配合。罗贵波应邀参加了会议，并将会议情况报告了中共中央。

中共中央于 8 月 27 日、29 日电复罗贵波并越南劳动党中央，对纳瓦尔入越后的形势变化作了分析，并对越方须采取的军事对策，特别是较长远的战略计划，提出了意见。中共中央在 29 日的电报中指出——

> ……首先消灭莱州地区之敌，解放寮国北部和中部，然后逐步将战场推向寮南部及高棉，威胁西贡。这样做，可以缩小伪兵源、财源，分散法军兵力，使之陷于被动，扩大人民军本身，主动地各个歼灭敌人和逐步地削弱敌人。这是夺取越北平原的先决条件。……这一战略计划的实现足以击败法帝在越、寮、高（棉）的殖民统治。但必须准备克服各种困难，必须长期打算。

中共中央 29 日的电报，使得粉碎"纳瓦尔计划"的战略指导方针更为明确了。

在接到中共中央电报后，9 月上旬，越南劳动党中央政治局开会讨论人民军冬季作战方案，胡志明作了"战略方向不变"的决定。会议肯定了将主攻方向仍然放在西北和上寮的方案，否定了把主力集中在北部平原作战的方案。

在这种情况下，应越共中央的要求，中共中央委派韦国清再次赴越南帮助组织作战。就在此前后，我国有关情报部门获得了绝密的"纳瓦尔计划"文本。"纳瓦尔计划"的要点是——

（1）扶持保大伪政权，大力扩充伪军，由其驻守据点，便于法军腾出兵力集中用于组成主力集团，执行机动作战任务。

（2）实行"先南后北"的军事方针。企图在1954年春季以前，经扫荡全部占领越南南部、中南部解放区和游击区，以稳定印度支那法军的后方。然后，在1954年冬至1955年春，在组建好机动主力集团的基础上，集中全部兵力，与越南人民军主力在北部决战，夺取决定性的胜利。

韦国清参与制定了先夺取西北、上寮，逐步向南推进的战略方针，这一战略方针就是针对"纳瓦尔计划"的。韦国清觉得，这次赴越南，战争将更为激烈，敌人似乎也更强大，并预感到可能发生决战，其规模将要超过越军历史上任何战役；但是，只要在越南实现这一战略方针，将会使纳瓦尔集中优势机动兵力，夺取战争主动权，先南后北地解决印支问题的企图完全落空。韦国清在北京进行了十分细致的准备工作。笔者曾问韦国清："后来，你从北京重返越南时是否预见到在奠边府发生的这场决定性的战役？"

韦国清说："我在那以前就到过越西北前线，虽然法军从西北部靠南的那产据点主动撤退，纳瓦尔的目的却是想吸引越军主力到越北平原决战。但是，我们坚持毛主席提出先攻莱州、解放西北的方针，两军将会在莱州和那产之间的丛林地区激战。奠边府就在这一地区靠西边邻近老挝的要冲地带。法军的主力选择了奠边府空降并据守，我们就让越军将他们包围，这就发生了奠边府战役。"

1953年10月10日，中共中央电告越南劳动党中央：任命韦国清为军事总顾问，负责帮助作战和军事建设方面的工作；罗贵波为政治总顾问，负责帮助地方党政建设和政策方面的工作。

韦国清在离京前，毛泽东与彭德怀在中南海接见了他，对他此行赴越当面作了重要指示。毛泽东对韦国清说："今年的一件大事，朝鲜停战了。抗美援朝，经过三年，取得了伟大的胜利，靠的是领导的正确，没有正确的领导，事情是做不好的。前不久，我在中央人民政府委员会作报告讲抗美援朝战争胜利的伟大意义时，讲了好几条，头两条最重要。第一，是和朝鲜人民一起，打回到'三八线'，守住了'三八线'。第二，取得了军事经验。中国人民志愿军和各军兵种取得了对美国侵略军实际作战的经验，这是一条了不起的经验。彭老总等一下会给你讲一讲。"

毛泽东着重讲了战略方针。他对韦国清说：《三国》你看不看？

毛泽东在书房阅材料。

要多看，起码要看三遍。《三国》里有很多战例，蕴含着很深的战略战术。你读过有名的《隆中对》吗？三国时代，刘备终不能取天下，首先是因为误于诸葛亮出茅庐时的《隆中对》，其为刘备设计的战略本身就有错误。千里之遥而二分兵力，其终则关羽、刘备、诸葛三分兵力，安得不败？去年这个时候，胡志明、长征来北京，我们向他们提出的先攻西北、上寮，再逐步南进的战略方针，他们是接受了的。要实施这个方针，应采取几项重要的措施：用两个半师的兵力攻取莱州地区，从越北和三、四联区各抽调一批党政军干部向中寮和越南南部新区发展，迅速修建从越南四联区向中、下寮通过九号公路直达西原的战略公路。"

彭德怀对目前越南战争形势、作战方法、建军问题及解放西北对越南战场的战略意义等阐述了意见。

韦国清南下先在南宁稍作逗留，然后乘汽车从南宁出发，经过龙州至水口关的龙水公路，进入越南。虽然时值仲秋，气候干燥，一路都有装载援越物资的汽车队驶过，扬起滚滚尘土，但要比 1950 年 8 月第一次入越畅快多了。那次进入越南境内后，多是在人迹罕至的丛林里徒步跋涉，要穿越法军的封锁线，要躲避头顶上低空巡逻的法军飞机。

韦国清心情很好，他对毛泽东指挥用兵方略很是信服，解放战争打败蒋介石，朝鲜战争打败美国人，就是例证。他相信在毛泽东的指导下，完全能够协助越南打败法国人。车过水口街时，他还兴致很高地对随行人员讲起了历史。他说：40 多年前，当过几天总统的陆荣廷和广西督军谭浩明下野时，就乘车走我们走的这条路。陆、谭两人是出身绿林的军阀，就是在龙州边境发家的，水口是他们的"根据地"。在紧急情况下，他们就从龙州驱车进入越南。这条路就是谭督军在旧边关兵路的基础上修建的。现在我们再加以修整后，这条路就成为援越抗法的重要公路。

10 月 25 日，韦国清顺利抵达在越北地区的中国军事顾问团驻地。

10 月 27 日，韦国清来到越南劳动党中央所在地，将毛泽东、彭德

怀的意见向胡志明、长征和武元甲作了传达，并且将中国获得的法军
"纳瓦尔计划"的绝密文本面交胡志明。胡志明很感动，中国人将在印
度支那法军最高司令官制定的最新作战计划都拿到了并送过来，他连说
感谢。胡志明在看过"纳瓦尔计划"后说，"纳瓦尔计划"这份文件对
他们推动很大，更觉得中共中央的意见是正确的，如照此行动，就可粉
碎纳瓦尔计划。他立即叫武元甲细看一遍。

武元甲看过"纳瓦尔计划"，态度就改变了，也不再提让主力去越
北平原地区作战的方案，而是积极贯彻去西北和寮国作战的计划了。

这一年，朝鲜战争停战。由于中国军队和朝鲜人民一起，将已迫近
中国鸭绿江边境的美国军队打回"三八线"，并守住了"三八线"，在
与有优势装备的美军较量中取得了胜利；越南劳动党领导人和越军指挥
员，对来自中共中央的意见和中国军队的经验，就更为信服。

紧接着，韦国清遵照中共中央指示，经与越方反复研究，帮助拟定
了人民军冬季作战的全面部署——

> (1) 使用三〇八、三一六师和一四八团，配以四个炮兵营
> 和两个工兵营，共6.5万人，于1954年1月10日开始进攻莱
> 州，得手后分兵进军丰沙里；
> (2) 三一二、三〇四师分别隐蔽集结于富寿西北和以西地
> 区，三二〇师集结于儒关府、清化之间，准备在敌军进犯时诱
> 敌深入，歼其一部；
> (3) 在攻取莱州的同时，使用两个团分别沿八号公路和
> 十二号公路进军中寮，会合后，相机攻占塔克，切断十四号公
> 路和湄公河；
> (4) 在进军中寮同时，派一加强营（配以开展新区工作的
> 党政军干部），插入下寮，同时第五联区两个团由西原高原北
> 部西进，造成南北夹击下寮之势。

以上这个冬季攻势的全面部署，经越南劳动党中央政治局于 11 月 3 日讨论通过。这个计划的实施，为夺取后来演变而成的奠边府战役的胜利奠定了基础。

就在越南人民军准备发起第二次西北战役而向莱州地区进军的时候，纳瓦尔首先采取了行动，派遣 6 个营 1.5 万名法军于 11 月 20 日突然空投降落在越西北靠近老挝的奠边府，构筑碉堡群据守，企图将越军主力引出来决战。同时增兵上寮，派 6 个机动营占据孟溪、孟夸等地，建立起连接上寮和奠边府的南乌江防线，企图阻止人民军解放西北和进军上寮。

敌情的突然变化，使极为难得的战机出现了！

韦国清这位从中国人民解放军出来的"二野"名将，在其军事生涯中先后指挥了旅、师、军、纵队及至大兵团，打过大大小小许多硬仗，深知在战争中战机来之不易。法军在奠边府这样的丛林中的盆地

胡志明与韦国清在总部夜商奠边府战役。

里构筑碉堡群据守，还自恃占有绝对的空中优势而修建机场以作后勤支援，这就给越军围歼他们提供了极为难得的机会。韦国清认为，将这6个营包围起来后，再将法军的空中优势打破，就截断了他们赖以维持的后勤支援。抗法战争以来，越军由于没有防空力量，无法对付法军的战斗机和轰炸机，中国顾问团对此深有体会。正因为法军指挥部了解越军的弱点，才敢于在奠边府使用这种办法作战。韦国清秋天在北京从彭德怀与其他从朝鲜回来的将领那里，了解了志愿军在朝鲜作战的经验，包括建立防空部队对付美国飞机的经验；因而对在奠边府上空打破法军的空中封锁已经有了成熟的想法。

根据敌情的突然变化，军事顾问团与人民军总军委及时进行共同研究后，越军迅速作出了调整作战计划的决定，将西北作战分为两步进行，先打莱州，后攻奠边府。并安排增调步兵、炮兵、工兵、高炮等部队，筹划作战物资，为进攻奠边府作准备。中共中央军委复电赞成这个部署，并答应解决人民军作战所需物资供应等问题。1953年12月6日，越南劳动党中央政治局召开会议，讨论决定发动奠边府战役，批准了总军委所作的上述作战计划，并决定成立以武元甲为书记、总指挥的奠边府前线党委和指挥部。

20

有一个村子叫奠边府·有一天空中飞来好多巨大的"机器鸟"·有一个英俊而文质彬彬的法军上校卡斯特里·激烈的枪炮声从冬天响到下一年的夏天……

（1953年11月20日—1954年5月7日，越南西北的奠边府）

这个村子叫奠边府，它太普通、太偏僻、太不知名了！

在1953年11月20日以前，只有越南最基层的行政官员才知道它的名字，只有在巨幅的军用大地图上才能找到它的位置。据说，在此以前也只有个别法国军人来这里打过猎，附近深山里有的村子的居民都不知道越南有过法国人，也不知道胡志明主席或者保大"皇帝"，也不知道毛泽东。

11 月 20 日这天，山谷间弥漫的雾气散去之后，天空多云间晴。按当地老人的说法，突然间，天空中飞来了好多巨大的"机器鸟"，下出的"蛋"一个个都开了"花"（张开降落伞）。法国空军运输部队的全部65 架老式 C-47 运输机把伞兵部队一批接一批空投至该村所在的山谷附近，还空投下了许多军用物资。当时村子里有一支人数不多的越军小部队，并不是越军主力。经过不到 6 个小时的混战，人数众多的法军部队占领了莫边府地区。

法军立即在莫边府地区按纳瓦尔将军的指令抢修飞机场，构筑据点、炮兵阵地及环行的地下掩蔽系统，并在四周架起铁丝网。法国人将在莫边府建造的阵地系统称为"空陆基地"。

纳瓦尔对在莫边府用兵甚为得意。

1954 年初的莫边府

法国伞兵增援奠边府守军。

纳瓦尔全名叫亨利·欧仁·纳瓦尔，"二战"中在戴高乐的"自由法国"部队中有点名气，打过几次漂亮的仗。他来接任印度支那远征军总司令之前，曾在"北大西洋公约组织"任中欧陆军参谋长。

他认为，要打败越南人民军，最好的办法莫过于诱使武元甲从山林里出来打常规战，而不是打游击战。他认为，在常规战中，法军的精良武器、空中优势与训练素质将使法军取胜。他知道越军主力的装备来自毛泽东的人民中国，他觉得参谋部门将中国的军援数量夸大了，他也听说越军聘请了一些中国军官做顾问，不过，他认定中国顾问大不了是些农民出身的军人，中国哪里有像法国圣西尔军校、美国西点军校那样有名而正规的军事院校？他并不将中国援助因素当做一回事，刚刚结束的朝鲜战争并没有使他获得一点儿清醒的认识。

纳瓦尔的印支远征军司令部设在西贡，而勒内·高尼将军的北越法军司令部在河内。纳瓦尔给高尼发布命令，让其占据奠边府，并不惜一切代价固守，让越军主力来围攻，或者主动出击。

纳瓦尔的奠边府行动一开始在法军内部就有异议。由于法军中下级绝对服从上级的原则根深蒂固，因而纳瓦尔听到的批评意见相当温和。有的军官认为纳瓦尔过于自信，对丛林战问题并无感性的了解，而且对越军的英勇和灵活知之甚少，不相信越军能够在奠边府地区集结超过1万人的兵力来同法军作战，并自信法军的绝对空中打击力量会把越军集结优势兵力进攻奠边府的任何企图粉碎。纳瓦尔认为，武元甲发动不起一场需要不断后勤支援的长期攻势。他设想，只要把奠边府长期占据，就能封闭通向老挝琅勃拉邦的公路，从而切断越军从那个地区得到的大米供应。

高尼将军可能因为自己军衔较高，才斗胆提出了进一步的批评。高尼说："在印支这样的国家，你不可能切断一条公路。你这是一种毫无价值的欧洲式的用兵概念。丛林中的越军是无孔不入的。在红河三角洲，我们就可以看到这一点。在西北丛林山区，他们更像是幽灵一样出没。"

纳瓦尔不以为然地说："我们就是要在莫边府将这些幽灵引出来。"

高尼无可奈何、极为悲观地看待这次作战的结局："我认为，不管我们愿意与否，莫边府战役将成为一部绞肉机。越军只要用一个团封锁，我们就休想从那里发动大规模的出击。"

纳瓦尔一笑，说："当初拿破仑要进军俄国时也有人反对，反对者没想到拿破仑竟然能打到莫斯科，竟能进入克里姆林宫。"

高尼到底是军人，当纳瓦尔发出了在越南最边远的西北作战的命令时，就只好执行。高尼直接监督了这次莫边府空投行动。这些部队都是

越军开往莫边府。

奠边府前线法军司令卡斯特里上校

他的人马，都是归他调遣的最精锐的部队。

但是，纳瓦尔对高尼不放心了，他物色了一个新指挥官德·卡斯特里上校来接替他。卡斯特里是属于欧洲军队中最受人喜欢的潇洒倜傥的那种军官，属于战争中文质彬彬的冒险家。他当过飞行员、马术明星和赛车驾驶员。在全军和巴黎社交界，他还以精力充沛的风月场上的老手著称。同时，他也久经沙场，骁勇能战。1940年德军大举入侵法国时，他英勇作战，在前线被俘。后来，他设法从德军的集中营逃了出来，参加了戴高乐"自由法国"的部队，并在非洲、意大利和法国南部作战。在纳瓦尔来越南之前，他在重要的红河防区任指挥官。他的朋友们是这样来形容卡斯特里的："他打起仗来英勇无畏，身先士卒，以自己的榜样激励麾下。可有时在节骨眼上，他又会在精神上不战而退。"

卡斯特里的中心指挥所设在一个叫蒙潭的村子里。周围一个接一个的据点组成了指挥所的外围防线。卡斯特里浪漫地给这些要塞似的据点群的各阵地起了一个个法国名字：伊莎贝尔、安娜－玛丽、多米尼克、克洛迪娜、加布里埃尔、贝阿特里丝、于盖特等，其中好些是动听的法国女子的名字。每个据点都有战斗工事，据点之间有壕沟相通。这些环形防卫阵地在地图上颇为堂皇，却掩盖不了它的一个致命弱点：除了依靠河内司令部的空运之外，它无法从陆路或者别的什么渠道取得后勤支援。

将卡斯特里指挥的部队称为法军当然是简单而不准确的，它其实是一支多语言、多肤色的部队，其中包括由法国人、德国人、西班牙人、东欧、北非摩洛哥人和阿尔及利亚人，还有从越南南方招募的伪军和附近农村的泰族非正规兵。据守莫边府的法军中，有好些外籍军团部队。法国外籍军团已经有 100 多年的历史了。凡在外籍军团服役 12 年以上，就可以获得法国国籍，领取正式的养老金及在养老院里得到一个位置。外籍军团多是被派遣到法国海外的殖民地里服役，捍卫法国的利益。在印度支那的法国外籍军团，就有好些东欧国家及德国的流亡者。美国军事指挥官都很羡慕法国的外籍军团里，这些部队能吃苦，如果海外军事行动失败，至少不会有那么多法国人躺在棺材里。

法军的增援部队和物资不断地空运而来。至 1954 年 1 月初，法军完成了准备工作。从莫边府机场起飞的法军蟋蟀式轻型观察机频频出巡，看不到越军很活跃的迹象。在西贡遥控指挥的纳瓦尔很高兴，命令卡斯特里开始进行主动出击性巡逻。

第一次派出的出击巡逻部队，刚离开莫边府几英里就遭到越军的攻击，很快就遭歼灭。伏击他们的不是那些土枪土炮的游击队，而是装备精良的越军一七六团的部队。卡斯特里的参谋长维克多·居托中校率队在安娜－玛丽据点以北几百码的地方巡逻时，被越军的子弹射死。外籍军团一支部队在试图扫清班溪兰村后的一条公路时，遭到越军严重的杀伤。卡斯特里只知道越军在集结兵力，而无法获得准确情报。

从 2 月上中旬起，机场北边和西北边的山上，开始出现越军 105 毫米和 75 毫米大炮的轰击，而且十分准确，法军的据点一个个为炮弹所击中。机场受到炮击，有两架飞机被击毁，从海防飞来的运输机为越军的高射炮所骚扰。卡斯特里向纳瓦尔报告，越军主力上来了！

纳瓦尔很兴奋，以为越军主力上钩了。他立即下令实施空中打击。从海防、河内起飞的 B-26 轰炸机和雄猫式战斗机成批飞来奠边府上空，用凝固汽油弹、火箭弹和其他炸弹，轮番攻击越军的大炮阵地，却未能打哑越军的炮兵。卡斯特里又派出小队步兵，使用突击队战术袭击越军的大炮和迫击炮阵地，突击队的攻袭未能见效，反而伤亡惨重。

纳瓦尔又空运来了十辆坦克。可是，这些坦克在山地丛林中却起不了什么作用，反而行动迟缓，成为越军的炮火攻击的目标。

到了 2 月中旬，卡斯特里部队的损失已经不少，有近千人阵亡、受伤或失踪，这个数字已经超过一个营。可是有消息说，越军还在源源不断地往奠边府地区集结兵力。

越军的大规模炮轰于 1954 年 3 月 13 日下午 5 时开始，炮火猛烈的程度远远超出了卡斯特里的预料，他这两年与越军交手，越军是从来没有重炮的。他判断至少有数十门 105 毫米榴弹炮、数十门 75 毫米榴弹炮和 120 毫米重迫击炮。这标志着围困奠边府的开始。

相比之下，法军的增援真是微不足道的。在围困期间，纳瓦尔向这个战斗区域空投了 4000 人。被围困的法军炮兵无法与越军集中起来的炮兵相比。法国守军炮兵指挥查尔斯·皮隆兹上校曾经扬言：只要一发现越南人的火炮，他就会将它打哑。在越军首次炮击之后，陷入悲观绝望中的皮隆兹上校便拔掉手雷的撞针，自杀身亡。好些法军军官认为，炮兵司令自杀是一个很不吉利的征兆。

位于机场西北面的贝阿特里丝据点是越军攻击的第一个目标。当进攻开始时，该据点被一连串大炮炮弹和迫击炮弹击中，从弹着点来看，炮兵经过严格的训练。同时，越军的高射炮从附近的高地上向机场起飞的法军飞机开火。在此之前，这些高射炮隐蔽得很好而未被发现。该据

丛林里的越军运输队，运来中国军援。

点的守军在 13 日上午曾向卡斯特里报告，发现越军掘进的壕沟已经把
据点包围了，有的壕沟距离法军阵地不到 50 码。

下午 6 时 30 分左右，贝阿特里丝据点的地下钢筋水泥指挥所被一
颗重型炮弹直接命中，指挥官和参谋人员阵亡。越军突击队的士兵勇敢
地冲上来，法军用自动步枪和机枪猛烈开火，越军倒下一批又冲上一
批。冲到铁丝网前的越军步兵用炸药包炸开了铁丝网，大批的越军像潮
水一样涌进了缺口。法军阵地被一个接一个地攻克了。越军也付出了巨
大的代价，阵地前到处都是尸体。当天半夜，法军的第一个据点宣告失
守，法军在该据点中至少损失了 800 人。

14 日，越军的攻击目标是机场北面的加布里埃尔据点，该据点对
于机场的安全有着极其重要的意义，由作战很勇敢的外籍军团阿尔及利
亚部队防守。法军的反炮兵火力没能压倒越军的火炮。战斗格外激烈。
法军军官在越军进攻的第一阶段就全部死伤。几百名越共士兵倒毙在铁

丝网上，活着的人从尸体上爬过来，继续冲锋。

卡斯特里挽救加布里埃尔的尝试失败了。从中部发动进攻的法军坦克和步兵，被越军部队阻击并赶了回去。加布里埃尔据点也失守了。

更为严重的是，越军占据加布里埃尔后，炮弹就开始直接落在飞机场上。护墙后仅存的 7 架 F-8F 雄猫式战斗轰炸机，被当成炮击的首选目标。14 日这天下午，其中 3 架冒着炮火起飞，逃往海防机场，剩下的飞机都被炮火摧毁。控制塔被击中，遭到严重破坏，用于在夜间或者云雾天引导飞往奠边府的飞行无线电信标被炸毁，无法修复。法国守军从此失去了当地的空中支援，在日后的战斗中不得不依靠从海防起飞的飞机来支援。更严重的是，整个奠边府守军在偏远的越西北山里与外界联系的唯一渠道完全可能被越军切断。

求援！卡斯特里驰电向河内与西贡求援！

奠边府法军躲避越军炮袭。

越军围攻开始后的头三天，法军即有惨重的伤亡和两座重要据点陷落，这就加剧了法军司令部内的悲观主义情绪。在河内，早就反对这次行动的高尼已经在考虑奠边府陷落的后事。奠边府形势的逆转和整个红河地区军事形势的恶化，使高尼不愿将更多的兵力投入一场正在失败的战役。在西贡的纳瓦尔也不情愿从南方调动部队支援高尼或者卡斯特里。

最后一个营的援兵空投到了奠边府，其人数远不足以补充守军已经遭受的重大伤亡。同伞兵一同降落的还有一个炮兵组。

经过头三天战斗，法军除了兵力严重减员之外，弹药也快要打光了。头三天之中，卡斯特里的炮兵就发射了 2.32 万发炮弹和迫击炮弹。越军的突袭队四处出没，潜入机场，炸掉了储存的大部分补给物资。卡斯特里只得向高尼要求再空投些炮弹、火炮零件和步兵弹药。

但是，空投地带上空遭到越军高射炮火网的封锁。空投物资很难准确落入法军阵地。大批的伤员等候在遭炮火轰击的机场，等候飞机降落把他们运走。一颗又一颗 105 毫米炮弹落在机场爆炸，已经有一架冒险降落的飞机被炮火击中，其余的飞机只好飞走。机场的情况惨不忍睹。

武元甲的正规军收紧了对莫边府的包围圈。南面的伊莎贝尔据点被孤立了。飞机空投越来越危险。

雨季眼看就要到了。莫边府法军面临全军覆灭的危险，卡斯特里上校频频发出求援电。

21

周恩来希望在日内瓦会议讨论印支问题前，在莫边府打一个漂亮的胜仗·周恩来建议停战最好划一条临时军事分界线，能够保持一块比较完整的地区……

（1954 年 3 月 29 日—4 月 1 日，北京）

1954 年 3 月 29 日下午，周恩来来到前门火车站的站台上。从南宁开来的 6 次特快就要进站了。他是来接胡志明的。这天上午风沙很大，气温很低，出门时他叮嘱秘书不要忘了给胡志明准备大衣和棉鞋。

4 年前，胡志明在新中国建立后第一次来北京，要穿越法军封锁线，经历了许多曲折坎坷，历时一个多月才抵达北京。现在情况已经大不相同了。

周恩来从外电报道中获知，美国国务卿杜勒斯对五角大楼参与制定的"纳瓦尔计划"十分欣赏。杜勒斯在一次新闻发布会上说：实行这项计划，可望在1955年作战季节结束之前，把有组织的越共军队击溃，然后在1956年将残余力量扫荡干净。

周恩来听了这位律师出身不懂军事的国务卿的预言，只是付之一笑。朝鲜战争打了3年，气焰嚣张、不可一世的美军终于碰了硬钉子，被打回"三八线"，美国并没有赚到什么便宜。朝鲜刚停火，美国人又插手印度支那。杜勒斯之类的帝国主义冷战狂人又担心共产党在越南的胜利，会起"多米诺骨牌效应"，使整个东南亚都"赤化"了。于是，到了1953年底，印度支那问题与朝鲜战争问题一起，成了影响世界和平与稳定的两个重要问题。

1954年开春，是朝鲜战争停战后的第一个春天，周恩来的工作重心已从抗美援朝转到经济建设方面来了。1953年夏秋，制定社会主义建设总路线，一进入1954年，着重抓第一个五年计划的第五次编制工作。毛泽东对此抓得很紧，下了军令状，要求从2月15日起，一个月内交卷，拿出粗稿。有关同志觉得时间太紧，压力太大，向毛主席请求延长一些时间，毛主席只给了5天宽限，限3月20日交稿。周恩来注意到毛泽东近来多次在不同场合说的那段话："现在我们能造什么？能造桌子、椅子，能造茶碗、茶壶，能种粮食，还能磨成面粉，还能造纸。但是，一辆汽车、一架飞机、一辆坦克、一台拖拉机都不能造……"

周恩来在狠抓经济建设的同时，也在思考新中国如何打开外交局面的问题。

新中国成立快5年了，与新中国建交的也就是社会主义国家、周边民族主义国家与少数几个欧洲小国家。1954年元旦那天，他接见苏联驻华大使尤金，表示希望由将在柏林召开的苏、美、英、法四国外长会议"导向有中华人民共和国参加的五大国会议，来促进迫切的国际问题的解决"。

2月18日，从柏林传来使人兴奋的消息。苏联、美国、英国、法国四国外长会议闭幕。在苏联外长莫洛托夫的努力下，达成一致协议："建议由苏维埃社会主义共和国联盟、美国、法国、联合王国、中华人民共和国、大韩民国、朝鲜民主主义人民共和国及其他有武装部队参加朝鲜战争并愿意参加会议的国家的代表于1954年4月26日在日内瓦举行会议，以期对朝鲜问题取得和平解决。"同时，"要讨论恢复印度支那和平问题，届时将邀请苏维埃社会主义共和国联盟、美国、法国、联合王国、中华人民共和国及其他有关国家的代表参加"。

周恩来意识到，对于新中国来说这是一个极为重要的国际会议，由于是第一次走上国际舞台，必须在每一个环节都作好准备。他向中共中央提出了《关于日内瓦会议的估计及其准备工作的初步意见》。3月2日，中共中央书记处讨论了这个《初步意见》。中央在讨论有关出席日内瓦会议问题时，周恩来结合在朝鲜停战谈判中的经验（与美方斗争十分激烈，我方组织打了几个漂亮的仗，在谈判桌上争取了主动）提出，为争取在日内瓦会议讨论印度支那和平问题时掌握主动权，要让中国军事顾问团在越南协助人民军打几个好仗。毛主席同意，并说离日内瓦开会没有多长时间了，战役要提早。《初步意见》获中央原则通过后，周恩来即致电韦国清和在越南的中国军事顾问团：要求在日内瓦会议讨论恢复印度支那和平问题前，"为了争取外交上的主动，能否与朝鲜停战前一样，在越南组织打几个漂亮的胜仗？"

因需要与越南协调在日内瓦会议中采取的原则、方针及在越南的抗法战场的军事配合等问题，周恩来还于3月中旬致电胡志明，请其在3月底或4月初来北京一谈，并赴莫斯科与苏共中央交换意见。在胡志明复电后，他又电告胡志明已经派人去广西边境城市凭祥迎候。

在此一年半以前，胡志明也曾于1952年9月底秘密访问北京，就发动西北战役及夺取抗法战争胜利的战略问题与中共中央交换意见。在

周恩来与胡志明在北京会谈，图为会谈后胡志明出席周恩来设的宴会。

酝酿西北战役时，胡志明就曾向中共中央要求，在攻取莱州和封土时，建议中国派云南部队入越直接配合作战。当时，朝鲜战争刚刚结束，中国付出的代价是牺牲了第一个经济建设五年计划和解放台湾的计划。这使毛泽东重申：中国不能出兵深入越境配合作战，这是早已确定的一条重要原则。但毛泽东同意，可在河口、金平我国境线上部署适当兵力，以作声援。

这次，胡志明可以从越南境内乘窄轨火车至广西凭祥，换乘中国的火车到北京。早在新中国还创伤累累、百废待兴的1950年10月，边界战役刚刚获胜，为使援越物资直运入越，毛泽东就批准动用铁道兵部队和筑路民工共20万人，抢修从来宾经南宁至中越边境睦南关（原镇南关）的湘桂铁路来睦段，1952年铺轨完成，1953年交付使用。此时是客运列车刚运行不久。

后来，日内瓦会议达成关于印度支那恢复和平的协议，越南劳动党中央与越南民主共和国政府进驻河内，胡志明要求中国援助建设从谅山至河内的窄轨铁路。这种宽度只有 1000 毫米的窄轨铁路是法国制造的，当时中国没有工厂生产。毛泽东得知我国山西境内有一条窄轨铁路，就特别指示将这条铁路拆运援助越南。此后，就可以开通河内至北京的国际联运列车。在法国殖民者退出越南后，美国入侵越南，这条铁路还成了援越抗美战争中向越南援助的大动脉。这已是后话了。

蒸汽火车头牵引的列车徐徐进站，胡须飘洒、身材精瘦的胡志明走下站台，周恩来迎了上去。两人紧紧拥抱。寒暄过后，周恩来问："我记得你 1950 年那次来北京，在越南徒步走了 17 天，在我国频频换车也走了 10 余天。"

胡志明说："这次总共用了 3 天半。"

周恩来说："要是河内解放了，我们派飞机去接你，一天就可以到，将能为你节约多少宝贵时间呀。"

胡志明说："我是多么盼望这一天早日到来。"

周恩来说："我们就等你来研究。奠边府战场和日内瓦谈判桌两相配合，争取这一天早日到来。"

在与中国高层领导人的关系中，胡志明和周恩来认识最早、最为亲密。周恩来 20 年代初在巴黎勤工俭学并成为中共旅欧支部的负责人时，就结识了胡志明。胡志明当时叫阮爱国，在凡尔赛会议上，曾当众疾呼给予越南民族自决权，这一壮举使世界舆论为之震动，给周恩来的印象很深。阮爱国是法国共产党的联合创始人，还是马克思女婿让·隆格的好友，他曾作为法共殖民地问题专家而遍游欧洲，并作为法共代表出席了在莫斯科举行的共产国际大会，见过列宁。1925 年胡志明来到广州给孙中山的苏联顾问鲍罗廷当助手，与周恩来交往就更多了。

这一次，胡志明一抵达北京，周恩来立即与他深入地讨论起各项问题。

在谈到奠边府战役时，胡志明感谢中国解决了越共火力不足的问题。胡志明说："这次有了榴弹炮部队、高射炮部队、人民军官兵取胜的信心很足。"

周恩来说："我们这些大炮大都是从朝鲜战场上撤回来的。它们都为战胜美国侵略者立过功。"

胡志明笑着说："人民军包围奠边府已经三个月了。最近，有了这些重型家伙加盟，人民军实力更强了。3 月 13 日发起了第一阶段扫清外围据点作战，已经攻占了奠边府北区的一些据点群；占领了半个芒清机场，使法军的飞机不能在奠边府降落。这几天就要开展第二阶段作战，要切断南区与中区的联系。最后，我们一定能打胜。"

周恩来说："如果攻击奠边府的各种条件已经成熟，就可以要求军事顾问团与人民军前指和总部确定发起最后总攻击的时间。日内瓦会议是 4 月 26 日开幕，战役总攻击的开始要尽可能提前。"

两人为日内瓦会议讨论准备各种谈判方案，其中最关键的是停战分界线的问题。当时越共内部有人对政治斗争与外交斗争认识不足，主张坚持打到底，不搞什么停战谈判，并认为会议不会有什么结果。周恩来针对这种情况，对胡志明说："目前国际形势与越南的军事情况，对越南进行外交斗争是有利的。不论日内瓦会议的结果如何，我们均应积极参加。"

胡志明说："我们已经统一了思想认识，为参加日内瓦会议进行了必要的准备，确定了代表团，搜集了有关资料和文件。"

周恩来在 3 月初致电胡志明时，就建议越方在准备谈判方案时考虑到停战分界线的问题。周恩来在电报中说："如果要停战，最好有一条比较固定的界线，能够保持一块比较完整的地区。事实上今天的停战线，也很可能成为将来的分界线，所以这是一个比较重大的问题，而且还要看今后战局的发展。到底这条线划在什么地方，划在哪一纬度，可从两方面考虑：一方面要对越南有利，一方面要看敌方能否接受。当然，这条线最好越往南越好，北纬16度的问题，似可作为方案之一来考虑。"

胡志明认识到，统一越南是一个长时期的奋斗目标，目前阶段须争取划分临时军事分界线实行停战，越方军队撤出南方而集结于北方，法军撤出北方而集结于南方，越方将获得河内、海防等重要城镇与产粮的红河三角洲。

周恩来说："根据我们在朝鲜战场谈判的经验，我们组织了上甘岭战役等两三个胜仗，敌人才迫不得已在停战协议上签字。要在越南实现上述停战方案，在莫边府战场取得重大胜利是很重要的。要不法国人也不会轻易同意停战的。"

经过协商，在日内瓦会议讨论停战的临时军事分界线时，越方将北纬16度作为谈判的底线，开始时将提出北纬13度线。

当晚，就在周恩来和胡志明讨论的时候，有人给周恩来递上一份材料。他过目后，迅速递给胡志明："你看，刚刚收录到的外电。华盛顿跟北京时差整整是12个小时，我们现在是半夜，而现在是华盛顿的中午，这是杜勒斯刚才在海外记者星期一俱乐部发表的演说要点。"

胡志明看了后说："这位国务卿先生真是气势汹汹，竟然鼓吹美、英、法采取'联合行动'，要对印支战争进行'联合干涉'，并向中国提出警告，如果中国不停止对越盟的援助，就要对中国海岸和援越铁路采取海空行动。"

周恩来淡然一笑："其实，这只是虚张声势而已，中国人向来不惧怕威胁和恐吓。我看英国人这次不会跟美国人捆在一辆战车上了。"

两天以后，即4月1日，周恩来与胡志明一起从北京飞往莫斯科，与苏共中央交换意见。

22

法国三军参谋长迫不得已飞赴美国求援。从五角大楼里制定出的"秃鹫行动"计划，首先遭到在朝鲜战场与中国交过手的李奇微将军的极力反对，最终没有得到艾森豪威尔总统的批准……

（1954 年 3 月 22 日—4 月初，华盛顿）

从波托马克河这边五角大楼的门口，可以望见河对面杰弗逊纪念堂那座洁白的石柱环绕的圆顶建筑。

当埃利走进宽阔巨大的五角大楼的时候，守门的美国卫兵见他是法国将军，又有美国国防部的礼仪官员陪同，立即尊敬地朝他行了一个军礼。他也举手还礼。尽管如此，他心情是很不愉快的。

美国参谋长联席会议主席亚瑟·雷德福将军派了一个负责接待的胖子上校乘着福特轿车来到布莱尔饭店，接法国三军参谋长保尔·埃利将军去五角大楼。行车途中，上校不无炫耀地给他介绍五角大楼的情况，说它虽然只是美国国防部一个部的大楼，却是美国甚至全世界最大的办公建筑，可以容纳 4 万人同时办公，其走廊总长度有 28 公里多，大楼里连时钟都有 4200 个云云。此位上校还说起了一则笑话：有一个女职员挺着大肚子跑去找卫兵说：赶快带我出去，我快生孩子了。卫兵说，挺着大肚子还上什么班哪？女职员顶了卫兵一句说：我进五角大楼门的时候还没有怀孕呢。

这则典型美国式幽默并没能引他发笑。他心里却在说，我知道五角大楼是在 1942、1943 年建成的，那是"二战"中盟军最艰难的时期，美国与欧洲远隔重洋，希特勒鞭长莫及，使你美国大发战争财，才盖起如此豪华巨大的大楼。没有什么值得炫耀的。

他是 3 月 22 日这天飞抵华盛顿的，在飞机上心情就十分复杂而沉重。要不是奠边府那边的形势极其糟糕，要不是内阁总理约瑟夫·拉尼埃一定要他飞越重洋来求援，他才不会到美国来。他看不惯美国军官那种得意洋洋、不可一世的样子。

保尔·埃利跟绝大部分法国人一样，在"二战"后都不喜欢美国。这是有历史缘故的。战争期间，美国曾与卖国投降的维希政府保持过关系，企图获得法国在海外的一些殖民地，并且不承认抵抗法西斯的戴高乐"自由法国"，拒绝与戴高乐的抵抗部队合作作战。后来，随着战争的进展，戴高乐领导的"自由法国"部队与盟军共同在北非英勇作战，并在解放意大利、法国的行动中起了很大作用，使美国不得不放弃在法国建立军政府、对法国实行军事占领的计划。在好些国家都承认戴高乐主持的法国临时政府之后，美国不得不于 1944 年 10 月承认法国临时政府。战争结束后，在欧洲利益的划分上，美国仍准备把法国继续排斥在外。而在分享胜利果实，共同讨论、决定战后德国和欧洲命运的问题时，仍不考虑法国的存在。戴高乐执政的法国临时政府不甘于受冷落，力争与美、英、苏平起平坐。经过法国顽强的抗争，获得了英、苏两国的支持，终于使美国的意图未能实现。这就使美国与法国种下了怨恨的种子。尽管戴高乐退隐后的法国执政当局，因战争导致经济贫弱而需要美国援助，不得不调整了对美政策，但是，法国与美国之间心结难解，绝大部分法国人还是不喜欢美国。"二战"时期，保尔·埃利曾在戴高乐的"自由法国"武装部队中作战，这种不喜欢美国的情结在他心里就沉淀得更深。

但是，埃利作为法兰西三军的最高负责人，却不得不为了奠边府的战局而求助于美国。法国在印度支那越陷越深，军费开支越来越高，至1953 年底，维持印支战争的费用有 1/3 是由美援承担。在 1953 年 9 月，艾森豪威尔总统批准对法国增加援助来支撑印支战争，在 1954 年底，美国向法国提供 3.85 亿美元。可是，频频增加的美援也挽救不了战场上的败局，越南的危机已经深化。7 年多来，法军统帅部对胡志明的游击队不知所措，从拿破仑创办的圣西尔军校培养出来的法国军官，对越军的游击战术束手无策，无所适从。因此，印支远征军总司令纳瓦尔将军下决心要将越军主力从丛林中引出来进行一场决战。保尔·埃利十分信任纳瓦尔，就批准了这个行动计划。

3月13日，星期天，奠边府战役打响。经过几天激战至3月19日周末，奠边府的情况已经相当严峻。被围在奠边府那个盆地里的法军共有12个营。用C-54型运输机向被围部队投掷物资，只能获得部分成效。如果从6000～8000英尺下投，就有一半物资落向越军阵地；要是在4000英尺下投，大部分飞机就会被越军高射炮击中。维持1.5万人的部队据守奠边府，正常需要每天使用100～200架次飞机，空运去150～300吨军用物资。自从越军炮火封锁机场后，空运已经有一个星期没法正常进行。卡斯特里上校从奠边府向河内的远征军越北地区司令部，也向西贡的远征军总指挥部告急！纳尔瓦将军就从西贡的指挥部里向巴黎告急！

3月18日，法国外长皮杜尔会见美国驻法大使狄龙，向华盛顿紧急求援！要求美国对越军进行空袭以减轻被围法军的压力。拉尼埃总理也要法国三军参谋长埃利将军飞到华盛顿求援。法国总理指望把美国拖入印支战争，谋求从印支战争国际化中寻找出路。

埃利来到五角大楼，会见了美国参谋长联席会议主席雷德福海军上将。埃利向雷德福提出，在印支形势如此恶化的情况下，请美国明确表示将以何种方式对印支局势进行干预。

李奇微将军

雷德福在美国素以热衷冷战的鹰派人物著称，此人曾对国会的一个委员会说，"必须摧毁红色中国，即使需要一场50年的战争也在所不惜。"雷德福建议使用美国海空力量夜袭越军。雷德福与埃利一起拟订了一个代号叫"秃鹫行动"的干预计划。其主要内容是将美国第七舰队航空母舰"埃塞克斯号"和"拳师号"开赴河内附近的东京湾，菲律宾克拉克美国空军基地的陆基轰炸机予以支援，使用60架B-29轰炸机和150架战斗机攻击奠边府周围越军阵地。B-29是当时美军现役中最先进的轰炸机，有两个联队驻在冲绳，第三个联队驻在克拉克空军基地。每架飞机携带14吨炸弹。此外，如果中国出动空军攻击执行轰炸任务的美军飞机，将有450架美国战斗机可以投入战斗。埃利在讨论中曾提出了在援助行动中使用原子弹的可能性，但是美国军方一直没有认真考虑过要采取这样极端的措施。

五角大楼里，美国三军首脑人物讨论"秃鹫行动"计划时，海军作战部长罗伯特·卡尼将军和空军参谋长内森·特文宁将军对干预的可能性表示怀疑。经历过朝鲜战场的陆军参谋长、前驻韩美军司令李奇微将军极力反对这个计划。李奇微说，如果同意出动美国空中力量，那么下一步就是调派陆军的问题，他知道越南的一些情况：稻田、丛林，坏得难以想象的公路网，非常可怜的通讯设备，连海港设施条件也很差。如果美国进行干预，那就是"悲剧性的冒险"行动。李奇微除了在会议中发言反对，还写成书面反对意见递交艾森豪威尔总统。

李奇微将军是艾森豪威尔的老部下，在"二战"中参加过西西里岛战役和诺曼底登陆作战，是功名显赫的盟军将领，在朝鲜战争中曾和中国、朝鲜的军队对阵，又是朝鲜停战谈判中的美方最高指挥官。他因结束了朝鲜战争而为艾森豪威尔器重，从朝鲜回来后出任美国陆军参谋长。朝鲜战争尽管是打成平手，但李奇微到底将美国军队有计划地调回，结束了这场战争，使得美国士兵和老百姓对其敬慕有加。美国有报纸评论说，到1954年，"他成为最有威望的、穿着军服的美国人"。

但是，动用美国空军干涉的"秃鹫行动"计划得到了杜勒斯国务卿和尼克松副总统的支持。杜勒斯曾向国会两党领袖解释为什么要对印支的法军阵地进行集体防御，即由美国、英国、澳大利亚和新西兰派兵远征。他说，与共产党的任何妥协都是不可能的，就是理论上妥协也不行。

好些参议员表示反对美国插手干预，年轻的参议员约翰·肯尼迪说："美国在印度支那的任何军事援助都不可能征服一个无处不在而无处可寻的敌人，这个敌人得到了人民的同情与人民的秘密支持。"

艾森豪威尔看了李奇微的书面报告后将其召到总统办公室亲自听取意见。

李奇微对总统说：如果美国介入印支战争，"将不得不作比朝鲜战争更广泛的动员，规模将更大，耗资亦将更巨，每月都将要征兵 10 万人……"他又说，"运输和供应问题将比朝鲜战争时至少困难五六倍。在朝鲜有许多港口设备，而且美国海军在朝鲜半岛的三面进行巡逻。在仅仅 150 英里以外的日本，就有许多空军基地和供应基地。而在印度支那，离它最近的作战基地是在 1000 英里以外的菲律宾，与作为一个主要供应来源的日本，至少相隔 2000 英里的海洋。"

李奇微进一步说到关键的问题："雷德福的空中袭击计划（秃鹫行动），是以夺取中国的海南岛为条件的，因为海南岛看来保卫着东京湾，而美国海军不愿在中国空军基地正处于他们背后的情况下把航空母舰驶入东京湾。但是，如果我们占领海南岛，中国人将全力以赴地越过边境。那么，不要多久，就不可能是小规模战争了。……美国若以原子弹攻击中国，就会导致一场亚洲的全面战争。"

艾森豪威尔对刚结束的朝鲜战争还心有余悸，左思右想，放弃了干涉印度支那战争的主意。李奇微的意见在总统那里起了决定性的作用。

最后，在白宫的总统椭圆形办公室里，艾森豪威尔和杜勒斯、雷德福三人开会密商。讨论的问题是：应不应当干预？如果要的话，该在什么条件下进行?

结果，艾森豪威尔总统禁止进行任何空袭。他是靠向美国选民许诺结束朝鲜战争而当选总统的，因而不愿意在 1953 年刚结束了朝鲜战争、1954 年又陷入越南战争。但是，总统表示愿意在一定情况下考虑杜勒斯提出的"联合行动"，前提有三条：一、盟国共同出力，主要是英国和像菲律宾那样的东南亚国家参加；二、法国人必须同意加速让三个印支国家越南、老挝和柬埔寨独立的计划，这样美国才不致冒支持殖民主义的大不韪；三、法国人一定得同意把战争进行到底。最后，要由国会而不是总统作决定性的拍板。因为国会有权宣战，而总统没有这个权力。杜勒斯在上述条件范围内，可以尽力去干。

经过电讯往返，英国表示拒绝接受这一计划。丘吉尔认为这一计划在军事上是行不通的，对仅仅依靠空中和海上的力量表示怀疑，因为美国并不愿意派出足够的地面部队来使这场军事行动取得成果。

埃利的美国之行等于碰了钉子，目的没有达到。当他动身飞回巴黎时，在《纽约时报》上看到了杜勒斯 3 月 29 日在海外记者俱乐部发表的讲话，杜勒斯在讲话中警告说，"在东南亚强行推行共产主义应受到'联合行动'的制止"，这种行动虽可能招致极大的风险，但是这些风险比起"如果我们今日优柔寡断"所导致西方日后要面临的风险来，还是要小得多。杜勒斯还强调说，艾森豪威尔总统已宣布，东南亚对西方国家而言，"其重要性非同寻常"。报上还登载有法国拉尼埃总理对杜勒斯讲话的反应，说什么感到鼓舞。

埃利忍不住脱口骂了一句娘。他深知，在这位美国国务卿的强烈措辞与美国军事行动之间，隔着一条相当宽的鸿沟。

华盛顿之行使保尔·埃利将军极为失望。他离开华盛顿飞回巴黎时，想着那个遥远的奠边府战场面临的结局，除了心情更加沉重，也更增添了对美国人的怨恨。

埃利回到巴黎的时候，碰到群众凯旋门示威游行。示威者举着标语牌，高呼着口号，要求结束印度支那战争，要求内阁下台，要求让法兰西青年从战场回家。当天的一家报纸上还有这样的标题：法兰西青年精英在死去！文中指出，每年死于印支战场的法国军官人数，正好相当于每年法国军事院校毕业生的人数……

4月下旬，法国再次向美国请求援助。那时杜勒斯和雷德福都在巴黎处理北大西洋公约组织的有关事情，皮杜尔外长向杜勒斯提出，请美国进行空袭，否则奠边府就要失守了。杜勒斯只好应付地回答说，他会考虑这个问题的。埃利甚至向雷德福提出，让空袭的美国飞机涂上法国空军的标志出动，雷德福不敢表示同意，只是要求法军坚持、坚持、再坚持。

美国游击战专家深入奠边府指导搞破坏活动。

23

毛泽东说：莫边府必须坚决攻克，如机动顺利，确有把握，应提早总攻·韦国清让武元甲从速战速决改为稳扎稳打，并亲自在前线讲解挖壕沟迫近作业的战法·100 人拉一门重炮上山·毛泽东又说：不要吝惜炮弹……

（1954 年 4 月 29 日—4 月底，莫边府）

各种大口径重炮的乌黑炮口，在莫边府四周山头上俯视着法军的据点。这些众多的大炮，全部隐蔽在山头密林中的山洞、坑道或者防空洞里，法军很难凭观测发现。

自从 1953 年 12 月越军对莫边府法军形成包围后，便进行攻击的准备工作。莫边府是一块南北长约 18 公里、东西宽 6～8 公里的狭长形盆地平原。韦国清带领的军事顾问团与武元甲的越军前指一起，根据情报和调查了解，首先摸清了法军这个要塞型据点群的详细情况——

在莫边府这块小平原上，法军 8 个据点群共有 49 个据点，分 3 个防御分区。芒清中央分区是法军指挥机关所在地，其炮兵阵地、后勤仓库、主要机场和 2/3 的兵力都集中在这里；北分区包括芒清北面与西北面的独立高地和班桥里数个据点群，与芒清中心分区东北的兴兰据点群构成莫边府北面的屏障；芒清以南约 5 公里的航岗地区为南分区，设有机场和炮兵阵地，担负在南面阻挡越军进攻的任务。法军每个据点群都有多层火力配系，挖有纵横交错的交通壕。据点周围设有 40～200 米的障碍区，区内设有多层铁丝网、电网并埋有密集的地雷。至 1954 年 3 月初，法军兵力增至 12 个步兵、伞兵营零 7 个连，两个 105 毫米榴弹炮营，1 个 155 毫米榴弹炮连，2 个 120 毫米迫击炮连，1 个工兵营和 1 个有 10 辆坦克的坦克连，1 个空军飞行队，有 14 架战斗轰炸机，修建了北、南两个机场。每天升降 100 多架次飞机，空运将近 300 吨军用物资。

越军用人力将加农重炮拉上山顶阵地。

法国远征军总司令纳瓦尔首先视察了奠边府，然后法国、美国的一些高级将领都视察了奠边府，认为奠边府集中的精锐部队多、火力强、工事坚固，阵地布防严密而有恃无恐，称其为"东南亚的凡尔登"、"一个不可侵犯的堡垒"，认为越南人民军不敢向它进攻。纳瓦尔要卡斯特里"不惜任何代价守住这个据点"。

越军从来没有打过如此大规模的攻坚战，面对敌人如此强大的集团据点群，敢不敢打？怎样打才能取胜？

这是摆在越军高级干部面前不容回避的两个问题。尽管越南劳动党中央政治局在1953年12月上旬就作了发动奠边府战役的决定，越军高层干部中有些人对攻克奠边府还是表现出信心不足，过分强调过去曾攻击那产据点群未克而伤亡较大，现在奠边府法军工事过于密集、越军后勤支援路途太远等客观困难。

奠边府战役虽然在1953年底才发动，但进攻类似奠边府集团据点群的军事准备，却早就开始了。早在1952年冬季西北战役后期，法军在那产集中了10个营兵力，也构筑了有21个支撑点的集团据点群，越军攻而未克，部队伤亡较大。而法军固守那产，引诱越军进攻，以图消耗其有生力量，伺机反扑。当时在前线指挥部的韦国清认为再战不利，即请示中共中央军委并与越方研究停止进攻，越方遂决定停止对那产据点群的攻击。那产之战，使韦国清和军事顾问团认识到，人民军的战斗力尚无法攻克坚固设防的集团据点群，而法军今后将会利用其空军优势，屡以集团据点群来对付人民军的进攻。因此，人民军必须研究解决攻打集团据点群的办法。据《中国军事顾问团援越抗法斗争史实》一书记述——

> 军事顾问团认为，在对付法军集团据点群的问题上，人民军的弱点主要有二：一是炮兵火力弱，缺乏大口径火炮和高炮，无法压制敌人和对付敌飞机。二是攻坚战术素质差，不会攻打集团据点群。针对这一情况，顾问团与越方研究后，采取了两项措施：一是加强炮兵建设，经中共中央军委同意，在中国境内为越南人民军装备和训练榴弹炮部队、高炮和高射机枪部队，以增强地面炮兵和对空射击的火力。二是加强对部队攻坚战术的训练，提高军事素质。这两项措施在西北、上寮战役后，即已开始陆续付诸实施。

为解决越军火力弱的问题，1953 年秋冬，经中共中央军委安排，人民解放军在中国广西境内为越军装备和训练了榴弹炮部队、高射炮与高射机枪部队。当时人民解放军的重炮与高射炮也不算多，其中好些装备越军的 105 毫米榴弹炮及高射炮是从停战后的朝鲜战场调拨回来的。

韦国清提出，人民军的攻坚战术训练，要从编写教材抓起。几年来，韦国清在越军中时间长了，很熟悉情况，发现越军的正规部队还是游击战法，随时作战，打了就走，官兵中有不愿做工事的思想。韦国清主张要通过编写教材和部队训练，学会构筑工事，构筑进攻阵地；学会修筑道路和囤积粮草、弹药；学会用炮火控制机场和压制敌人炮火，等等。

韦国清这些针对性很强的意见得到了越方的重视。经胡志明、长征和武元甲同意，在 1953 年夏天，由人民军总部有关部门的负责干部和军事顾问共同组成教材编审委员会，负责研究、编写以那产集团据点群为主要对象的攻坚战术教材，包括单兵动作和从班、排、连、营到团的协同攻坚战术。军事顾问茹夫一等参加了攻坚教材的研究和编写，还帮助举办干部集训班，并应邀讲课，协助勘察演习场地，组织军事演习，帮助组织部队进行攻坚战术军事训练。武元甲亲自过问这一工作，抓得很紧。1953 年 6 月至 10 月，经编写教材、干部集训和部队演练，越军攻坚水平有明显的提高，为奠边府作战打下了战术基础。

原作战计划定于 1954 年 1 月下旬对奠边府守军发起攻击。1 月上中旬，在中国境内刚刚装备、训练完毕的榴弹炮、高炮和高射机枪部队，人民军增调的三一二师和三〇四师的两个团，以及人民军原有的炮兵、工兵部队，陆续到达奠边府周围地区。韦国清、梅嘉生率领部分顾

越军运输队抢运物资过河。

问和工作人员随人民军前指同时抵达前线。由于奠边府周围都是崇山峻岭和茂密的森林，抵近奠边府的部分路段尚未修通，不得不组织部队和大量民工拉炮和砍树、挖土开路。越军曾想采用速战速决的战法，但此时，重炮运到了山脚，一时还无法拉上山头进入预定的射击阵地，加上法军兵力续增，因而决定推迟1月下旬的攻击时间。

身在前线的韦国清，根据奠边府战场双方态势，考虑到越军采用速战速决打法无必胜把握，搞不好还可能吃亏，便及时提出须稳扎稳打的新建议，并向中共中央军委致电请示。

1月24日，中共中央军委致电韦国清指出——

> 攻击奠边府时，首先不要四面围攻，平均使用力量，要以分割包围的办法，一股一股地歼灭敌人。

1月27日，中共中央军委在复韦国清报告改变对奠边府打法的电报中再次指出——

> 对奠边府的攻击，应采取分割包围、一股一股地歼敌，每次大约歼敌一个营。只要能全歼敌四五个营，奠边府敌可能发生动摇，或向南撤逃，或继续增援。两种情况均于我有利。

人民军前指研究后决定，变速战速决为稳扎稳打，由外围而纵深，一个据点一个据点地歼敌，待条件成熟后再实行总攻。这种打法使人民军始终处于主动地位，较有胜利把握。

新问题又摆在面前。奠边府的守军工事坚固，布防严密，火力猛烈，且各据点之间组成交叉火力，还有交通壕沟连接，构成了一个互为依存的整体要塞。怎样才能将守敌分割包围，然后一口一口吃掉呢？这是军事顾问团必须认真考虑的问题。韦国清经与梅嘉生等顾问研究讨论后，建议越方采取迫近作业和壕堑近敌的办法，组织部队大挖交通壕，利用交通壕分割、包围、迫近敌军据点，然后突然攻击之，以减少伤亡，增强必胜把握。韦国清、梅嘉生原所在的人民解放军第三野战军，在解放战争的淮海战役中围歼蒋军主力黄维、黄百韬兵团时，曾经成功地采用了这种办法。为了说服越军干部，韦国清在前线亲自向他们讲解迫近作业的作用和方法。越军前指采纳了这个建议，并拟订了构筑整个阵地的工程计划，各师顾问组帮助部队组织实施。

由于实施了韦国清提出的壕沟迫近作业，在最后总攻前，武元甲在指挥部所在的山顶上向劳动党中央报告说："我们的战士已经挖了几百公里长的壕沟，现在我们可以向开阔地带逼近而不怕敌人的固体燃烧弹和炮火。"

武元甲的越军总部集中了 5 万人左右的优势兵力，来围歼奠边府法军 1.5 万人的守军，而且总攻时间后延，并采用稳扎稳打的战法，加重了对后勤支援的要求。粮食与弹药的运输供应成了很关键的问题。法军司令部认为，法军运输机可从河内至奠边府作 340 英里的来回飞行，天气正常时还可以在奠边府机场毫无困难地着陆。越军的供应线则拖得更长——需要穿过 5000 英里的山岭和森林才能到达中国边境的供给线。于是，纳瓦尔错误地认为越军无法将武器、粮食等运送到离其后方如此遥远、偏僻的地方去作战。战史评论家拉古杜尔说，纳瓦尔的想法是非常合理的，但错误也就产生在这儿。

越南劳动党动员了将近十万民工来支援作战。法机也加紧了对公路、桥梁、隘口的轰炸破坏。民工大队动用了成千上万辆手推车、自行车及驮满物品的牲口，翻山越岭、涉水渡河，奔往前线。开始，对民工管理混乱无序，使用不当，民工伤亡较多，造成大批逃亡。韦国清的军事顾问团参照抗美援朝"钢铁运输线"的经验，建议后勤前指对防空、护路、抢修、抢运等工作，作了周密布置；并利用作战计划变更的时机，重新动员民工，配备带队干部，加强了组织领导和管理，稳定了民工情绪。

当年有位曾参加背米和前线作战的年轻军官何文楼，后来成了越南驻联合国大使。据何文楼回忆说："我们不得不从丛林中穿行，由于轰炸，我们不能走大路。为了运送一公斤大米上前线，我必须多带四公斤以供那些用背背，用自行车驮的运输者们。开始，我们在前线只能吃冷食，一热饭就会冒烟，随之就会招来飞机的袭击。起初我们只是挖地壕，在敌人的防御工事四周挖……"

战壕里待命的越军

把大批重炮运上山头的发射阵地，极其艰辛。运炮走的有些路是工兵部队抢修出来的便道，道路崎岖艰险，有的路面倾斜达60度。路面狭窄，只能通过一辆炮车。为防敌机，道路都伪装严密。运送队只能用人力拉炮，每门炮要拴上4条粗绳子，每条绳子用25个人拉，每门炮需100个人拉。下坡比上坡更危险。

坡路短的地方，人拉住绳子慢慢往下放；遇到坡路长的地方，就要把绳子拴在山顶的树干上，然后让炮车慢慢往下滑，有时绳子摩擦得树干直冒烟。有的地方找不到树就打桩子。随时冒着敌机轰炸、扫射和凝固汽油弹的危险，一寸一寸地将炮往前往上挪动，一天只能前进半英里。能将重炮拉上丛林密布的山顶，的确是出人意料的奇迹！

3月13日开始的第一阶段攻击，首先摧毁了莫边府北面的屏障，5

胡志明在前线。

天内占领了兴兰和独立山等 3 个据点群，法军损失兵力 3 个营。首战获
胜，士气大振。

法军又于 3 月 16 日空降 3 个营增援奠边府。

3 月 23 日晚，即胡志明抵达北京与周恩来商量参加日内瓦会议的
准备工作的第二天。越军开始了第二阶段作战，对卡斯特里指挥部所在
地的芒清中心分区进行攻击。战斗开始后，突破前沿比较顺利，但进入
纵深发展甚慢，主要是这一带法军工事特别牢固，火力极为猛烈，越军
干部缺乏攻坚应变能力，遭敌反击不知如何应付，使攻击受挫，造成部
队较大伤亡。经一周战斗，共攻克法军 5 个集团据点，歼敌 3 个多营的
兵力，控制了奠边府东面大部分重要高地，对芒清中心区的法军指挥部
形成了居高临下的有利态势。

但攻击中碰到了一颗硬钉子。卫护芒清的一个 A1 据点是"二战"
时期日军构筑的，其坑道与掩蔽都十分坚固，法军据以顽抗，越军无法
对付，未能全部攻克，形成双方各占一半的局面。另一据点 C1 被越军
攻占后，法军组织反击，也形成双方各占一半的局面。此后，双方在这
两个据点中进行了激烈反复的争夺战，伤亡甚众。

毛泽东和中共中央军委极为关注奠边府战役的进展，韦国清几乎每日都给北京中共中央军委电告战况，有时甚至一日数次。

4月3日晚间，毛泽东在连续看了韦国清从奠边府前线发来的报告后，对攻击芒清中心区的战斗处于胶着状态极为关切，而且周恩来与胡志明刚刚离京飞往莫斯科与苏联领导人协商日内瓦会议的准备工作，日内瓦会议开幕在即。毛泽东觉得越军要再加强炮兵部队，以利于今后进攻城市作战，并觉得奠边府需提前实施总攻。于是，毛泽东给主持中共中央军委工作的彭德怀写了一封指示信，信中说——

> 越南必须增建四个炮兵团、两个工兵团，限期六个月内组成装备并训练成功，请计算是否可能。炮如不足，应从中国现有炮兵中抽调，让我们的一部分炮兵暂时变为徒手，以待将来补充。四个炮兵团、两个工兵团的教员和顾问，应全部从去朝鲜打过仗的炮兵部队中抽调，应有师级和军级干部。训练地点最好在越南，否则广西亦可。……炮兵师所需的充足的炮弹和工兵器材的供应，亦需立即筹备。高射炮应相应增加。

> 奠边府必须坚持攻克，如机动顺利，确有把握，应提早总攻。……

毛泽东在信中"所需充足的炮弹"里的"充足的"三个字下面，加了着重号。

中共中央军委根据毛泽东的指示和战况需要，紧急从中国人民志愿军选调数名工兵干部赶赴奠边府前线，帮助越军挖暗壕通向 A1 据点的坑道，准备用炸弹将其炸毁。

4月8日，法军再向奠边府空降一个伞兵营。

4月9日，中共中央军委两次致电韦国清，对攻奠战术作了如下指示——

（一）要很好组织炮火，不要吝惜炮弹，我们及时补充；

（二）对敌南北两集团，从中间斩断分割之；

（三）对敌盖沟可集中炮火分段分点逐渐摧毁；

（四）打下一个点后，迅即改造工事，巩固一点，而后逐段发展，紧缩包围；

（五）广泛组织狙击兵，限制敌人活动；

（六）乘敌已动摇，展开政治攻势。

韦国清带领军事顾问团落实中共中央军委上述指示，配合越军前指与各部队做好上述有关工作。在从朝鲜战场回来的中国人民志愿军工兵干部们的帮助下，终于挖暗壕炸掉了顽固的 A1 据点。经过激烈战斗，至 4 月下旬，法国守军处境已经十分困难。

越军向奠边府发起冲锋。

　　奠边府战役的最后包围圈被缩小到机场南面不足两平方公里的地区，盆地里法军的整个集团据点群被分割成几块，机场也被越军占领了一半，空投的物资相当一部分落在越军的阵地里。为了躲避越军的炮袭与狙击，法军整天龟缩在工事和地下室里。地下室中伤员拥挤不堪，无法运走，加上雨季来临，暴雨倾泻，地下室里又肮脏又潮湿，而且有强烈的恶臭味。

　　越军大大小小数百门炮的炮口都瞄准了预定的目标。中国方面给所有的炮都准备了足够的炮弹，说是毛主席对胡主席说了，要组织好炮火，不要吝惜炮弹，我们及时补充。

　　1989 年 5 月，在奠边府战役大捷 35 周年之际，武元甲在接受越南《人民军报》记者采访时说，"我们从来没有忘记"在奠边府整个战役和整个抗战中来自中国"巨大而有效"的援助；中国曾在"物质上和经验方面尽心尽意援助了越南"；"中国同志曾真诚地向我们提出意见、建议，总的说来他们尊重我们，一切事情都由我们作出决定"。

24

杜勒斯规定不准与中国代表握手·周恩来会见艾登，决定英国工党代表团访华，引起全世界瞩目·法国外长皮杜尔在奠边府战役后，主动与周恩来打招呼并上门拜访·周恩来突然改变了行程和访印日期……

（1954 年 4 月 26 日—6 月 21 日，日内瓦—奠边府）

　　新中国的总理兼外长周恩来第一次出现在国际舞台上的时候，引起了世界舆论的广泛报道。日内瓦国际会议于 4 月 26 日在国联大厦开幕。这个讨论朝鲜问题和印度支那问题的国际会议被人称为"世界五强会议"，以中国、苏联、美国、英国、法国五国为主，在讨论朝鲜问题时

周恩来出席日内瓦国际会议，抵达当地机场。

邀请与此问题有关的国家与会，在讨论印度支那时邀请与该问题有关的国家与会。

在冷战年代里，周恩来与其他领导人之间的身体接触的程度与相处来往关系，因为反映了国家之间的关系，显得特别敏感，引起了各国新闻记者们的高度关注。

在与会的世界五强中，中国只与苏联建立了外交关系。会议两主席，一个是苏联部长会议副主席兼外长莫洛托夫，另一个是英国外交大臣罗伯特·安东尼·艾登。周恩来与莫洛托夫之间，又是亲密拥抱，又是拍肩膀拉手；两人几乎天天都要在一起待一会儿，或是开玩笑，或是散步说悄悄话，晚上经常你来我往地请吃饭喝酒。

本来美国就不想让中国来开会，但没有中国参加，讨论朝鲜半岛与印度支那和平问题就根本没有意义，美国国务卿约翰·福斯特·杜勒斯迫于英法两国的压力，出于无奈，只得让中国参加了。杜勒斯还特别发表声明：让中国参加日内瓦会议不等于承认新中国。杜勒斯是周恩来在这次会议上的主要对手。杜勒斯给美国代表团作了很僵硬而严格的规定：美国代表团人员不能和中国代表团人员握手。连美国的工作人员也觉得杜勒斯的规定"太过分、太别扭"。

新中国成立后，英国为了维护其在远东地区诸如香港、马来西亚、新加坡等地的利益，想承认中国。4月30日，经莫洛托夫介绍，周恩来与艾登见面了。艾登高高的个子，衣冠楚楚，一副绅士派头。这是中英两国外长的第一次接触，两人握了手，进行了坦率而友好的会谈，就朝鲜、印度支那、英美关系和中英关系等问题交换意见。在谈到中英关系时，周恩来对艾登说：不是中国不承认英国，而是英国在联合国追随美国不承认中国。第一次见面后，两人在日内瓦还多次见面，相互宴请。当然，两人握手已是常见的事了。

数天后，经艾登要求、周恩来同意并作安排，决定了英国工党领袖艾德礼率代表团访问中国。本来这是一个外交上的突破，西方资本主义国家反应很强烈，都在头版显著位置报道。而关于艾德礼的工党代表团访华的消息，新华社5月26日的电讯稿，竟延迟至6月2日才出现在《人民日报》的四版四栏上。周恩来看了信使送来的报纸，于6月9日特别致电外交部并中宣部，给以批评和提醒——

报道以艾德礼为首的英国工党（代表团）访问我国的消息，26日电稿登载在6月2日《人民日报》四版四栏，是不够显著也太迟缓了。艾决定访问我国的消息引起世界瞩目，特别是在资本主义国家反应很大。一般认为，艾的访华是得到了丘吉尔和艾登的同意的，因而这标志着英美矛盾的表面化。为配合外交斗争，我党报应表示重视。今后关于这类新闻以及日内瓦会议的重要报道如何刊登问题，外交部与中宣部应经常联系与研究，以便密切地配合外交斗争。

周恩来与艾登的这些接触，导致了不久之后中英两国实现了半建交，即建立了临时代办级的关系。这也是新中国在对西方国家外交上的一个突破。

法国代表团的首席代表是外交部长乔治·皮杜尔。在印度支那问题上，法国出现了将战争打下去的主战派和面对现实的主和派，皮杜尔是主战派的代表人物。主战派要将战争打下去，正在乞求美国出兵干预，因而不敢得罪美国。皮杜尔是矮小个子，因爱饮酒，整日给人醉醺醺的感觉，其实他是很清醒的；在国联大厦的会场上，在杜勒斯和美国代表团的视线下，皮杜尔开始遇见周恩来时，总是侧身而过，并且不和周恩来打招呼。在会议讨论朝鲜问题的时候，杜勒斯发言攻击中国是所谓朝鲜半岛的"侵略者"之后，皮杜尔也跟随着附和，还表现了一番，与周恩来展开舌战。

皮杜尔讥讽说："如果中国没有向朝鲜派遣志愿军，那他又怎么撤离呢？"

周恩来机敏地回敬说："我想皮杜尔先生需要检查一下自己衰退了的记忆力，回想一下美国侵朝是打着'联合国军'的旗号，是朝鲜战争的一方；既然昨天是以朝鲜人民军和中国人民志愿军为一方，联合国军为一方签订了朝鲜停战协定，今天又怎么能允许交战的一方来对另一方进行'监督'呢？"

在后来讨论恢复印度支那和平问题时，周恩来与皮杜尔也数次交锋。周恩来对皮杜尔不理解印度支那战争是一场反殖民主义的运动而感到遗憾。他还谈到印支战争在法国国内引起了越来越大的分歧。他说，很显然，法国"统治阶层"的"主战派"不敢放弃他们的殖民主义政策，法国人民却普遍地把这场战争看成是一场"肮脏的战争"。周恩来

杜勒斯（左）去日内瓦前，特意顺道看望丘吉尔（右），企图统一反华口径，丘吉尔身后是英国外交大臣艾登。

坦率地对皮杜尔说，作为法国殖民主义代表，你是不敢擅自发布停火命令的。

皮杜尔反驳说：我没有必要接受周先生在法国政治问题上所作的"说教"。

皮杜尔在会场上与周恩来针锋相对，可还有想与周恩来接触的一面。美国人说要派兵干预印支战争，却光打雷不下雨；而被围在奠边府的法军已经危在旦夕了。皮杜尔很想与周恩来讨论印度支那问题。他在会外曾经有意接触中国代表团王炳南等工作人员，还找了莫洛托夫，请苏方出面介绍其与周恩来会见。

4月28日，周恩来致电毛泽东、刘少奇并中共中央，报告日内瓦会议头三天的情况时，在电报中的第二条说：法方首席代表"皮杜尔急于要商谈印度支那问题"，现在"已与莫洛托夫接触，并表示愿经苏方与我见面"；因此，印度支那问题有提早讨论的可能。

那些天，全世界的报纸头版上都充满了日内瓦国际会议和奠边府战役的消息。如英国《泰晤士报》报道说，"周恩来与杜勒斯两人针锋相对，相互指责对方是侵略者……"。《法兰西晚报》说，"在遥远的奠边府的节节进逼，使日内瓦会议中的共产党代表带着得意的微笑，大谈特谈着和平"。

法国《世界报》发自河内的报道写道："奠边府的医生正在临近忍耐的极限，如山的伤员躺在地上等着换药。浮满尸体的河水只能用孔眼极密的过滤器一点一点地过滤。饮用水只够供给那些因干渴而处于昏迷状态的人。"

经过多方努力，没能争取到美国出兵干预印支战争，法国当局只好依靠自己。在奠边府即将失守的危急情况下，法军部署了两个救援奠边府守军的行动。

第一个代号叫"神鹰行动"。法军从本土增兵越南，空运至河内。从老挝派出一支步兵部队，同河内飞来的空降部队会合，组成有8个营兵力的快速部队，向奠边府挺进。但落实"神鹰行动"必须得到115架C-47运输机再加上一支相当的战斗轰炸机部队的支援，这已经超过了法国现有空军的实力。经过艰苦交涉，美方终于答应动用美军运输机将法国本土部队运送至河内及海防，但不参加对奠边府的直接军事行动。

第二个代号叫"白头翁行动"。让守军在天将黑的时候，把重伤员留下，让轻伤员做火力掩护，以非常猛烈的炮火和迫击炮开路，直接从奠边府突围而进入丛林地区。这将是迫不得已而在最后才可以采取的行动。

法军司令部为了鼓舞守军士气，将奠边府部队指挥官卡斯特里由上校晋升为准将，并给一批官兵颁发勋章与奖章。C-54型运输机在空投弹药给养时，也空投了给卡斯特里的准将星章，庆祝其晋级的白兰地酒，还有给下层官兵的战斗十字奖章和荣誉军团勋章等物。第二天，越方的电台兴高采烈地宣布，他们已把空投补给，包括白兰地酒和勋章等，全部缴获了。

从 4 月下旬起，法军在河内与老挝的行动，通过有关渠道为中共中央军委所获悉。中共中央军委十分关注奠边府法军解围的问题，于 4 月 30 日致电韦国清，指出——

> 敌今后行动最大可能是以伞兵两个营空降人民军后方交通要点，切断人民军补给，捣乱后方，并协同奠边府、芒清之敌解围奠边府，使人民军作战功亏一篑。

遵照中共中央军委的指示，韦国清与武元甲商议：越军在南、北两个方向上进一步加强防敌解围的部署；同时决定，以主力 3 个师于 5 月 1 日夜间，在敌指挥所所在的芒清西面对东面的据点群实施猛攻。

经过两天两夜激烈战斗，至 5 月 3 日，越军逼近了法军芒清指挥所。

中共中央军委高度关注奠边府战局，5 月 3 日，粟裕总参谋长致电韦国清，再次指出——

> 军委最关心的是集结于河内并受过训练的伞兵，空降于你们的后方补给线上，扼要构筑据点，截断你们的交通，捣乱你们后方，迫你们解围，甚至造成纷乱。因此，望对后方交通注意防范，最好再能抽调一些兵力加强之，以防万一。

5 月 4 日晚间，法军司令部从集结在河内的伞兵中抽调一个营，空投在奠边府。

5 月 5 日，最后的战斗在激烈地进行，越军的突击队与法军芒清指挥所只隔着一条壕沟了。由于连日下雨，这天有更多的坑道塌陷。

5月6日晚间，越军发起总攻。经中共中央军委特别批准，由中国装备训练的苏制六管"卡秋莎"野战火箭炮运抵前线。"卡秋莎"和其他大炮一起向法军阵地的纵深发射。"卡秋莎"两次齐射就轰开了奠边府要塞的后部，引爆了弹药库。越军称为A1据点的法军克洛迪娜据点内的地堡，被越军暗壕挖至坑道，埋了1吨炸药。总攻发起，一声巨响，将坑道内的法军全部震毙，全歼地面之法军。506等据点亦相继攻克，芒清失去了最后的屏障。

5月7日14时，刚晋升为准将的卡斯特里将军下令奠边府法国守军投降，其参谋部人员全部被俘。据守在南分区的航岗（伊莎贝尔）据点的法军约2000人的部队企图南逃突围，至午夜也被歼灭，只有几个坦克兵设法逃了出来。此战役，越军歼灭法军1.62万人，越军伤亡、失踪共1.4万人。

5月8日清晨，一架飞越战场的法军侦察机收到了来自奠边府的最

周恩来会见英国外交大臣艾登。

后电报。电文只有寥寥数语："突围失败——句号——再已无法通报——句号并全文完。"

20世纪90年代，笔者访问奠边府。从小飞机上俯瞰，莽莽苍苍的崇山峻岭与茂密森林依旧，机场也是对当年法军的机场加以整修而成。卡斯特里将军的芒清指挥所依旧保存着当年战争结束时的样子，壁上弹痕累累，东倒西歪的大炮还散落在空空荡荡的平地上。只是平地中显眼的位置多了一块铜牌，铜牌上只是用数字记录了战役结束的时间——"1954年5月7日17时50分"。

越南主人在河内给笔者放映了一场由法国人刚拍好的大型战争故事片《奠边府》。影片场面宏大，颇有历史感，只是从法方的视角再现这段历史。难能可贵的是，片尾字幕中说明：这部法国故事片是由越南人民军协助拍摄的。法国人有勇气正视自己的失败。

5月8日，日内瓦国际会议开始讨论恢复印度支那和平问题。法军在奠边府战役惨败，迫使法国代表团首席代表皮杜尔外长于5月7日晚间向会议两主席莫洛托夫与艾登紧急要求讨论印度支那问题。

作为中国代表团政治顾问的师哲，在《师哲回忆录》里对开始正式讨论之前的情景有所记述——

> 5月8日，法国代表团戴着黑纱，打着黑色领带，哭丧着脸，一扫过去趾高气扬的劲头走进会场，低头就座，一言不发。
>
> 越南代表团中有人见此情景，不由笑了一声。皮杜尔听到笑声，气急败坏地说："这么严肃沉重的场合，笑什么？！我们死了那么多人，你们还幸灾乐祸。同你们这些幽灵打交道，真没有什么可讲的。"
>
> 范文同的法文很好，不等翻译就立即用法文回答："噢，难道你们是跟幽灵打仗？！"
>
> 一句话使得法国人无言以对，更显其狼狈之态。

　　奠边府战役的胜利使全世界的舆论都关注着讨论印支问题的日内瓦会议。西方冷战势力，特别是美国和法国主战派，为了破坏会议，以奠边府法方被俘重伤员问题大做文章。5月8日，在会议的间隙，周恩来与越南首席代表范文同商议首先释放奠边府战役中俘获的对方重伤员问题，以便在会议中处于主动地位。

　　5月13日，周恩来致电韦国清并报中共中央——

　　　　西方国家正利用奠边府伤员问题责难苏联。进步人士和友方希望能及时得到有关奠边府敌方伤兵处理情况的材料。因此，关于释放奠边府敌方重伤员的双方商谈情况和释放、转运具体进展情况，请能随时电告以便转送范文同同志和苏联代表团，据之进行宣传，粉碎敌人之阴谋。与此同时，若能动员奠边府战役中所俘敌军高级军官发表有关我们优待俘虏、伤员和释放敌方重伤员的人道主义措施的谈话，则更好，但请不要勉强他们去做。

　　经交战双方在奠边府商议，越方开放了奠边府机场，使所释放的法

奠边府大捷

方重伤员能及时运至河内、海防治伤。

5月17日，周恩来致电毛泽东、刘少奇并中共中央：由于奠边府战役的胜利和我方主动提出释放法军重伤俘虏等，使美国、法国主战派破坏印度支那停战的阴谋遇到很大困难。法国国会议员"多数要求停战，政府中坚决反对停战者亦占少数"，因此，"从目前形势看来，停战可能性增加，谈判已有具体进展"，"但美国和法国主战派的破坏活动亦会抓紧"。

5月24日，据《周恩来年谱》记载，从这天起，"法国代表团首席代表、外交部长乔·皮杜尔开始主动向周恩来打招呼"。不久，皮杜尔还主动去周恩来下榻的日内瓦市郊的万花岭别墅拜访，并对周恩来说："开会讨论时我说话激烈些，但这并不妨碍我与中国代表团以后的来往。"

从5月8日开始讨论印度支那和平问题以来，越方提出：法国承认印度支那三国的主权和独立，三国举行自由选举，停止敌对行动和撤退一切外国军队；法方坚持不讨论老挝、柬埔寨两国的停火，只讨论越南停火，而且只讨论军事问题，不讨论停火后的政治解决问题。当时，作为法国殖民地的印度支那联邦包括越南、老挝（寮国）和柬埔寨（高棉）三国。在越南，有胡志明领导的越南独立同盟（越盟）与西贡保大傀儡政权。法国当局只想通过日内瓦会议实现停火，而不愿意放弃其在印度支那三国的殖民利益。

5月27日，为了打破会议多日以来的僵局，周恩来在与苏、越代表团协商后，在会上提出了一个折中方案。该方案核心是在确定印支三国同时完全停火和区域调整原则后，实施方法可以根据三国的不同情况而有所不同。这一建议绕开了三方未取得一致意见的具体方案问题，肯定了已有的一致意见即印支三国情况不完全相同这一点。周恩来的"五二七方案"推动了会议于5月29日达成了谈判开始以来的第一个实质性协议。该协议接受了我方坚持的三国完全同时停火的原则；在此前

1954 年 5 月 7 日，刚晋升准将的卡斯特里宣布投降，其指挥总部全体人员成了越军战俘。

提下，决定先研究解决越南问题，从而导致了法越双方的军事代表在日内瓦的直接谈判。

在会外，美国加紧了以破坏会议为目的的活动。瑞士《晨报》、纽约《先驱论坛报》都先后报道：美国、法国正就美国出兵印度支那问题进行磋商。据皮杜尔告诉艾登，如果会议不能达成协议，美国已答应出兵 3 个师。6 月 15 日，美国破坏关于朝鲜问题的讨论并使之不能达成协议后，艾森豪威尔总统指示美国代表团副国务卿史密斯，要其尽一切努力结束印度支那问题的讨论。周恩来在会上指出，法国当局在印度支那问题上耍两面派。

奠边府的惨败虽然没有使法国拉尼埃政府接受教训，继续张罗美国出兵，但法国人民强烈要求政府改变印支政策、结束这场"肮脏的战争"。这种强烈的不满情绪反映到议会，终于使拉尼埃内阁于6月12日宣布辞职。6月17日，法国社会党人孟戴斯·弗朗斯出任总理受命组阁。孟戴斯·弗朗斯在议会宣誓就职时庄严地保证：要在4周以内结束法国在印度支那的战争。

美国代表抓住法国政局混乱的机会破坏会议，6月14日，美国代表借皮杜尔赶回巴黎为缘由，要中断会议。幸亏那天会议轮到苏方莫洛托夫主持会议，苏联代表团抢先提出关于国际保证和监督的新方案，美国的阴谋才未得逞。

周恩来抓住这个机会，经与越、苏协商，于6月16日下午提出了新建议：在老挝、柬埔寨和越南同时宣布停火，交战双方在日内瓦和当地开始直接谈判停止敌对行动问题。新建议说明，在老挝、柬埔寨停止敌对行动包括这两个国家本国的敌对军事部署和一切外国军队的撤退问题，停战后任何外国军队不应在印支三国中任何一国境内建立军事基地。这包括越南在老挝、柬埔寨境内作战的志愿军，也按撤退一切外国军队的办法办理。莫洛托夫原来就主张这么做，范文同在经过反复考虑后也表示同意。

6月18日，范文同按越中苏三方代表团商定的口径在撤军问题上表了态。

6月19日，会议取得重要进展，达成了双方军事代表就老、柬两国军事问题进行直接谈判的协议。会议按原定计划暂时休会，各国外长回国。

周恩来应印度总理尼赫鲁的邀请，在印度驻联合国首席代表梅农的陪同下，在从日内瓦回国途中顺道访问印度。周恩来原已定于6月21日飞离日内瓦，但是，他突然变更了行程，推迟了访问印度的行期。他要先赶去伯尔尼与法国新任总理兼外长孟戴斯·弗朗斯秘密会晤，然后再访问印度。

25

中法两国总理秘密会晤·周恩来不赞成去法国见面，法国总理以访问瑞士、会见瑞士总统做掩护来到伯尔尼·周恩来的法语会话能力使他在会谈中处于一种有利的地位……

（1954 年 6 月 22 日—24 日，伯尔尼—日内瓦）

6 月 22 日上午，周恩来悄悄离开了日内瓦郊区莱芒湖畔的万花岭别墅，乘车经洛桑来到瑞士中部地区的伯尔尼。

在短短 10 天内，周恩来已经是第二次来伯尔尼了。他这次是专程来伯尔尼秘密会晤法国新总理的。他偕同代表团的李克农、宦乡和章文晋，在中国驻瑞士公使冯铉陪同下，驱车抵达法国驻瑞士大使馆。

经过来回磋商，周恩来和法国新总理孟戴斯·弗朗斯最后都赞成选定这个僻静的小城做秘密会晤的地点，以便这次秘密会晤能避人耳目。

说来也巧，法国主战派约瑟夫·拉尼埃内阁倒台的消息，是周恩来上次 6 月 12 日访问伯尔尼那天传来的。

伯尔尼是瑞士的首都，是一个很别致、独特的首都。虽说是首都，却是一个只有十来万人口的小城，远不及苏黎世、日内瓦热闹、繁华。街道狭窄，石块铺地，两旁是石砌的房舍，间或有塔楼、哥特式的教堂与巴洛克风格的宗教建筑。它没有大学，瑞士仅有的两所国立高等大学，一所在苏黎世，一所在洛桑。它没有飞机场，是世界上十分少有的不设机场的首都之一。说是首都，更像一个古朴的乡镇，街上十分安静，极少喧嚣。没有灯红酒绿，却处处可见丛丛绿荫。只是偶尔有些观光游客走过，带来一些外部世界的声音色彩，然后又回复至静谧典雅的古韵之中。这儿确实是一个适合秘密会晤的地点。

10 天前，6 月 12 日，周恩来曾经作为新中国的总理应邀来这里访问，会见了瑞士联邦主席陆巴特尔和兼管外交事务的政治部部长彼蒂彼爱。瑞士是欧洲资本主义世界里最早与中国建交的少数几个国家之一，中瑞两国于 1950 年 9 月 4 日协议建交，双方互换公使，中国首任驻瑞士公使为冯铉。周恩来还在瑞士联邦议会发表了讲话，阐述中国的对外政策，促进双方的了解。联邦大厦是一座 19 世纪的西方宫殿式建筑。从阿勒河边的联邦大厦出来，彼蒂彼爱告诉周恩来，联邦大厦前的广场，每逢周二、周六，一大早就变成了菜市场，市民们拎着菜篮子在这儿穿行，选购番茄、葱头、黄瓜。他还曾笑着对彼蒂彼爱说，门口有菜市场的议会肯定是个亲近老百姓的议会。

6 月 19 日，孟戴斯·弗朗斯出任法国总理后的第三天，就提出要与周恩来见面。弗朗斯曾对人说，与越方实现直接谈判的钥匙在周恩来身上。周恩来已经准备在三天后宣布休会时飞往新德里，可是，孟戴斯·弗朗斯总理主动提出与他会面，引起他深层的思考与作出新的决定。

他早年在法国留学多年，对法国的社会生活与政治格局甚为熟悉。这次来到瑞士出席日内瓦会议，日内瓦在瑞士的法语地区，可以看到当天巴黎出的报纸，收听到法语广播。这使精通法文的周恩来对法国目前的政局及与印支战争的关系、法美两国之间的矛盾等问题了解得更为透彻。

当时，法国政府在印支战争问题上有三派：反对继续进行战争的主要人物有代表北非派利益的海外领土部长让·季诺、负责欧洲事务的前国务秘书弗朗索瓦·密特朗和国民议会财政委员会主席孟戴斯·弗朗斯等；主张继续进行战争的主要人物有代表东方汇理银行利益的总理拉尼埃、外长皮杜尔和国防部长普利文等；支持建立欧洲防务集团同时又代表东方汇理银行利益的副总理雷诺和财政部长富尔介于前两者之间，既主张以增加美援和扩充南越保大政权军队来维持战争，也不反对以国际谈判方式结束战争。

周恩来洞察了拉尼埃政府参加谈判的真正目的并不是要结束印支战争，而是以参与谈判来应付国内要求和平的强烈呼吁，许给美国施加压力以求得更为优惠的美援条件。周恩来看到了这一点，但仍然积极与拉

1954 年 6 月，周恩来抵达瑞士首都伯尔尼。

尼埃政府的代表皮杜尔外长周旋谈判，即使谈不成也要让对方破坏谈判的意图暴露于天下。由于周恩来的主动，拉尼埃政府故意拖延谈判妄图在美国增援下维持战争的两面派政策日益暴露，这就激起了法国社会舆论的强烈不满和主和派的猛烈抨击，导致这个内阁于 6 月 12 日下台。

周恩来通过传媒及助手等渠道，很快就了解了孟戴斯·弗朗斯其人的情况。弗朗斯当时仅 47 岁，"二战"时在法国内阁投降后设法越过海峡逃至伦敦，参加了"自由法国"的空军部队，其表现出的理财能力获得戴高乐的赏识，后来在戴高乐的流亡政府中先后担任财政部长和国民经济部长。战后，弗朗斯经常严厉批评历届政府在经济、印支战争和北非问题上所奉行的政策。弗朗斯是个激进的社会党人，在宣誓就职时庄严许诺：要是在 4 个礼拜内不能结束印支战争，其内阁就自动辞职。真可见其决心之大！

孟戴斯·弗朗斯把恢复印度支那和平作为其内阁存在的前提，因而对尽快与越南方面直接谈判结束印度支那战争持积极的态度。但是，由于法国的政治结构极其脆弱，新内阁的处境也十分困难。一方面，美国对孟戴斯·弗朗斯政府要与越方进行直接谈判结束印支战事十分不悦，表示了不信任的态度。另一方面，拉尼埃、皮杜尔等主战派人物下台后，以反对派面目出现，攻击孟戴斯·弗朗斯将因停战而损害美国与法国的关系，使法国获得的美援减少。他们的目的是拖过孟戴斯·弗朗斯许诺的期限，迫使其政府辞职下台。这种情况一旦出现，天主教派的舒曼或者皮杜尔会重新上台，印支战争将会扩大化。

周恩来对中国代表团成员宦乡与法国代表团秘书科罗德·谢松的接触后的汇报很感兴趣。谢松是个正直的法国人，渴望实现和平。谢松曾经诚恳地对宦乡说："法国现在所处的地位就像在天平的中心。法国希望能站在中间，这对欧洲和亚洲都是有利的。要是孟戴斯·弗朗斯被迫下台，天平就要歪了，整个世界政治力量的均衡就会变化。如果是这样的话，其后果是不堪设想的。作为一个法国人，我憎恨看见这样的结果。"

周恩来综合各方面的情况，正确地估计到了孟戴斯·弗朗斯政府的特点及其所面临的微妙局面，决定对孟戴斯·弗朗斯实行"拉一把"的策略。他决定推迟访问印度而与孟戴斯·弗朗斯会见。为此，他于6月21日在万花岭别墅宴请了越南代表范文同、老挝代表冯·萨纳尼空和柬埔寨代表泰普潘，借此介绍印支三国的这三位首席代表认识和建立联系。周恩来对他们指出：孟戴斯·弗朗斯主张停战是要以和平口号来团结资产阶级议会各党派的多数，但他与皮杜尔是不同的；如果印支停战，他的内阁就能支持下去，因此我们在策略上应该拉他一把，以求得停战。宴会后，周恩来还邀请印支三国代表在别墅观看了中国第一部彩色故事片《梁山伯与祝英台》。

6月22日，周恩来在日内瓦的万花岭别墅接见法国驻瑞士大使让·肖维尔，就这次会晤的安排问题交接意见。肖维尔提出希望中方考虑法方新政府的微妙处境，这次两国总理会见需要保密。因日内瓦这个国际城市耳目众多、间谍云集，在日内瓦会见显然不适合；因日内瓦东、西、南三方面都紧邻法国，法方要求周恩来到法国边境内某地会晤。周恩来明确反对在法国会见孟戴斯·弗朗斯，因为法国还没有承认中华人民共和国，两国还没有任何外交关系。最后，确定会见在中立国瑞士的伯尔尼，地点定在法国驻瑞士大使馆。孟戴斯·弗朗斯名义上是到瑞士进行外交访问，以会见瑞士总统。中法两国总理会见的具体筹备由中国驻瑞士公使冯铉与法国驻瑞士大使肖维尔共同安排。会见第二天就要举行，为会见所作的安排就在秘密与紧张中进行着。

23日下午，周恩来一行乘车抵达伯尔尼的法国驻瑞士大使馆，受到法国总理兼外长孟戴斯·弗朗斯、驻瑞士大使肖维尔和法国外交部官员吉勒马兹的热烈欢迎。孟戴斯·弗朗斯也是当天从巴黎赶来的，先乘飞机直飞法瑞边境某机场，然后再换车过境来伯尔尼。法国驻瑞士使馆环境幽雅、绿树掩映，在此秘密会晤确实比较适合。

孟戴斯·弗朗斯说："欢迎欢迎。我对这次会见能在那么短的时间内迅速实现而特别感到高兴，并对总理先生为此推迟了访问印度的行期表示感谢。"

周恩来说："我也很高兴在短期回国之前得以见到法国总理兼外长。相信两国领导人早日见面，交换意见，对推进在日内瓦召开的会议是有好处的。"

这次会晤，尽管是秘密进行的，也应该算是中法两国总理在历史上的第一次会面。尽管双方都带着翻译，但周恩来一开始就用法语说话，在后来几个小时的谈话中也经常用法语，使得这次会晤不仅显得友善与亲切，还使周恩来在会谈中处于一种十分有利的地位。

在会见前，孟戴斯·弗朗斯一直担心见面时周恩来会向法国提出承

周恩来与法国新总理孟戴斯·弗朗斯在法国驻瑞士使馆会晤，这是新中国成立后中法两国总理首次会见。

认新中国及其在联合国的合法地位的具体要求。出乎他意料的是，周恩来主要是询问法国新政府关于实现印度支那停战的方案，并且表明：在印度支那的问题上，我们的条件就是和平，就是反对美国干涉，不让美国把战争国际化，反对美国在印度支那建立军事基地。除此之外，没有别的条件。解决印度支那问题，首先是要停战，但军事和政治是联系的，现在讨论军事问题，以后还要讨论政治问题。通过选举达到统一，确立国内制度，这只能由越南人民自己解决，我们不能干涉；老挝、柬埔寨也一样。周恩来很希望法越双方在直接接触中早日达成协议。

孟戴斯·弗朗斯表示赞同周恩来的主张，并说在主要点上双方意见是接近的。法方赞同"先军事后政治"的解决步骤，第一步应集中精力解决停战包括军事集结区的制定。他回巴黎后将立即同法国远征军司令埃利将军会谈，并准备给在日内瓦的法方军事代表以明确指示。孟戴斯·弗朗斯希望周恩来运用其影响推动越法谈判的进程。

周恩来热心地介绍了前一天晚上他和越南、老挝和柬埔寨三国代表共进晚餐的情况。

周恩来一行于当晚赶回日内瓦。

事后，孟戴斯·弗朗斯回忆说："周恩来是我所见过的最聪明的人，具有世界级政治家的胸襟与才能。有你所能想象的敏捷和妥切的思虑。"

周恩来对弗朗斯也有同样的好感，他曾对人说："孟戴斯·弗朗斯对政治很熟悉，是一个可以信赖的朋友。"

回到日内瓦的次日，6月24日，周恩来成功地安排法国总理孟戴斯·弗朗斯与越南代表范文同在日内瓦见面，并说："你们双边谈判一定不要受任何人的干扰。"

法越双方在日内瓦直接谈判时，周恩来乘坐印航飞机"孟加拉公主号"飞往印度。

26 胡志明选择了柳州作为与周恩来秘密会晤的地点·越方将停战划线底盘调整至 16 度线以北的 9 号公路·胡志明笑忆巧对"两个志明"……

（1954 年 7 月 2 日—5 日，柳州）

清澈透明的柳江从西北方向流来，流经柳州城时拐了一个马蹄形的弯再向东流去。古城柳州就在这条江湾的两岸。20 世纪 50 年代的时候，城市还不大，柳侯寺钟鸣鼎盛，雕栏古树，渗透出古文化的气韵；但两岸的街道都带着南国特有的闹市骑楼的特点，商贾云集，灯红酒绿，甚为繁荣。码头边停泊着江面上行驶着从黔桂一带开往梧州、广州的客货船只；从上游苗山、瑶山采伐的园木，被扎成木排，在放排工嗓门粗亮的吆喝声中冲流而至，呼应着岸上城里鱼峰山女子那甜润的山歌声……

这就是柳州。

周恩来离开日内瓦并对印度、缅甸作了极富成果的"旋风式"访问后，于 7 月 2 日来到柳州。他的心情十分愉快，在新德里、仰光分别签订了中印、中缅联合声明，明确肯定以"和平共处五项原则"作为发展双边关系的基础，并由此产生了很大的影响。他来到柳州是要与胡志明举行会晤，以协商解决日内瓦会议关于恢复印支和平的关键问题。这次会晤与 10 天前他和孟戴斯·弗朗斯的会晤一样，也是一次秘密会晤。在电讯往返商量选择会见地点时，他选择了在广西省会南宁会见胡志明。后来，胡志明建议改在柳州与周总理会见。

周恩来知道胡志明与柳州有一段缘分，也很乐意在柳州作为东道主接待胡志明，并准备在会谈间隙陪胡志明旧地重游。

那是 1942 年 8 月，胡志明离开印度支那共产党所在地越南北坡，进入中国，目的是要到重庆八路军办事处去会见周恩来，与中国共产党交换对时局的看法。他从靖西入境，走至德保县足荣乡时被国民党警察逮捕，经辗转关押，后来于 1943 年 1 月被押送至柳州，交第四战区政治部审查。蒋介石暗中示意四战区司令长官张发奎秘密软禁胡志明。

在重庆的中共代表团获悉胡志明被捕后，立即设法营救。周恩来找了在重庆的爱国将领冯玉祥帮助。冯玉祥请李宗仁与其一起去见蒋介石。冯玉祥质问蒋介石："胡志明是否共产党姑且不论，即使是也是越南共产党，我们有必要和有权逮捕外国共产党吗？现在的苏联顾问也都是共产党，为什么不逮捕他们？越南支持我们抗战，胡志明应该是朋友，怎么却成了罪人呢？"

李宗仁也很有气地对蒋介石说："为什么要在广西抓胡志明？这不是嫁祸于我们广西吗？"

蒋介石支支吾吾，终于命令第四战区将胡志明放出拘留所，由政治部"察看感化"后释放。因而，抗战后期，胡志明在柳州生活了一段时间。四战区司令长官部就设在柳州，司令长官张发奎将军是位抗战名将，且与中国共产党有一层特殊的关系。早在北伐战争时，张发奎率领的第四军，由于依靠了以共产党员为主的叶挺独立团，获得了对北伐胜利至为关键的汀泗桥、贺胜桥之役大捷，为此荣膺"铁军"称号。张发奎是尝过国共合作甜头的。抗战时期，他又通过好友郭沫若向周恩来提出，派一些进步文化界人士到第四战区成立战地服务队，宣传抗日，对部队做政治思想工作。"皖南事变"发生后，蒋介石下令各战区的司令长官"通电反共"，讨伐新四军；只有四战区司令长官张发奎保持缄默，不发通电。当时在四战区的战地服务队秘密成立了一个中共特别支部，担任张发奎机要秘书的左洪涛是第一任支部书记。胡志明出狱后，张发奎委派左洪涛将胡志明接到四战区长官部窑埠街的"斌庐"官邸，以礼相待。

周恩来后来听左洪涛汇报过胡志明在柳州的情况。胡志明身穿粗布军衣，有的衣服还打补丁。外出时，政治部要派车，他却都坚持步行。他在住地开了一块菜地种青菜。他每天早上四五点钟起床，然后在市里主要街道跑一圈，回来后做早操，去菜地里浇水除草，再去河里洗澡游泳，连冬天也坚持下河；吃了早餐后，如果不出门就是看书。胡志明常穿中国的军装。张发奎说他穿军装时很像一个军营里的"火头老兵"（炊事兵），穿便装的时候很像一个终年在田里耕作的中国贫苦老农。胡志明会讲粤语，老家在广东的张发奎与他一讲起粤语，情感上就亲近起来。张发奎得知胡志明为了越南民族的独立顾不上成家，一年到头东奔西走，将全部感情献给了越南民族独立的事业，因而对胡十分敬佩，两人关系甚为融洽。张发奎经常带着左洪涛到胡志明的住处移樽就教。当时在柳州大桥的四战区干训团所在地，还举办了越南青年干训班，课程是应越南国内革命斗争形势需要开设的，教员由四战区的教官担任，胡志明和张发奎都曾到干训班上课。

胡志明在柳州生活了将近两年，而后在干训班精选了18名越南青年，于1943年8月9日离开柳州回国。

胡志明在广西。

由于此次在日内瓦会议期间及会后越南要与法国直接谈判，胡志明要求中共中央委派参加过朝鲜停战谈判的代表做顾问，协助他们进行谈判斗争。中共中央决定从朝鲜板门店调回解方做谈判顾问，率领谈判顾问组赴越南帮助工作，接受军事顾问团领导。解方已奉命赶到柳州待命。

胡志明、武元甲与黄文欢等越方领导，在韦国清、罗贵波陪同下，从越南来到柳州。从 7 月 3 日至 5 日，中越双方在柳州 3 天之中进行了 8 次会谈，围绕关于恢复印度支那三国和平的问题交换意见。周恩来向胡志明介绍了在伯尔尼与法国新总理孟戴斯·弗朗斯会晤的情况。他认为，法方的情况变化表明，日内瓦会议已经打破美国的破坏，取得了进展，并有可能在本月内达成协议。周恩来也介绍了他访问印度、缅甸，签订以"和平共处五项原则"为国家关系基础的中印、中缅联合公报的情况，胡志明甚受鼓舞。中越会谈解决了越南停战中一个关键的问题，也就是停战的划线的底盘问题。胡志明估计，法方最多只能让到17度线，越方将视现实情况作一点调整。《周恩来年谱》中关于这次会谈有如下记载——

会上，周恩来作关于日内瓦会议情况和会议中一些亟待解决的问题的报告。指出：印度支那问题已经国际化，这是关键性的特点。它超过朝鲜问题的国际化范围的程度。当年在朝鲜，苏联、美国都想把战争局部化。所以，朝鲜战争停下来了，形成双方相持的局面。在越南，由于帝国主义害怕中国的所谓扩张，因此绝不会让越南民主共和国取得大规模的胜利。如果我们要求过多，印度支那不能达成和平，美国必然干涉，这样战争国际化，对我不利。印度支那问题，不仅本身是三个国家的问题，而且影响整个东南亚，影响欧洲和世界形势。我们现在只有一个任务，这就是取得和平。日内瓦会议今后的谈判应首先谈越南，先把越南局势肯定下来。

关于划区问题，最后的底盘是：

（一）在越南，准备在16度划线，如不可能，拟以九号公路为界。

（二）在老挝，要求上、中、下寮各有一块地区，要力争到上寮、中寮有一块地区。如果不行再议。

（三）在柬埔寨，可以要求划集结区，但不能抱希望。胡志明、武元甲表示同意周恩来的上述意见，力争在划区问题上达成妥协，迅速把印度支那战争停下来。

柳州会议是推动日内瓦会议最后达成协议的关键性会议。越南劳动党中央把柳州会议商定的方案以"七五文件"的形式发给了在日内瓦的谈判代表范文同。几天之后，7月15日，胡志明在越南劳动党中央所作的报告中提到党内"左倾主义"时指出："一些被胜利冲昏头脑的人想不惜一切代价地打下去。……他们赞成军事行动却忽视了外交行动。……他们向敌人提出了不可接受的过分条件。"8月15日，周恩来在向中央人民政府所作的报告中指出：胡志明在柳州的会晤中非常愿意将"和平共处五项原则"运用到越南同老挝、柬埔寨的关系中去。

柳州会晤是在柳江北岸的柳州饭店进行的。绿树掩映中的那两三栋小红楼，至今仍保存着。红楼边临江有小凉亭与林荫道。会间休息时，周恩来与胡志明曾经到此散步，胡志明对周恩来回忆起当年在柳州的逸事。周恩来说，张发奎将军是北伐的"铁军"名将，后来也参加反蒋，在抗战中立了卓著的战功，他不愿意去台湾，现在寓居香港，我们欢迎他回来。

胡志明说，张将军骁勇善战，又善于团结部下官兵。有一次，张发奎在四战区长官部设宴招待胡志明，因四战区政治部主任叫侯志明，席上有人随口说出一句："侯志明，胡志明，两位同志，志皆明。"考问谁人可以对答下联。

众人颇费思索不知如何答对。倒是胡志明，微微一笑，答出一句妙对："你革命，我革命，大家革命，命必革。"

话音刚落，掌声四起。众人交口称赞胡志明作为越南人竟有如此之高的汉语造诣。

27

停战协议达成后，忽生波折，印支三国代表不愿在 7 月 20 日晚间签字·周恩来放心不下，在莫洛托夫寓所熬夜等消息·法国代表团急得坐立不安团团转……

（1954 年 7 月 12 日—21 日，日内瓦）

7 月 20 日晚间，已经快 12 时了，周恩来在莫洛托夫的会客厅里已经等候近三个小时了，主人竟然还没有回来。他在晚上将近 10 点时来到莫洛托夫的寓所，拟向莫洛托夫了解协议签字的情况。关于恢复印度支那和平的有关协议，定于晚上 9 时半左右在国联大厦举行签字仪式。按会议规定，签字仪式由日内瓦会议两主席即苏联莫洛托夫和英国艾登主持，除了参加签字的法国、越南民主共和国、南越保大政权、老挝与柬埔寨之外，其余国家代表团无须参加。

莫洛托夫在晚 9 时就出门赴会，直到夜深迟迟不归，使周恩来在会客厅里坐立不安。在国际政治舞台上，风云骤变的事常有发生，是不是协议正式签字的事突然又遇什么意外？

这次日内瓦国际会议，从 4 月 26 日开幕起，已经历时将近 3 个月（6 月 20 日至 7 月 10 日曾休会 20 天）。关于朝鲜问题，因为美国的破坏而未能达成协议；关于印度支那问题，战胜了美国的破坏，克服了各种障碍与困难，终于取得了进展。

尤其最后这 10 天是会议最重要的阶段，周恩来为了让法国与印支三国在关键问题上取得一致，耗费了极大的心血，尽了最大的努力。

周恩来在 7 月 5 日告别胡志明后，日程安排得很紧。6 日，返抵北京。7 日，向中共中央政治局扩大会议报告日内瓦会议与印度、缅甸之行的情况。8 日，向全国政协常委会作报告。9 日上午，离京飞赴莫斯科，与苏共中央领导交换关于日内瓦会议的意见。7 月 12 日下午，飞返日内瓦。

周恩来（右二）、莫洛托夫（左二）、范文同（右一）与南日（左一）。

在周恩来回到日内瓦之前，越南劳动党中央已将柳州会议商定的原则作为"七五文件"发给一直留在日内瓦的范文同。文件再次规定，谈判的指导思想是：应采取积极推动的方针，不应消极等待，并应主动提出我方的方案。具体的谈判方案是——

1. 在越南仍争取以16度线停战，但考虑到16度线以北的九号公路是老挝出海的必经之地，对方可能不会让步，因此可在16度线的基础上再作若干小调整；

2. 在老挝争取把靠近中国和越南的桑怒和丰沙里两省划为抗战力量的集结区；

3. 在柬埔寨只能争取政治解决。

但是，范文同在接到"七五文件"后，仍然下不了决心放弃16度线以南的越方控制区，以换取红河三角洲的法方控制区，迟迟不按文件精神向法方提出新建议。而法国新总理孟戴斯·弗朗斯向议会许诺在4周内实现不了印支和平便辞职，许诺的期限就是7月20日。期限日越来越近，美国在不断施加压力，法国主战派在积极活动，谈判随时有逆转的可能，达成印支和平协议的计划极有可能流产。

周恩来在飞回日内瓦的专机上，很清醒地意识到会议到了极为重要的最后关头。如果谈判打不破僵局而破裂，将导致美国干涉，造成战争国际化及严重的后果。他既看到胡志明为首的越南劳动党自1950年边界战役以来的进展，也注意到法方仍占据着越南各重要城市及发达与要害地区这一事实，因此主张采用一种适中的方案。在柳州会见胡志明，商定的谈判底盘就是这种适中的方案。在奠边府战役后，他既看到双方士气的变化，也看到这一战役没有造成战争格局的根本变化，因此主张坚持积极争取和平解决的方针。回到日内瓦后，他决定抓紧时间对法越双方进行疏导，主张双方都要从客观实际出发，考虑作适当的让步。

7月12日下午，周恩来回到日内瓦后即驱车去拜访莫洛托夫。莫洛托夫也十分赞同中国、越南和苏联三国党中央所商定的恢复印度支那和平的一致意见，即主动、积极、迅速、直截了当地解决问题，在不损害基本利益的前提下，作个别让步，以求达成协议。从莫洛托夫寓所出来，周恩来不顾长途旅行的疲劳，又去越南代表团住处拜访范文同。

当晚，周恩来与范文同作彻夜长谈。

他以朝鲜战争为例子来说明美国干涉的严重性，结合了中国抗战时期"皖南事变"的教训，也结合了日本投降后中共及时撤出苏南地区以加强东北和山东的经验，充分说明了退与进两者之间的辩证关系。范文同思想通了，最后同意第二天按"七五文件"指示精神，向孟戴斯·弗朗斯提出新建议。

周恩来回到郊区莱蒙湖畔的万花岭别墅时，天已经快亮了。

7月13日，在范文同与孟戴斯·弗朗斯会谈之前，周恩来会见了孟戴斯·弗朗斯。在划界问题上，孟戴斯·弗朗斯开始仍坚持以18度线划界，并说：法国撤出的红河三角洲地区有河内、海防等重要城市，是经济、政治、人口上都很重要的地区。周恩来对这位法国总理说：目前，法越双方都应做些努力，互相让步，以求得达成协议；越南民主共和国在中越和南越与当地人民有着密切的联系，它要从这些面积很大的地区撤退，需要很大力量，进行解释也需要时间，法方应该了解这些情况和越方的困难。周恩来说："要是法方肯在原有立场上前进一步，越方是愿以更大的一步来迎接法方的让步的。"

周恩来得知杜勒斯要到巴黎与英法两国出席日内瓦会议的代表会谈，而不到日内瓦来参加会议，孟戴斯·弗朗斯将回巴黎与其见面。周恩来对杜勒斯的做法表示了愤慨，他说："杜勒斯想破坏会议，他是不愿意在印度支那恢复和平的。"

在周恩来的斡旋之下，谈判终于取得了进展！

在法越之间的最后谈判之中，法国放弃了以18度线划线的要求，双方协议以17度线以南、九号公路以北十几公里的六滨河为分界线。老挝与柬埔寨也随之在"七五文件"规定的条件内达成了停战协议。

至20日这天，日内瓦会议关于恢复印度支那和平问题的有关协议大局已定。双方互作让步后已经同意了的最后协议方案文本，已经商定在这天晚上9点半左右，在国联大厦的会议厅正式签字。

1954年7月，法军驻河内指挥部降下了法国国旗。

白天，各国代表团已经显得比较轻松了，除了准备签字文本的有关工作人员外，其余的人员都已在张罗各自代表团的返国事宜。有的代表团之间已在宴请话别。

这天，周恩来致电毛泽东、刘少奇并中共中央转胡志明，发去了这天双方在会外磋商中已经取得协议的七项内容——

（一）在全境同时全部停火的原则下，越南具体执行停火日期已协议在停战协定签字生效后北部7天、中部10天、南部20天。

（二）越南军事分界线确定在17度略南、九号公路以北。

（三）撤军日期准备从对方地区撤退到集结区以9至10个月期限进行妥协。

（四）越南选举期限确定两年，1955年7月由双方协商确定选举日期和方法。

（五）老挝划区问题，已同意寮国战斗部队先在12个点集结，最后集合在老挝东北的丰沙里和桑怒二省。

（六）柬埔寨问题采取就地停战，政治解决办法。

（七）国际监察已确定由印度、波兰、加拿大三国担任，以印度为主席。

周恩来在这天下午还出席了法国总理孟戴斯·弗朗斯的宴请。日内瓦邻近法国，站在市里最繁忙的勃朗峰大桥北端就可以隔水远眺法国境内勃朗峰的雪顶，这桥因此得名勃朗桥。日内瓦是瑞士讲法语地区的城市，有法国的生活风俗。孟戴斯·弗朗斯在一家著名的法国餐馆款待周恩来，说是100多年前日内瓦是法国莱蒙省省会时，拿破仑来日内瓦就喜欢吃这家餐馆的西餐。

因为印支问题协议已达成，席间气氛显得很轻松。孟戴斯·弗朗斯甚至和熟悉法语的周恩来讨论起瑞士法语与法国法语的差异来。周恩来说，他在这儿注意到瑞士法语要比法国法语更合理。法国法语表达1～70的方法很复杂，要运用乘法和加法，70的说法是"60+10"，80的说法是"4个20"，90的说法就更怪了，是"4个20+10"。而瑞士法语则不同，是用7、8、9的字根，分别加上一个代表"10"的后缀，就构成了70、80、90。孟戴斯·弗朗斯耸耸肩膀说，可是有的日内瓦人竟然放弃自己的简单数数法不用，反而以用法国法语的数数法为时髦，真是不可思议。

当时的气氛甚为和谐，孟戴斯·弗朗斯对周恩来表示：法中两国的关系应该得到改善。并说，今天是他向议会许诺实现印度支那和平期限的最后一天，他将在明天下午离开日内瓦回巴黎。周恩来即邀请孟戴斯·弗朗斯明天中午去他下榻的万花岭别墅，为他设宴饯行，并祝愿中法关系在新的友好基础上得到发展。

20日这天晚上，周恩来一直牵挂着协议签字的结果，就于晚9点多驱车来到莫洛托夫住所了解情况。莫洛托夫迟迟不回，周恩来放不下心来。苏联代表团的人员也很着急，打听的结果是说，印支三国的代表早已聚集在会堂里，却拒不签字，故意找麻烦，拖延时间，有意给法方代表们脸上抹黑。法方按照给议会的许诺，要在20日之内签字，达成停战协定。印支三国的代表非要拖延至21日凌晨，表示停战协定不是20日而是21日达成的。

师哲在《师哲回忆录》里，作了如下记述——

莫洛托夫在签字仪式完成后回到住地时，已经是7月21日凌晨三四点钟了。总理倦意正浓，昏昏欲睡，忽见莫洛托夫回来了，精神顿时振奋起来。随后，他俩又谈了一席话。莫洛托夫说，在签字仪式上没有发生什么意外，只是印度支那三国代表有意拖延了一段时间。莫洛托夫还说，印度支那三国这

1954 年 11 月，胡志明上了美国《时代》杂志封面。

一招，可把法国人吓坏了，急得他们团团转，坐立不安，结果是虚惊一场。总理这才放了心。东方既白，我们才回到万花岭别墅。

日内瓦会议结束时，杜勒斯作为美国代表团团长，到了巴黎却不来日内瓦，还指示美国代表团拒绝参加对会议最后宣言的签字。美方仅表示美国不使用威胁或武力去妨碍这些协定和条款，同时声称："美国将充分关切地注视违反上述协定的任何侵略的再起，并认为这是严重威胁国际和平与安全的。"美国的这一声明为其日后扩大干涉印度支那埋下了伏笔。

卷 四

毛泽东说：鹬蚌相争，渔翁得利

28

毛泽东对首次访华的富尔说：鹬蚌相争，渔翁得利·周恩来预言：中法两国建立完全的外交关系，美国是阻挡不住的，法国会走在美国的前面，也会走在英国的前面……

（1957 年 5 月 19 日—6 月 1 日，罗湖桥—北京）

已经看见罗湖桥海关上飘扬的五星红旗了。过了罗湖桥，就是西方报纸中常说的"毛泽东新中国"或是"铁幕后的共党中国"了。埃德加·富尔的心情，可以说是在惊奇之中还稍带有一点莫名的紧张。这是 1957 年 5 月中的一天，法国前总理富尔夫妇应中国外交学会的邀请到中国访问。冷战时代西方人士要进入中国，大都是经香港从深圳罗湖桥入境，乘火车到广州，再转乘飞机或特快列车去北京。

路经香港时，富尔在记者招待会上表示，他本人主张法国应该面对现实，承认中华人民共和国。有个英国朋友半开玩笑地对他说："富尔先生，据我了解，在进入'铁幕中国'的西方大国政治家中，你是最重量级的人物。"

富尔答说："前两年你们英国工党领袖艾德礼率代表团访华，那才堪称是重量级的，还把西方各大报震了一下。而我只是以私人身份，观光旅行而已。"

英国朋友笑着说："我们艾德礼只是担任过一届首相，你可是堂堂法国政府两任总理呢。"

富尔是进入新中国的第一位法国重要国务活动家，在法国政坛上是个地位很特殊的人物。他是激进社会党人，资历深、地位高，是个政坛"不倒翁"似的角色。在法兰西第四共和国内阁"走马灯"的年月里，他出任过两届政府总理。在 1952 年 1 月，原任内阁因财政问题而下台时第一次出任总理，可是刚上任 40 天，富尔就在党派矛盾、经济事务和外交问题的困扰下辞职。在 1955 年 2 月 5 日，签订了恢复印度支那

20 世纪 50 年代中期的香港尖沙咀码头与车站，从这里可乘车去罗湖桥海关。

和平的《日内瓦协议》的孟戴斯·弗朗斯内阁，终于因阿尔及利亚殖民领地问题而下台，又由富尔第二次出任总理组阁。他这次担任总理时间约 1 年，因无法处理日趋紧张棘手的阿尔及利亚问题而于 1956 年 1 月底下台。

在日内瓦会议期间，中英两国建立了代办级外交关系，实现了中英两国"半建交"，对法国朝野是一个很大的震动。周恩来总理与孟戴斯·弗朗斯总理在日内瓦会议中的友好会晤，使中法两国在经济、文化领域的交流有了发展，中法两国代表也曾在日内瓦进行接触，商讨建立两国政府间"联系渠道"事宜。

日内瓦会议后，中国政府为了进一步改善中法关系，曾经做出过一些姿态，例如 1954 年十一国庆节前夕，周恩来曾指示中国驻外使馆致函法国驻各驻在国大使，邀请他们出席中国使馆的国庆招待会。但是，法国政府的外交部亚澳司在研究邀请函时认为："中国首次向我们驻外使节发来这种邀请，不应被视做中国政府对我们的好感或愿意缓和的表示。这不过是一种策略，其目的是影响法国舆论，通过讨好法国来分化西方阵营，有意侮辱台湾，并使法美关系处于难堪。"因此，法国外交部向其驻外使节发出指令，除个别例外，不得参加中国使馆的国庆招待会。

这就说明了法国政府内部确实存在承认与不承认中国的两种意见。也说明了印支战争结束后，在中国政府作出改善两国关系的情况下，法国政府又作出了对华政策应服从其大西洋政策、即对美政策的决定。这就决定了当时法国政府寻求的只能是在不违背美国意志的情况下执行一种"两个中国"的政策。

富尔在第二次当总理期间，对促进法中关系的发展做了好些工作。1955 年 4 月，他批准了在法国里昂举办的国际博览会首次邀请中国参加。中国馆展出 10 天，吸引了 87 万观众，十分轰动。他批准了法新社和新华社向对方国家互派记者的协议。他还亲自接见了访法的中国青年代表团。

他还同意了议会外委会主席丹尼埃·麦耶率领法国议员代表团访华，麦耶是力主立即承认新中国的代表人物。1955 年 11 月 1 日，周恩来总理与陈毅副总理接见了麦耶率领的议员代表团，其中有议员莫里斯·富尔。周恩来强调了西方国家同中国存在着三种形式：第一种，北欧国家与中国的关系，即承认新中国，断绝与蒋介石的外交关系，在联合国支持恢复新中国的地位，驱逐蒋介石的代表；这是一种完全的外交关系。第二种，英国、荷兰同中国的关系，即承认新中国，断绝与蒋介石的外交关系，但又在联合国屈从于美国的压力，支持蒋介石，不承认新中国的地位；中国同它们只有半外交关系，即只有代办驻对方首都。第三

1957 年 5 月 30 日，毛泽东在中南海会见法国前总理富尔。

种，法国、比利时同中国的关系，即只承认蒋介石政权。

周恩来表明："中国政府和人民愿意法国走北欧国家的道路，同中国建立完全的外交关系。如果法国政府、法国议会有困难，现在可多进行人民之间的来往，多进行贸易和文化交流，造成气氛，然后水到渠成，承认新中国，同蒋介石割断关系。中国方面是可以等待的。世界在变化，只要大家努力，中法建立外交关系就不会太晚。说穿了，美国是阻挡不住的，具有光荣革命历史的法国会走在美国的前面，而且会走在英国的前面。"

丹尼埃·麦耶和莫里斯·富尔回到巴黎后，告诉埃德加·富尔，他

1956年中共八大期间，毛泽东观看法共代表所赠礼物——巴黎公社时期的机关报刊。

们看到的不是西方报纸所渲染的"饿殍遍野、红色恐怖笼罩的大地"，而是虽然贫穷却充满了勃勃生机的中华大地。他们将周恩来关于中法关系的这些重要信息传给了埃德加·富尔。富尔觉得周恩来关于在法中关系上法国会走在美国的前面，也会走在英国的前面的预言，在经过努力克服障碍与困难后，是能够实现的。可惜的是，在他获悉周恩来关于法中关系的信息后刚刚一个多月，还未有所作为，他的内阁就下台了。

但是，新中国越来越吸引着他。不担任国家首脑的职务，并不妨碍他对促进法中关系作出努力；他甚至觉得，如果他还担任总理，他就不可能这么快地实现访华的愿望。

出了罗湖桥，中国外交学会派来的代表已在迎候他们夫妇两人了。

从深圳乘火车去广州，沿途可见农民在田地里劳作，使用的大都是原始简易的农具，街上的房屋是普通而简陋的，居民都穿着布衣服。但他看见的中国人，脸色都很红润，大都显得生机勃勃，甚至在广州街头，他也没有看见西方报纸说的"市民们一张张饥饿而惊恐的脸，满街都是要饭的乞丐"。

主人陪同他游览广州市容，他注意到两旁有好些法国式的楼房与院落。他知道，20世纪上半叶，法国人在华南地区开矿山、修铁路，在城市里开办医院、学校及从事贸易活动，已经相当普遍。他联想起刚出任总理时向外交部了解与新中国的关系时所得到的报告。

早在1949年1月，人民解放军取得了辽沈战役的胜利，而平津战役、淮海战役也在最后阶段的时候，英国政府就中国局势问题致函法国外交部指出：蒋介石政权在大陆的消失以及共产党制度扩展至全中国已经不可避免，因此应当研究这一局面可能产生的各种影响并采取相应的对策。

法国外交部经济与金融事务司在分析英国政府备忘录时提出：英国人对中国局势过于悲观，蒋介石引退并不意味着国民党消失，情报表明一个南方政府将在广州组成，难道不能设想广东、广西、云南、四川的分裂主义势力对共产党的推进形成强有力的阻碍？报告认为："这些省份与法属印支毗邻，其产品出路依赖法国的有关政策，只要法国能了解这些地区领导人的心态，并向他们提供某些经济便利，比如帮助他们建设已被中国中央政府放弃的成渝铁路计划等，法国就可以对中国这一地区始终很活跃的分裂主义势力加以利用。"

1957年，周恩来与中法合拍故事片《风筝》的法国小演员在一起。

法国外交部采纳了这一意见，一方面派员前往这些地区活动，一方面回复英国政府："在制定政策时不应忽视中国一分为几的可能性，应在经济关系中鼓动很可能在中国成气候的地方主义。"法国当时驻广东的代表雅克·鲁还会见了国民党驻海南行政长官陈济棠，答应向其提供物资以抵抗共产党的进攻。

1949年4月，解放军百万雄师过长江，打破了当时法国政府"利用南方分裂主义势力阻挡共产党南进"的构想。就在这个时候，法国政府内部开始讨论是否承认即将诞生的新中国的问题。在这个问题上，当时法国驻华大使麦耶与法国驻印支总督皮涅意见相互冲突，尖锐对立。麦耶主张，一旦中国新政府宣告成立，法国就应立即给予完全承认。原因有二：其一，一旦双方承认，便产生承担法律义务，需承认并尊重邻国的合法边界，便于维护法国在印度支那的统治，使中国不支持印支共产党。其二，近半个多世纪以来，法国在中国获得的利益大都集中在华南，法国不承认中国便会很快丧失掉这些既得利益。然而，法属印支总督皮涅极力反对立即承认新中国，其理由是，外交承认将使共产党的使节常驻印度支那而给予印支共产党以有力的支持，另外也会被越南舆论认为是法国软弱的表现。法国外交部亚澳司长雅克·巴岩认为法国在华利益固然重要，但法国在印度支那的利益更为重要，因而在对华承认问题上应采纳皮涅的意见。这就导致了法中关系后来的局面。

富尔不任总理后，回味着周恩来关于法中关系说的那段话："美国是阻挡不住的，具有光荣革命历史的法国会走在美国的前面，而且会走在英国的前面。"他深感周恩来是一个很有世界视野的政治家，很能把握时代的脉搏。富尔很想能早日会见这位中国总理，很愿意继续为法中关系的发展而献力。

这次，富尔虽说是以私人名义来中国看一看，但实际上是来探询改善法中两国关系的可能性。在广州时，他已经知道能在北京会见周恩来，但当他关心地询问起能否见到毛泽东时，中国外交学会的朋友不能作肯定的回答。

他早就读过埃德加·斯诺的《西行漫记》，他盼望着此行能见到毛泽东。

富尔于5月22日抵达北京。24日上午，周恩来就在西花厅接见了富尔夫妇，并设午宴招待。周恩来对富尔夫妇来华访问表示欢迎，并再次重申：希望法国同中国建立完全的外交关系，如果法国政府和议会有困难，可以现在多做准备工作，多进行人民之间的交往。我们只承认一个法国，法国人民选择哪一个政府我们就承认哪一个政府。无论是拉尼埃—皮杜尔政府、孟戴斯·弗朗斯政府、埃德加·富尔政府、居伊·摩勒政府或是其他人的政府，只要是法国人民选择的，我们就没有理由不承认。现在法国却承认蒋介石，在联合国支持蒋介石。为了将来建立完全的外交关系，中国承认一个法国，法国也应当承认一个中国。

富尔在北京得到了一本毛泽东诗词的俄文译本，他十分珍视，反复研读。

5月30日，毛泽东在中南海接见了富尔夫妇。这是毛泽东首次接见法国客人。毛泽东说：印度、缅甸、印度尼西亚、巴基斯坦、瑞典、丹麦、挪威以及瑞士，都是同蒋介石断绝了关系才同我们建立正常关系的。但是英国却在联合国拖了一条尾巴，在联合国承认蒋介石，正因为如此，我们同英国只有半外交关系，仅仅是互派代办。我们向英国人提出这个问题，英国人也很难回答。周总理已经跟你们说了，我们希望法国与中国建立完全的外交关系；我们反对美国搞的"两个中国"。中国有个寓言，叫"鹬蚌相争，渔翁得利"。中法两国建立正常的友好关系，对双方都有利，美国得不到好处，就会对法国施加压力。

访问中国后，富尔在好些场合对美国制造"两个中国"的阴谋表示反对。他说："法国没有理由奉行'两个中国'的政策，除非断绝与台湾的关系，否则承认（中华人民共和国）不仅是一种无用的行动，而且实质是一种不友好的姿态。"他的看法引起了法国朝野人士的重视，为后来法中建立完全外交关系作了重要的舆论准备。

回国不久，富尔写了一本介绍新中国情况的书，书名取为《蛇与龟》。他借用毛泽东的一首词《水调歌头·游泳》中蛇山和龟山隔江对峙的含义，希望法国和中国之间的关系就像对峙的蛇山和龟山一样，也能够"一桥飞架南北，天堑变通途"。他主张西方世界、特别是法国应该对中国采取新政策，主张法中两国间建立外交关系。据富尔在1984年出版的《回忆录》里记述，他将《蛇与龟》这本书寄给了还在科隆贝乡间隐居的戴高乐，以征求意见。戴高乐在给富尔的亲笔信中表示对法

1959 年，法国巴黎杂技团首次来华访问演出。

中建交的想法很感兴趣，"完全赞同这种观点"，但是戴高乐加了一个在下野后常用的限制词语："要是法国有一个国家就好了！"意思是说，法国要有一个能独立行事的政权才能办成这件大事。

1958 年夏天，戴高乐重新出山执政时，拟订了一个自己的行动计划，规划所要做的大事。而缓和法国与中国的关系，也是他预定要做的大事之一。戴高乐在《希望回忆录》里记述——

因此我计划使法国脱离美国指挥下的北大西洋公约组织军事一体化机构，当然不是脱离仍可作为最后预防手段的北大西洋联盟；同东方集团中的每个国家，首先是俄国，建立旨在缓和的关系，接着是谅解和合作关系；一旦时机成熟，同中国也是如此；最后，要建立一支独立核力量，使任何国家都不可能

富尔回法国后出版了访华回忆录《蛇与龟》。

在不受回击的情况下进攻我们。

可见，在戴高乐退隐的后期，对于一些重大问题的思考已经成熟了。

更重要的是，富尔作为法国重要的国务活动家，通过首次访华之行，认识了毛泽东、周恩来，为他以后接受戴高乐总统的秘密使命打下了基础。

29

戴高乐退隐 12 年，已经对返回政坛绝望，一场殖民危机引发的军事暴乱使他重新出山·卸任总统科蒂说：法国人中的头号人物现在成了法国的头号人物……

（1952 年—1959 年 1 月 8 日，科隆贝乡间—巴黎爱丽舍宫）

戴高乐虽说是退隐在科隆贝乡间，还很难说是实质上的退隐。即使他宣布退出他组织的法兰西人民联盟，他还不时发表演说或声明，抨击时事与表明观点。例如在朝鲜战争期间，在野的他，就以称赞道格拉斯·麦克阿瑟将军聊以自慰。他认为麦克阿瑟是唯一同他一样具有英雄气概的美国军人。在麦克阿瑟要向中国东北地区投掷原子弹而被杜鲁门总统撤职后，他在公众场合发表演说，对其表示敬意。

他退出法兰西人民联盟，表明他想重新执政的尝试已经失败。他从 1952 年起，已将大部分精力花在写作上了。他开始撰写《战争回忆录》。

戴高乐从小就喜欢写作。他的家族在 17 世纪以戎马生涯起家，法国大革命后其家族败落，转而进入了靠文墨为生的道路。他祖父是个历史学家，祖母是个颇有名气的作家。除了鼎鼎有名的乔治·桑和塞居尔伯爵夫人，他祖母可算是法国19世纪中作品最多的作家了。他父亲是耶稣会学校的教员，文学与历史知识渊博，具有强烈的民族主义情绪，言必称法兰西。父母对他的成长有着深刻的影响。他在《战争回忆录》里写道："我的父亲是个有见解、有学问和尊重传统的人，对于法国人的尊严充满了感想。他让我了解法国的历史。我的母亲对于祖国有着坚定不移的热爱之心，这与她对宗教的虔诚不相上下。我的三个兄弟、一个姐姐和我自己对祖国的深深的自豪感成了我们的第二天性。"

在这样的环境熏陶下，他从小就喜爱文学与史学，15岁时就写了一篇短篇小说《德国的战争》，描写了主人公"戴高乐将军"如何势如破竹地大败德军。小说表现了他丰富的想象力、文采和强烈的爱国主义精神。

从叱咤风云的战场与政坛到迫不得已隐于乡间写书，对戴高乐来说，不仅仅要耐得住寂寞，而且是件苦差事，很费力。他不能像有的作家那样，文思如泉涌，可以一挥而就。他既不像职业作家那样使用打字机，也不像丘吉尔那样口授，而是用笔蘸着黑墨水一笔一画地写。他的字迹十分潦草，写满了一张张稿纸后，变成更加难以辨认的文稿。幸好有他的女儿伊丽莎白为他打字，她能非常熟练地辨认父亲那难以看懂的字迹。

写书的人不能不读书。戴高乐在写作的同时，大量地阅读各种有关书籍。由于他懂德语，能直接阅读原著，所有德国作家论战争与政治的作品都将他吸引住了，俾斯麦、伯格森、圣西门、夏多布里昂、埃皮克特蒂斯等名家的作品使他读起来如饥似渴。他还一口气读完了海明威的名著《老人与海》，并将自己化为书中那位老人。法国著名哲学家与作家萨特的作品，以及追随他的法国著名作家马尔罗、莫里亚克的作品，都是他着力阅读的书。他还广泛阅览园艺手册、气体力学、控制论以及怎么制造马鞍之类的书籍。

一方面因为他年事已高，另一方面阅读及伏案写作用眼疲劳过度，他的视力衰退得很快。为了保护眼睛，他做了摘除白内障手术，并戒掉了很大的烟瘾。

他的写作态度严谨认真，特地找了一个人协助他核对史实资料。这个人就是外交部的勒内·蒂博，专门协助他挑选和搜集有关文件的原文，以印证他所叙述的事件。第一卷文稿写出来后，还多打了一份出来寄给英国的老朋友丘吉尔，请其看后提意见。

他最初动笔时曾经有个想法，书写出来后先保存起来，留至他去世以后再出版发行。但他的夫人伊冯娜劝告丈夫，还是要趁活在世上的时候出版全部著作。

几家大出版社闻讯后都争着要出戴高乐的回忆录。戴高乐选中了有名的普隆出版社，这个社出版过福煦、克莱蒙梭和丘吉尔等名人的著作。每一卷书出来后，他都亲自细心地改正校样和提出意见。

第一卷《召唤》，1954 年 10 月 5 日出版发行。第二卷《团结》，1956 年 5 月 29 日出版发行。第三卷《拯救》，1959 年 9 月 25 日出版，这时戴高乐已经重新执政。

功夫不负有心人。《战争回忆录》一经出版，就成为很热门的畅销书。回忆录的畅销，使戴高乐获得了大笔稿费。稿费的大部分用在戴高乐夫妇为残疾儿童所设置的慈善信托基金与其他选定的慈善事业上。戴高乐以已去世的残疾爱女安娜的名字为基金会命名。

写作、思考与"回忆录"畅销带给戴高乐的慰藉，并不能冲淡他退隐的忧郁和痛苦。到 1957 年的时候，戴高乐已经年近七旬了，在现实的政坛上，人们大都把他当做早已成为过去的历史人物与传奇人物，"回忆录"出来后也将他作为一个作家来称道几句。进入 20 世纪 50 年代以来，世界上发生了好些重大事件，有些甚至是法国的悲剧，比如，印度支那战争的失败，紧接着的阿尔及利亚的危机，还有揣着美元的美国佬在欧洲和法国的神气活现、颐指气使……面对这些，他只能在科隆贝乡间，从收音机里听着，从各种报纸中看着。他无力干预，也无法干预，偶尔忍不住发表一篇声明或者演说，也不再有什么影响力。对于重返政坛，他已经不再抱什么奢望，他甚至已经心灰意冷了。

历史往往就是那么富于戏剧性，当戴高乐对重返政坛几乎绝望的时候，在一次历史的危急关头，法兰西再次召唤戴高乐！

没过多久，法兰西第五共和国的历史发展证明：戴高乐在科隆贝乡间"赋闲"期间，并没有虚度12年的光阴。特别是他通过写作《战争回忆录》这部巨著，经过思考而最后形成对法国与世界的看法。当他于1958年重返巴黎执政的时候，他不仅是一个68岁的将军，更是一个成熟精明而不失为伟大的政治家了。他将对法兰西作出卓越而不可替代的贡献。他从权力的顶峰跌落成为寓居乡间的平民百姓，多年后又复出重掌大权，政坛上的大起大落、能上能下，使他成为世界级的风云人物。

1972年2月下旬，尼克松总统首次访问中国期间，周恩来与尼克

20世纪50年代后期的阿尔及利亚危机

松同机飞往杭州。在驱车前往机场的路上，周恩来说到逆境是一个好教员。尼克松说："我想起了戴高乐。他在野那12年是有助于砥砺他的性格的。他曾经对我说过，他重返政坛以后认为毕生一帆风顺的人不会有坚强的性格。"

周恩来表示赞同并补充说："那些一生中都走着平坦大道的人是培养不出力量的。"

1958年5月，一场因阿尔及利亚殖民地危机引发的军事暴乱威胁着法兰西的命运！

5月13日，一则关于三名法国士兵被阿尔及利亚民族解放阵线处决的新闻报道，引发了法国退伍军人协会在阿尔及尔街头举行大规模的示威游行。游行引起骚乱，总督府被占领。骚乱很快就波及奥兰与君士坦丁等城市。14日，骚乱也波及巴黎，巴黎发生了左右翼组织的敌对游行。15日，阿尔及利亚法军总司令萨朗将军在总督府的阳台上，面对数万游行人群发表讲话，在高喊"法国万岁"与"法国的阿尔及利亚万岁"之后，他又喊了一句"戴高乐万岁"。

阿尔及利亚的危机酝酿已久。印支战争结束后，很快就爆发了阿尔及利亚殖民战争。

与法国本土仅有一海之隔的阿尔及利亚，近百年来，被视为法国本土的延伸与南部的屏障，历来是法国控制北非、地中海乃至整个法属非洲的战略要地。20世纪50年代中期在撒哈拉发现丰富的石油和天然气，更使能源不足的法国把阿尔及利亚视为与命脉相关的宝地。阿尔及利亚1000万人口中，有100多万法裔居民，他们被称为"黑脚"。"黑脚"们同法国本土居民有千丝万缕的联系，法国许多家庭都有子弟在阿尔及利亚作战。阿尔及利亚战争成为法国政治和社会生活中极为重要和敏感的热点问题，极大地影响着法兰西第四共和国的命运。

这场危机与法国军队有着直接的关系。印度支那战争结束后，军方认为奠边府的惨败是国家与军队的耻辱，是政客拆了他们的台，结束印支战争的日内瓦协议是个出卖。军方还认为印支的失败与越共运用毛泽东的革命战争理论有关，因此把毛泽东的军事著作及长征、武元甲的文章印发给军官们研读，军方的理论家们还研究了对付毛泽东人民战争理论的办法。妄图取得战争胜利。军队要挽回面子的好胜心理，使他们与那些顽固坚持殖民主义立场的右派势力结合在一起，反对政府任何试图停战谈判的举动，时刻提防着政府策划"外交上的奠边府"。他们也看到了第四共和国已经走投无路，觉得由政党控制而走马灯似的换来换去的政府根本无法将战争进行到底。他们认为，如果再不过问巴黎的政治大局，阿尔及利亚战争的结局只能是失败。

军方的骚乱发生后，5月14日晚上，戴高乐在巴黎发表声明说："国家的衰落不可避免地使得同法国结合在一起的各族人民疏远起来，使得战斗中的军队发生动乱……当法国再度面临考验时，但愿全国知道，我已经作好了接管共和国权力的准备。"

5月16日，弗林姆兰担任总理的新政府决定对骚乱采取高压政策，首先对与骚乱有关系的军方领导人采取措施，总参谋长埃利将军的助手遭到监禁，埃利将军被撤职。17日，政府又实行新闻检查法。当天，军队高层领导人开始策划在国内进行军事干预的计划，即"复兴"作战计划，也就是部署伞兵降落巴黎，占领总统府、总理府、国民议会、警察局与电视台等要害部门。准备参与"复兴"计划的除了驻阿尔及利亚的伞兵部队之外，还有法国本土一些军区的部队，甚至包括驻巴黎地区的装甲部队。已经给各部队发布了行动暗语。"复兴"计划内容包括五个程序。由有关领导通过电台发出暗语"胡萝卜煮第一遍"，就是执行第一条程序。当时，巴黎的局势十分紧张！

5月19日，戴高乐为答复国民议会提出的问题而在巴黎凡尔赛宫饭店出席记者招待会。政府为防意外，动用了上万名警察与保安部队，并在会场内外部署了装甲车和军用卡车。戴高乐只带了一个随从副官到会。戴高乐声明，他同任何政党、任何组织都无牵连；他不属于任何人，但又属于所有的人。因此，他是能为法兰西效劳的人。他强调，所谓准备执掌共和国的权力，"只能是执掌共和国本身委托的权力"，暗示无意采取任何政变手段。

5月24日，由萨朗将军从阿尔及利亚派出伞兵部队在法国本土南部的科西嘉降落，接管了当地政权。政府调派警察去当地恢复合法政权，警察却和叛乱者一起行动了。在巴黎，谣言蜂起，盛传精锐的伞兵部队即将空降巴黎夺取政权。总理弗林姆兰的住所被炸。科蒂总统向弗林姆兰打招呼：部长们不能再待在办公室里，以免做暴乱分子的俘虏。部长们不敢在家里住宿，溜到亲友家里去过夜。那时候，"国防部长手里几乎没有军队，内政部长手里几乎没有警察，阿尔及利亚事务部长甚至无法到阿尔及尔去一趟"。政府已经瘫痪了。

弗林姆兰内阁于5月28日凌晨辞职，法国处于可怕的政治真空之中。科蒂总统心急如焚，彻夜难眠，委派亲信去科隆贝乡间找戴高乐，希望戴高乐出面干预。国民议会议长勒特罗盖与参议院议长莫内维尔两人也去秘密会晤戴高乐，他们又不想让议会授权给戴高乐，又要求戴高乐出来干预，促使军队遵守纪律。

戴高乐怒气冲冲地回答两个议长：对第四共和国来说，他是一个退伍军人，而且是"不领退休金的退伍军人"，是一个"没有群众，而且无权在电视和电台讲话的政治领袖"，他能以什么名义让军队服从呢？

他强调说，阿尔及尔事态严重，他愿意从中干预以避免局势恶化而产生更大危险。不过，局势危急，必须采取紧急行动，方有成功希望。他自己也没有什么把握。如果要他承担这项艰巨任务，必须授予他广泛的权力。

参议院议长莫内维尔表示原则上支持戴高乐出来执政。但国民议会议长勒特罗盖则坚决反对戴高乐组阁。科蒂总统得知结果后，决定亲自出马做国民议会议员的工作。科蒂说："如果议会不听从我，如果他们不投票支持伟大的法国人（指戴高乐），我寻思我是否应该奉献我的生命以感化他们。"总统并郑重声明：如果他的最后努力失败，他将辞去总统职务。这是 1946 年以来仅有的一次共和国总统对全国政治局势进行积极干预。

6 月 1 日，国民议会以 329 票赞成、224 票反对、32 票弃权，通过了授权戴高乐组阁。

6 月 2 日，国民议会通过授予政府处理阿尔及利亚问题的特殊权力，以及为期六个月的政治立法全权。

6 月 3 日，议会辩论修订宪法法案，以 350 票对 161 票通过授权政府修改宪法提付全民公决的权利。事实上，法兰西第四共和国在这一天已经寿终正寝了！

6 月 4 日，也就是戴高乐刚刚获得议会授权的第二天，他便乘坐"快帆"式专机，在法国战斗机的护送下，飞抵阿尔及尔。整个阿尔及尔都沸腾了。不论是本地居民还是法国移民，都满怀期望地来到大街上欢迎戴高乐到来。戴高乐从屋里走到总督府的阳台上，广场上万头攒动的人群发出异乎寻常的欢呼声。广场上的人海是由两派观点和情绪尖锐对立的群众汇成的，他要使这两派都高兴。他对着阳台前面的人群挥动着手臂，发表了几分钟的即席讲话。他一开口就说：

> 我了解你们！我知道这里发生的事情。我看到了你们所要做的事情。我看到了你们在阿尔及利亚所开辟的道路是革新和博爱的道路。……

他的话博得了广场上所有人们的热烈欢呼。不管是主张不能放弃阿尔及利亚的法国人，还是要求独立和解放的阿尔及利亚人，都从戴高乐这句话中获得了精神安慰。戴高乐在去世前所写的《希望回忆录》中说，这不是有感而发的即席讲话，实际上是经过精心准备、仔细推敲的，为的是使他们都感到高兴，取得感情联络，但又不能超过限度。于是，不管是法国人，还是阿尔及利亚人，都以为戴高乐了解他们。

戴高乐把由阿尔及利亚问题引发的军事暴动暂时平息下去后，首先要组建政府、稳定局势、修改宪法、确立法兰西第五共和国的新政制，然后才能着手彻底解决阿尔及利亚问题。

法国人将"二战"后至 1958 年戴高乐出任法国总统之前这一段时期，称为法兰西第四共和国。第四共和国所取得的成就，在于它迅速恢复了因战争而遭受破坏的国民经济，使法国经济进入了初步发展时期，为后来法国经济高速发展、实现现代化准备了物质基础。但第四共和国的政制的确是十分糟糕的，由于它实行一套权力分散的政党政治，政府的成立建立在各政党争夺后妥协的基础上，因而政权极为不稳，或因联合执政的各党内部矛盾激化而瘫痪，或因反对党势力过大而政府下台。在 11 年间，就出现了 21 届政府、17 位总理，最长的内阁只有 1 年多，最短的仅有 2 天。走马灯似的频繁更换的政府很难制定与实行一套稳定有效的政策。特别是在重大危机出现时，政府就软弱无力，束手无策。这样的政制严重地阻碍了法国经济的进一步发展，而且容易引发社会政治危机。法国此时失去了大国地位，变成跟在美英两国后面亦步亦趋的"小兄弟"。尤其是因要靠美元过日子，它几乎事事都要看美国的脸色，国民甚为不满。

进入 50 年代后期，法国国家垄断资本和新兴工业大垄断财团有了很大发展。经济上高度集中，要求政治上也相应集中权力，需要一个稳定而强有力的政权来振兴法国。戴高乐重新出山执政，也是法兰西的召唤。

戴高乐提出了改革政治体制的方案后，宪法起草班子拿出了草案文本。几经修改，1958 年 8 月 14 日，宪法咨询委员会通过了宪法草案。9 月 3 日，政府最后批准了宪法草案。9 月 28 日，法国举行关于新宪法的公民投票，赞成票占 79%，投赞成票的包括各个派别，也包括共产党人；连戴高乐都没有料到会取得那么辉煌的成功。

10月5日，法兰西第五共和国宪法正式颁布。

12月21日，根据新宪法，由7.6万名各级议员组成的选举团以78%的绝对多数选举戴高乐为法兰西第五共和国总统。

1959年1月8日，卸任总统科蒂在总统府爱丽舍宫门前的台阶上，庄严地欢迎当选总统戴高乐到任。科蒂激动地说：

"法国人中的头号人物，现在成了法国的头号人物。"

重回政坛的戴高乐将军

30

冷战时期，在东方，毛泽东敢对苏联说不！罗布泊的核爆炸成功后，毛泽东笑说：赫鲁晓夫撤走专家，逼我们走自己的路，要发给他一个一吨重的勋章……

（1959年10月1日—1964年10月16日，北京—罗布泊）

天安门城楼正中，高大魁梧的毛泽东身旁，站着一个身材粗壮矮小的男子，脑袋光秃，西装上衣上佩戴着三枚小勋章。此人就是苏联国家首脑尼基塔·赫鲁晓夫。这是1959年10月1日。红旗与鲜花的海洋。上百万欢呼的群众，新中国的首都在隆重地庆祝新中国成立10周年。

毛泽东朝广场上经过的游行队伍挥动着手臂，赫鲁晓夫也勉强举起手来挥动。两位领导人这时已经很少对话，显得有点僵，身后的翻译闲着。因为昨日下午两人的重要会谈不欢而散，晚上天安门放焰火的庆祝活动，赫鲁晓夫就没有参加。今天再不来，就太失礼了。赫鲁晓夫勉强来了，也就勉强地向游行群众挥挥手。

刚才在城楼上的休息室里，赫鲁晓夫对毛泽东当面摊了牌，说："关于生产原子弹的事，我们决定把专家撤回去。"

毛泽东早有思想准备，从容道："我们需要是需要，也没有什么大关系。技术上能帮助我们一下更好，不能帮就由你们考虑决定。"

为什么毛泽东和赫鲁晓夫1959年9月30日的会谈会不欢而散？这得从新中国成立不久就不得不投入的朝鲜战争说起。

在朝鲜战争中，当中国人民志愿军入朝作战，与朝鲜军民反击入侵美军并不断取得胜利的时候，中国的统帅部就不断听到来自美国的核讹诈。在美军从鸭绿江边赶回"三八线"以南时，麦克阿瑟总司令就向华盛顿提议把"30到50个原子弹投到（满洲的）空军基地和其他敏感地点"。1950年11月30日的记者招待会上，有记者问：为满足军事需要，是否包括使用原子弹？杜鲁门说：这包括我们拥有的任何武器。1955年3月，针对中国人民解放军实施解放一江山岛等浙江沿海岛屿的战役，新上任不久的艾森豪威尔总统也在一次新闻发布会上宣称：如果远东发生战争，美国当然会使用某些小型战术核武器。

在美国赤裸裸的核讹诈面前，毛泽东与解放军的高级将帅们不得不对原子弹产生浓厚的兴趣。彭德怀、刘伯承率领解放军高级代表团访问苏联，专门参观了原子条件下的军事演习。

1954年10月，赫鲁晓夫率苏联代表团来华参加新中国建立5周年庆典，同时与中国代表团举行最高级会谈。那是在中南海颐年堂，赫鲁晓夫问：你们对我方还有什么要求？

毛泽东答道：我们对原子能、核武器感兴趣。今天想同你们商量，希望你们在这方面对我们有所帮助，使我们有所建树。

赫鲁晓夫对这个问题毫无思想准备，一听就愣住了。他很快就说：我们这个社会主义大家庭有了核保护伞就行了，无须大家都来搞它。须知那东西既费钱费力，又不能吃，不能用。生产出来后还得储存起来，不久又过时了，还得重造，太浪费了。我们的想法是，目前你们不必搞这些东西，还是集中力量搞经济建设，发展与国计民生有关的生产，改善人民的福利。提高人民的生活水平比搞原子弹好。假使你们搞核武器，把中国的全部电力集中用在这方面是否足够还很难说。那么，其他各项生产事业怎么办？国计民生怎么办？但如果你们十分想办这件事，而且是为了进行科研、培养干部、为未来新兴工业打基础，我们也可以帮助先建设一个小型原子堆。这比较好办，花钱也不太多。这是一个比较切实可行的办法。借这个条件培训干部，也可以派一些有基础的人员到苏联学习、实习和深造。你们以为如何？

毛泽东回答：也好，让我们考虑考虑再说。

赫鲁晓夫下台后，在回忆录里记述说："第一次访华，毛泽东讲的某些事情引起了我的戒备。"

1955 年 5 月，彭德怀去华沙、柏林访问，返国途中经过莫斯科，赫鲁晓夫接见他时，主动提出可以安排参观他们的核动力潜艇。彭德怀到了波罗的海舰队，接待很隆重，满口答应"第二天参观"；可是第二天早晨却说"潜艇已出海"。彭德怀有些气愤，但也知道这不是舰队决定而是莫斯科高层领导决定的。接着，彭德怀到了黑海舰队，也同样碰了钉子。

彭德怀非常愤懑，坚定了中国自己发展核武器的信念。回国不久，1956 年 3 月，他就在中央军委扩大会议上提出"我们必须积极着手研究我国尚不能生产的新式武器（如核子武器、导弹等）"。

同年 4 月 25 日，毛泽东在政治局扩大会议上指出："我们现在已经比过去强，以后还要比现在强。不但要有更多的飞机和大炮，而且还要有原子弹。在今天的世界上，我们要不受人家欺侮，就不能没有这个东西。"

这一年春天，赫鲁晓夫在苏共二十大上大反斯大林，引起了世界范

毛泽东与赫鲁晓夫在 1959 年中国国庆节。

围的反苏反共高潮。毛泽东说赫鲁晓夫"一是揭了盖子、二是捅了娄子"。中共中央提出对斯大林要三七开，既肯定了斯大林的功劳，又分析了他的错误及根源，反击了反苏反共的逆流。在这种情况下，赫鲁晓夫为了换取中国的支持，对中国的国防尖端技术援助方面的政策有所松动。

1957 年间，赫鲁晓夫说有困难，想请毛泽东去莫斯科参加社会主义国家共产党首脑的会议，因而，苏联要我们派代表团去商量原子弹、P-2型导弹技术援助的事。9月间，中国决定派聂荣臻率领中国代表团去谈原子弹、导弹的事情。经过35天谈判，10月15日，中苏双方在莫斯科签署了《关于生产新式武器和军事技术装备以及在中国建造综合性的原子工业的协定》。该协定规定：苏联在1957年至1961年底，交付给中方包括四种原子弹、四种导弹样品在内的实物、技术资料及一个防空导弹连的全套装备。此外，苏联还允诺在1960年至1961年间，向中国提供射程1000公里、可携带战术核弹头的导弹技术资料。

在上述协定签订18天后，1957年11月2日，毛泽东率领包括宋庆龄、邓小平、彭德怀、郭沫若等在内的中国代表团到达莫斯科。苏联专门给毛泽东及代表团放映了三部绝密军事纪录片，内容是讲原子弹、氢弹爆炸与原子条件下的军事演习。这些影片给毛泽东留下了很深的印象。

从苏联回来不久，毛泽东在一次中央军委扩大会议上说——

> 原子弹就是那么大一个东西，没有那个东西，人家就说你不算数。那么好吧，我们就搞一点吧。……
> 搞一点原子弹、氢弹、洲际导弹，我看有十年工夫完全可能。

1957年12月24日，首批约10名苏联专家连同两枚P-2式近程弹道导弹和地面设备抵达中国；从苏联引进的第一个研究性重水反应堆和回旋粒子加速器也于1958年9月27日正式投产。

但是，就在1957年11月间毛泽东访问莫斯科的时候，中苏间关于意识形态的冲突更加尖锐化。赫鲁晓夫对毛泽东提出的"百花齐放、百家争鸣"的方针疑虑不安，以"撤专家"相威胁。在战争与和平的问题上，毛泽东与赫鲁晓夫之间出现了深深的裂痕，毛泽东对于苏联对其他社会主义国会遭受攻击时没有受到邀请也有权出兵，表示了不赞同的意见。赫鲁晓夫对于毛泽东说原子弹是"纸老虎"的观点很愤慨，断章取义地指责毛泽东"不惜牺牲一半人民的生命去打核战争"。

中苏之间矛盾激化而公开决裂是在 1958 年。毛泽东后来说过："事实上同苏联闹翻是 1958 年，他们要在军事上控制中国，我们不干。"

赫鲁晓夫原来把苏联给中国在国防尖端技术上的协助当做插足中国的机会。1958 年 4 月，苏方提出在中国建立用于潜艇舰队海上通讯联络的长波电台，苏方出大部分费用，建成后归苏方管理控制。6 月，中方答复：建台可以，一切费用中国负担，建成共同使用，所有权归中国。7 月间，苏方又提出中苏搞共同舰队。毛泽东生气地说："要讲政治条件，半个指头都不行。你们可以说我们是民族主义，又出现了第二个铁托。如果你们这样说，我也可以讲，你们要把俄国的民族主义扩大到中国的海岸。"

7 月 31 日，赫鲁晓夫急急忙忙飞来北京，同毛泽东会谈。

"长波电台"与"联合舰队"事件，严重伤害了中国人民的民族感情。毛泽东毕生极为重视国家主权问题，他认为中国海军创建不到 10 年，还只处于沿海防御阶段，怎么能平等地和苏联搞什么联合舰队？另外，苏联在中国领土驻军搞海军基地，这是关系到国家主权的大问题！中国自己的事要自己做主，任何外国的一兵一卒也不许在中国的土地上立足。因而，赫鲁晓夫的要求遭到毛泽东严厉的一口拒绝。毛泽东愤怒地说："我不想再听到这种事！"

在这一事件中受挫，使赫鲁晓夫大为恼火。他在东西方的斡旋中稳住了阵脚之后，自认为可以无求于中国，便采取了高压政策，企图使中共和毛泽东就范。

1959 年 9 月，赫鲁晓夫与艾森豪威尔在美国马里兰州卡托克廷山上的总统别墅进行了多次会谈，苏美间达成了某些谅解，这就是所谓

"戴维营会谈"。艾森豪威尔给赫鲁晓夫"戴高帽子"，称赞说："你完全可能使紧张局势缓和下来，从而对历史作出巨大的贡献。这完全取决于你。"

在得知赫鲁晓夫将从美国直飞中国时，艾森豪威尔请其要中国释放两名在押的美国间谍飞行员唐纳和费克杜。赫鲁晓夫拍胸脯打了包票。

赫鲁晓夫于 9 月 30 日从美国直接飞抵北京，当日在人民大会堂举行国宴时就对东道主说："不要用武力去试验资本主义的稳固性……"

在接着进行的会谈中，因那两个美国飞行员是入侵中国领空作间谍飞行被击落后抓获的，中方不同意释放。毛泽东说："不行！这事情不能商量。"

会谈中双方还为中印边界争端、解放军炮击金门等问题发生冲突。会谈不欢而散。赫鲁晓夫就没有出席当晚天安门放焰火的庆祝活动。

第二天，在中国国庆 10 周年的隆重庆典活动中，在中国人民的喜庆声中，赫鲁晓夫选择在天安门城楼上对毛泽东说，要撤回生产原子弹的苏联专家。

1960 年 7 月 16 日，苏联政府正式照会中国，要把全部苏联专家和顾

1964 年 10 月 16 日，中国成功爆炸了第一颗原子弹。

问从中国召回，并且不等中国答复，就限期通知在华工作的苏联专家和顾问于 9 月 1 日前离境。

1963 年 7 月 25 日，苏联、美国与英国三个拥有核武器的国家联合在莫斯科签署了《关于禁止在大气层、外层空间和水下进行核试验的条约》。这个条约的目的就是实行核垄断，这三大国可以通过地下核试验发展核武器，而中国、法国等其他国家通过一般试验建立核力量的权利却被剥夺。

这三家的核禁试条约出来后，中苏两国为核试验爆发了一场空前激烈的公开论战。中国敢于对称霸的苏联说不。1963 年 9 月 1 日，经毛泽东修改的中国政府发言人声明中，有这么一段很有中国人骨气的话——

> 中国人不是很穷、很落后吗？是的，很穷、很落后。据苏联领导人说，中国人喝大锅清水汤，连裤子都没有得穿，怎么有资格生产核武器呢？
>
> 苏联领导人嘲笑中国落后，未免太早了。他们也许说得对，也许说得不对。但是，不管怎么样，即使一百年也造不出什么原子弹，中国人民也不会向苏联领导人的指挥棒低头，也不会在美帝国主义的核讹诈面前下跪。

这充分表达了中华民族独立自主、奋发图强的精神与威武不能屈、贫贱不能移的骨气。在这个时候，中国第一颗原子弹的研制已经接近成功。中国人民已经熬过最为艰辛的岁月。

1961 年，中国国民经济遭受到最严重的困难。曾有人认为，没有苏联援助，研究原子弹困难太大，我们基础工业薄弱，又花钱太多，因而主张下马。毛泽东让高层领导展开充分地讨论。大多数人表示：原子弹、导弹应该坚持攻关。

最后，毛泽东表示：国防尖端技术不但不应该下马，而且要加紧进行。

在那个最困难的时期，那个全国人民忍饥挨饿却给苏联还债的时期，全国军民团结一致，勒紧裤腰带保证国防科研生产。领袖也和群众一起艰苦奋斗，熬过难关。

毛泽东不吃肉了。

周恩来也不吃肉了。

彭真市长将刚刚领到的 400 辆解放牌卡车，全部调拨给试验基地。

青海省给核基地 4 万头羊、粮食部给造原子弹的西北 3 个厂几百万斤黄豆等等，管后勤调运的五院政委刘有光说："要是我们做后勤的干部吃了一口，开除我的党籍！"

我们中华民族一批杰出的科学精英隐姓埋名，开始在大西北默默苦干，奉献……

难忘的 1964 年 10 月 16 日 15 时，中国大西北罗布泊上空的蘑菇云宣告了中国第一颗原子弹的诞生。地球上所有的中国人都为这一天感到振奋与自豪。据说，连蒋介石都曾在私下不无悦色地对人说：中国终于有了自己的原子弹。

历史偏偏喜欢捉弄人，赫鲁晓夫也就在这一天下台了！

后来，毛泽东曾经说："我们搞原子弹、导弹有很大成绩。这是赫鲁晓夫帮忙的结果，撤走专家，逼我们走自己的路，要发给他一个一吨重的勋章。"

31

美国可以卖原子弹给法国，但钥匙须由美国人掌握，戴高乐说不！中国氢弹试验成功，戴高乐向科学家发火：要在他离开爱丽舍宫之前看到法国氢弹爆炸……

（1958 年 7 月—1968 年 8 月，巴黎马提翁大厦—爱丽舍宫）

7 月的巴黎，要比科隆贝乡间炎热得多。对于重新执政的戴高乐来说，要干的事情太多了。他这年已经六十有七，他感到自己老了。他曾对自己的私人医生慨叹："我晚回来了十年，太迟了！"他不顾年迈与阿尔及利亚的殖民危机，开始了他重铸法兰西民族魂、打破美国在西方联盟中霸主地位的行动。刚回巴黎时，他还是作为执政总理在瓦伦纳路 57 号的马提翁大厦处理政务。马提翁大厦是法国的总理府，位置在拿破仑墓地东边不远的地方，是一栋两层楼的建筑物，外表看上去并不显眼。

6 月 30 日，他刚刚送走了英国首相麦克米伦。他在讲话中主要是向英国提出，法国需要一个由西方主要国家分享控制权的西方原子武器常设小组，法国将参与使用核武器的任何决定。他对麦克米伦说："无论如何，法国下决心拥有核武器，即使是别国制造的核武器。"

麦克米伦是他当年流亡伦敦时就认识的老朋友，私下对他实话实说："除非你先干起来，试验一颗法国的原子弹，否则你将不可能根据原子能法案取得美国援助的资格。"言下之意是英国目前也无法给法国提供试验原子弹的援助。

7 月 5 日，戴高乐又迎来了风尘仆仆的美国国务卿杜勒斯。他特意到马提翁大厦门口去迎接杜勒斯。两人在专门接待贵宾的兰厅坐下后，杜勒斯竟主动用法语和戴高乐寒暄起来，评价兰厅墙上那些中国的龙和凤凰的雕刻，以示对戴高乐的友好与尊敬。杜勒斯年轻时在巴黎的索邦大学选修国际法，并获得了法学博士学位，因而会说法语。性格冷傲的杜勒斯虽说根本不把第四共和国那频繁更迭的总理放在眼里，但对戴高乐却不能不敬畏三分。这次戴高乐沉寂多年后出山，因他素来不买美国的账，颇使美国人头痛。"二战"期间，他与罗斯福关系甚为紧张，与当时担任欧洲盟军总司令的艾森豪威尔也常闹别扭；但他倔强地重建法兰西的精神不能不使美国人既恼火也敬佩。这次他在法国重执大权，艾森豪威尔总统为了美国在法国及整个欧洲的利益，才迫不得已让重病在身的杜勒斯飞来巴黎向他祝贺。

坐在戴高乐面前，杜勒斯不敢像对别的谈判对手一样，采用咄咄逼人的办法。杜勒斯首先对戴高乐大谈起友谊来："作为老朋友，艾森豪威尔总统很高兴看到将军重返政坛，总统和我都期望看到，法国在将军执政以后，美法友谊能得到加强与发展，而使冷战的势力受到有效的遏制。"

戴高乐打量着坐在对面的美国对手。杜勒斯比他小 7 岁，但看上去却显得很消瘦苍老，脸色特别苍白。他已经得知，杜勒斯已确诊患有癌症，且已扩散，他是从医院的病床上赶来巴黎的；因而，他对这位行将老朽的国务卿，不由得生出敬佩与怜悯。但是，民族利益是容不得个人感情的。他上台后就开始采取了从北大西洋公约组织这一军事同盟的约束中解脱出来的步骤。

他早已胸有成竹。他知道，立即采取这样重大的行动的条件还未成熟。一是阿尔及利亚战争还在进行，法军主力尚深陷其中，法国还无法对防务进行全面的调整。二是法国的核实验还在进行，独立的核力量尚未建立起来，法国还缺乏对付苏联核威胁的必要手段。三是需要先与美国进行必要的接触和讨论，他明知道美国不会同意，但在达不成协议的情况下再采取行动，就有了行动借口，于政治上更有利。用他的话来说，这叫做稳健地"一步一步地走下去"。

于是，这次趁杜勒斯来访，他就先采取打招呼的办法，表达了法国要今后要与美国及英国平起平坐，共同决定世界事务的态度。他说："前几天，麦克米伦首相来访时，我就向他提出：西方世界要从世界政治和战略的高度，建立一个包括美国、英国和法国的组织，今后，大家在涉及世界安全的政治与战略问题时要共同磋商，作出决定，特别是关于使用核武器的计划。"

杜勒斯很和缓地说："将军，我知道你们的核试验在加紧进行，也许不用多久，你们就要拥有原子武器，但是，与其花费巨大的费用自己去试验制造，倒不如由我们供给。岂不更好？"

戴高乐说："法国并不排斥与美国的联盟，也不排斥取得美国的支持，但同时，法国也打算独立自主地采取行动。特别在法国人看来，法国如果不承担世界责任，那就毫无价值。这就是法国为什么希望拥有原子弹的原因。只有这样，我们的国防与政治才能获得独立。这一点，我们认为比什么都重要。如果你同意卖给我们原子弹，我们愿意购买，但是必须完全由我们支配。"

话已经点明了。杜勒斯知道戴高乐是个硬汉子，自己也不愿就此冲突顶撞起来，就不再深说下去。结果，杜勒斯与前几天的麦克米伦一样，悻悻地离开了马提翁大厦。

杜勒斯走后不久，戴高乐专门过问法国自己原子弹的试验工作。

法国的原子武器研究工作最早是由戴高乐倡导搞起来的，那还是在"二战"的末期，那时法国还处在极为困难的时候。

"二战"期间，德国、英国、美国都在抓紧研制原子弹，法国也已经有一批优秀的核专家。部分法国核研究人员从法兰西民族利益出发，认为法国应当而且有能力掌握制造原子弹的技术，他们觉得有必要将这项工作的意义告诉戴高乐将军，以取得他的重视和支持。那时，戴高乐的临时政府还设在阿尔及尔，盟军在诺曼底登陆成功并建立了桥头堡阵地后，正准备向欧洲内陆反攻，戴高乐正准备用法国自己的部队解放巴黎。1944 年 7 月 11 日，当戴高乐将军访问加拿大时，在英国的法国原子能专家贝·戈尔德施特、皮·奥热和朱尔·盖隆三人到渥太华与戴高乐将军进行了秘密会晤。三位专家怀着满腔的爱国热忱，向戴高乐力陈了法国研制原子武器的重要性、必要性和可行性。三位专家的话给素来有战略眼光的戴高乐留下了深刻的印象。

1945 年初，在戴高乐的关心下，法国成立了原子能研究小组。同年 8 月美国在广岛、长崎爆炸原子弹后，10 月间，在戴高乐指示下，在原子能研究小组的基础上组建了法国原子能委员会，统一领导全国原子能的科学研究工作。

1946 年戴高乐下野后，这项工作有所放慢。但进入 50 年代，又有所加强。1952 年 7 月，法国国会通过了一项发展原子能的五年计划。这样，原子能委员会的建立和五年计划的实施，为法国核武器的研制奠定了基础。

戴高乐重新执政后，为了摆脱美国的控制，维护法国的独立和安全，树立法国在欧洲和世界的地位，将研制核武器当成一件紧迫的大事来抓。经过接待麦克米伦和杜勒斯，他已经十分清楚，法国只能靠自己的力量研制原子弹，不能指望他的美英盟友们给予任何帮助。

用中国人的话来说，就是法国也只能"自力更生"。

1958 年 9 月的一天，戴高乐将北大西洋公约组织最高司令诺斯塔德将军请到总理府来。诺斯塔德是一位美国将军，北约的总部当时就设在巴黎。戴高乐作为法国国家领导人需要了解一下北约在法国领土上的部署情况，就把诺斯塔德约到马提翁大厦来了。戴高乐本身就是将军，两人就军事部署交谈起来用的都是内行的术语，也无须解释。

在谈了一般的军事部署情况后，戴高乐说："诺斯塔德将军，你能不能谈一谈北约在法国部署核武器的情况以及它们的预定目标。"

诺斯塔德自恃是执掌大权的北约总司令，又因为这些年在巴黎亲眼目睹战后的法国是靠美援来渡过难关的，根本就没有将法国领导人放在眼里；另外，这位美国将军还知道当年戴高乐与罗斯福总统闹矛盾，因而想借此报复一下。

诺斯塔德望了望屋里戴高乐的助手，就说："将军，有关核武器的计划是绝对保密的。无须知道的人，没有必要了解。只有在我们单独在一起的时候，我才能告诉你。"

"好吧。"戴高乐示意让双方的幕僚都退了出去。

屋里只剩下他俩。戴高乐就说："现在请吧。"

诺斯塔德耸了耸肩膀："可是，非常遗憾。将军，我不能回答你的问题。"

戴高乐气极了！他感到受到了捉弄和侮辱，他觉得法国的尊严受到了伤害。他提高了嗓门，说话的声音都因愤怒而变了调：

"将军，我想让你明白这一点：这是法国领导人最后一次听别人这样回答问题。"

这件事给了他很大的刺激。以后，他在讲话中说："如果没有原子弹，法国就不成其为法国，法国就不再是一个欧洲的强国，不再是一个主权国家，而只是一个被一体化了的卫星国。"

1959年9月2日至3日，美国总统艾森豪威尔访问巴黎。这时的戴高乐已经是以法兰西共和国总统的身份出面欢迎。这是两位在"二战"中立下了卓越功勋的将军总统的会晤。本来艾森豪威尔是挑选了8月27日这天抵达巴黎的，这天是盟军从德国法西斯占领下解放巴黎的纪念日。可是，戴高乐当然洞察艾森豪威尔这一选择，知道这是提醒他，是艾森豪威尔和他的部队使法国人获得解放的。因而，戴高乐婉言拒绝了这个日期，只是同意在9月会见。

但是，戴高乐对这位"二战"时的盟军总司令仍充满着敬意，为他举行了格外隆重的欢迎仪式。从布歇尔机场至凯旋门，车队两旁都是巴黎市民的欢呼声浪。一贯高唱反美调子的电视台和电台，也在艾森豪威尔访法期间表示了热情友好的欢迎。此次访问是艾森豪威尔将军在总统任内最后一次出访巴黎。敞篷车经过凯旋门时，艾森豪威尔被戴高乐组织的盛大欢迎打动了，情不自禁地问："天啊！有多少人参加欢迎仪式？"

戴高乐回答："至少也有 100 万。"

艾森豪威尔十分惊讶，感动地说："在抵达之前，我连这些人的一半都不敢奢望呢！"

艾森豪威尔只比戴高乐年长一岁，两人在爱丽舍宫促膝长谈。在谈及东西方关系、战争与和平、北大西洋公约组织等共同关心的一般性问题时，气氛都很融洽。但当会谈涉

1967 年 6 月 17 日，中国第一颗氢弹爆炸成功。

及各自国家的根本利益时，尤其是触及核问题时，融洽的气氛被彻底打破了。当戴高乐提出与核武器有关的敏感问题时，艾森豪威尔立即作出了反应。因美国国会制定了麦克马洪法，防止核武器技术秘密向外扩散，艾森豪威尔就说："根据麦克马洪法，美国不能与法国分享核秘密。"

戴高乐针锋相对，反驳说："什么麦克马洪法，法都是人订出来的。一旦我觉得宪法不中用，我不是把法国宪法都改了！去年杜勒斯国务卿来巴黎时，曾提出过向法国提供核武器。但又不愿将钥匙给我们。"

艾森豪威尔说："是的。实行这一条必须有一个前提，美国提供的核武器就是要通过北约盟国最高统帅的批准来控制这些武器的使用。"

戴高乐当然不会忘记诺斯塔德将军对他的侮辱，就说："总统先生，这正是法国决心要制造自己的核武器的原因。"

艾森豪威尔问道："这不是表明对美国不信任吗？"

戴高乐说："如果俄国进攻法国，法国和美国将会结成同盟。俄国

和美国有互相威慑的力量，但法国和俄国之间情况却不是这样。法国人怎么能够肯定，一旦法国遭受俄国攻击，美国会冒被彻底毁灭的危险来援助法国吗？既然不能肯定，法国就不能不拥有自己的威慑力量。"

艾森豪威尔说："为什么法国既要与美国结成盟国，又不信任美国呢？在第一、第二次世界大战中，美国最终不是站在法国一边，与欧洲共命运了吗？"

这句话引发了戴高乐的长篇大论。他说："历史的确是一面镜子，可以让人变得更聪明。的确，在两次世界大战中美国都是法国的盟友，法国不会忘记美国对它的帮助。但是，它也不会忘记在第一次世界大战的时候，只是在它经受了三年漫长而痛苦的考验，几乎濒于灭亡的时候，美国才来帮助。而在第二次世界大战期间，法国已经被打垮了，美国才来援助。"

艾森豪威尔当然也无法否认戴高乐所说的历史事实，于是就另找了一个理由来反对法国拥有核武器。他说："总统，即使法国有钱制造这类贵得惊人的武器，法国的核能力也远远达不到俄国人的水平；那么，法国的核威慑力量又有什么价值呢？"

戴高乐的回答激动、简捷、明白、有力："你十分清楚，用几枚百万吨级的炸弹能摧毁任何国家。即使敌人有杀死我们十次的力量，我们只需杀死敌人一次就够了，我们的威慑力量就是有效的了。"

艾森豪威尔望着戴高乐那倔强、坚毅的脸，知道戴高乐的核观点已经经过深思熟虑而不可动摇，感到无法说服他了。经过这些冲突，美法关系已经到了公开破裂的边缘。

后来，艾森豪威尔本人觉得戴高乐的核计划对法国来说也确实有必要。他曾对给他当翻译的美国驻法武官沃尔特斯将军说："戴高乐推行他的核计划并非全无道理。我了解他，无论如何，他都将实施他的计划。"

艾森豪威尔回国后，经过思考，觉得在无力阻止法国实施自己的核计划的情况下，不如面对现实，以分享核秘密为筹码，换取法美关系的缓和。因而，在 1960 年 2 月 3 日，也就是法国第一次核爆炸的前 10 天，艾森豪威尔在一次会议上宣称："我一直认为，我们不应该拒绝给予我们的盟友以他们的潜在敌人已经拥有的东西。为此，我建议修改麦克马洪法，使之更加宽大。"

艾森豪威尔的这一建议立即遭到了美国军方和国会的强烈反对。但这阻止不了法国独立研制核武器的步伐。

1960 年 2 月 13 日上午，法国第一颗原子弹在撒哈拉沙漠试爆成功！戴高乐高声欢呼：法国"重新独立自主了"。他给国防部长皮埃尔·伊斯梅尔拍去一封热情洋溢的贺电说："为法国欢呼吧！从今天早上开始，法国变得更加强大、更加自豪。衷心感谢您和那些为法国带来这一辉煌成就的人。"

从此，法国核武器逐步发展，于 1964 年建成了第一代核打击力量，一支由 36 架幻影 IV 式轰炸机组成的战略空军已可供实战使用。接着，又进而组建三位一体的战略核力量：陆基中程导弹、导弹核潜艇和携带核弹头的战略轰炸机。

当 1967 年 6 月 17 日中国第一颗氢弹试验成功的消息传来，法新社从巴黎发出的电讯说：中国试验氢弹取得的成就和速度要比法国和美国快一倍，"中国人民热核弹所取得的成就再次使全世界感到惊奇，惊奇的是中国人取得空前成就的惊人速度"。

中国的氢弹爆炸后，戴高乐觉得法国的步伐慢了，甚为恼怒。他第二天将主管部长与主要科学家们召集起来讲话，对他们大发了一通火后说，我已经讲过，我要在离开爱丽舍宫之前看到第一次氢弹试验。6 月 22 日，法新社广播了如下消息："负责科学研究的国务部长莫里斯·舒曼，今天在国防委员会上作了获得成果的政治总结。他说，法国只是在 1967 年才开始生产铀 235，旨在制造热核武器的试验进展顺利。他说，同中国的成就作任何比较都是不合理的，因为法国在掌握热核武器之前，首先是希望拥有核武器系统。"

戴高乐召集科学家开会发了一通火。

戴高乐终于在他的总统任内看到了法国氢弹爆炸成功。法国科学家们没有辜负戴高乐的期望，在中国氢弹成功的一年半之后，即在1968年8月24日，法国第一颗氢弹在波利尼西亚的芳加陶法岛上空爆炸。

对戴高乐来说，核力量不光是用于军事安全的手段，而是达到广泛政治目的的手段。他认为，核武器首先是政治武器，是外交王牌。核武器是独立的象征。法国独立的核力量首先剥夺了美国在西方世界唯我独尊的地位和主宰法国命运的权利。

戴高乐在抓紧建设独立的核力量的同时，也抓紧了实施从阿尔及利亚脱身的政策。法阿谈判几经曲折，终于在1962年3月18日达成了有名的"埃维昂协议"，首先实现了停火。同年4月，法国公民投票以超过90%的压倒多数批准了《埃维昂协议》。7月1日，在阿尔及利亚境内举行全民投票，99%的票数赞成独立。7月3日，戴高乐致函阿尔及利亚临时政府主席：法国正式承认阿尔及利亚独立。

法国初步建成了独立的核力量，使美国不再成为阻碍中法建立外交关系的因素；接着，阿尔及利亚问题也获得了解决，于是，戴高乐酝酿已久的一件大事摆上了议事日程——在西方大国还对中国实行冷战封锁的情况下，如何与中国建立外交关系呢？

卷 五　　戴高乐发出秘密指令

32

戴高乐多次在秘密军的谋杀中死里逃生·美国派洛奇出任驻西贡大使，策动换马政变，扩大对越南的武装干涉·戴高乐急召富尔，决定加快与中国建交的步伐……

(1963 年 2 月—8 月，巴黎，爱丽舍宫)

1963 年 2 月 15 日，戴高乐计划前往位于布列塔尼地区的圣西尔军校进行一年一度的视察。右翼的秘密军组织在近两年谋杀戴高乐多次失败以后，选择了这一难得的时机，精心策划了这次谋杀。这次谋杀计划取名"新岩羚羊行动"；行动的主谋是一位曾经在军校执教过英语的女子。她非常熟悉军校的情况，认识好些将领和教官。戴高乐每年春天都到军校来巡视或者演讲的规律，就是她细心地注意到的。

戴高乐本人就毕业于圣西尔军校，他在军校苦学三年后以少校军衔进入军队而成为将军。圣西尔军校是由拿破仑创建的，已经成为法国军事将领的摇篮，被视为法国军队的骄傲，也是法国第一流的高等院校，在西方军界中与美国西点军校齐名。经一个半世纪之久，圣西尔的学生高踞人上，被视为社会之精英、人中之俊杰。圣西尔入学的学生都经过严格挑选，都是出类拔萃的青年，甚至有好些大学本科生。学生都充满自信，个个仪表堂堂、虎虎有生气，或行或止、或站或立均是一派标准的军人姿态，身穿的军服既考究又朴素合体。届届入校的学生都知道，该校首批毕业生全部被送上战场，"凡是没有倒在战场上的，几乎个个做了将军"。

戴高乐对圣西尔军校有一种偏爱，他不常到古老而著名的巴黎大学视察，也不常到他为培养官员与银行家而倡议创立的国立行政学院视察，却每年必到圣西尔军校视察。这个规律被他的谋杀者们掌握利用了。暗杀小组的重要成员中有一个诡计多端的老杀手乔治·瓦坦，此人就是原来居住在阿尔及利亚的"黑脚"，曾多次参与暗杀戴高乐的行动，并屡屡在当局的追捕中漏网。

暗杀小组研究了近几年戴高乐来军校巡视的具体活动过程，经过比较，将开枪时间选定在他乘车刚刚到达的时刻。宽敞的校园内，松林环绕着花岗岩结构的楼房，参差错落。这是杀手可以从容瞄准的理想环境。只要在楼里选定一扇合适的窗户，居高临下，距离又不远，百发百中的枪手就很容易击中戴高乐。开枪后，杀手还可以从容地通过军校里迷宫似的走廊和楼梯，神不知鬼不觉地溜走。暗杀小组还为杀手准备了两支带瞄准镜的自动步枪、军校的制服和校徽。

在戴高乐视察军校的日子临近的时候，惧于戴高乐获得全民拥护的崇高威望，一名参与暗杀阴谋的军士害怕了，向军方投案自首，供出全部阴谋。1963 年 2 月 14 日，戴高乐视察军校的前一天，除乔治·瓦坦又一次漏网逃脱外，暗杀小组成员全部被捕。暗杀用的武器等作案罪证被搜缴。暗杀计划又一次落空了。

戴高乐在政权稳固后，就不再采取模糊说法，而是明确提出，解决阿尔及利亚问题必须顺应时代潮流，"欧洲人统治的时代已经过去……

肯尼迪就任美国总统后，加大了对越南的干预。

我们正处在这样一个悲剧的时代，即地球上所有殖民地的人民都在争取解放的时代"。驻阿尔及利亚法军中的极右头目气愤地说："这个老家伙欺骗了军队。"有的竟然提出，为了维护法国的阿尔及利亚，必须在政治上，甚至"肉体上铲除戴高乐"。

1961年4月下旬，极右派军人在阿尔及尔发动了军事暴乱，威胁巴黎。在戴高乐发起的强大政治攻势下，军事暴乱很快就失败了。但是，暴乱的一些领导人有的自首投降，有的转入了地下，组织了"秘密军"，策划暗杀、爆炸等恐怖活动，阴谋进行顽抗。他们制定了从肉体上消灭戴高乐的"Z行动计划"。"Z"是指戴高乐，阿尔及利亚的秘密军分子给戴高乐起了一个绰号，叫"骆驼"，而阿拉伯文"骆驼"的第一个字母是"Z"。

从1961年夏天至1963年春天，秘密军谋杀戴高乐的行动，有案可查的就不下15次。实施的谋杀手段有：侦知预定路线埋设电动烈性高效炸弹引爆总统座车，把装有雷管的丁烷气体瓶放在铁轨下面、爆炸出巡的总统专列，在爱丽舍宫对面楼房的一个窗口里射杀在门口台阶上迎接非洲某国总统的戴高乐，使用飞机空袭在科隆贝的总统乡间私邸，等等，几乎能想到的办法都使用了。但秘密军的谋杀次次失手，戴高乐死里逃生。

其中最为惊心动魄的案件，发生在1962年8月22日。戴高乐在爱丽舍宫参加了例行的星期三下午内阁会议后，傍晚乘汽车赶去机场，换乘飞机飞回科隆贝乡间。车队中的黑色"雪铁龙"防弹总统座车的车号是DS5243HU75，只要不是参加正式仪式，他总坐在后座的左边，让夫人坐右边，这些情况早已经被秘密军暗杀小组所侦悉。车驶往机场半途，落入精心策划的伏击圈里，遭到三支冲锋枪、两支机枪的猛烈射击。弹痕累累的总统座车高速冲出了杀手们的包围圈。戴高乐在弯下身子时，一颗子弹挨着头部擦过。戴高乐和夫人浑身上下都是碎玻璃碴，戴高乐只是掸衣服时不慎把手指划破流了血，两人都奇迹般地安然无恙。在机场，戴高乐像往常一样检阅空军仪仗队。

在圣西尔军校的"新岩羚羊行动"失败后，在1963年三四月间，杀手们又策划了新的行动。他们在一辆轿车上安装了30公斤的炸药和近60公斤用来做弹片的各种废钢铁。炸药还装有遥控点火装置，轿车将停放在总统专车经过的公路上。当总统专车驶近这辆炸药车时，隐蔽在远处的引爆手便可按手携式发射器引爆。不知什么原因，这辆车没有用上。也许是总统专车没有驶经那条路线，也许是暗杀计划临时取消了。杀手们将这辆车开到一个停车场扔掉了。事后，保安部门在停车场发现了这辆炸药车。

戴高乐为防意外死去，早已准备了一份遗嘱留存。他尽管临危不惧，也觉得所剩光阴不多，加快了做事的步伐。与中国建立外交关系就是他在1963年春天原则性决定要做的大事之一。

1961年，戴高乐曾召见富尔，请富尔讲中国问题，并赋予其探听中国政府对于法国政府未来的外交承认兴趣如何的任务。戴高乐说，法国和中国没有外交关系，这种情况是"不正常的"，他建议先发展经济和文化关系。但法国的阿尔及利亚殖民危机尚未解决和中国坚决支持阿尔及利亚的民族解放斗争，使法中两国都不能避开这个问题而直接讨论建交。这一年，弗朗索瓦·密特朗以参议员身份第一次访华时表示，中法建交必须在阿尔及利亚问题解决之后。陈毅外长回答说：中国对中法建交可以等待，但我们对阿尔及利亚人民在政治、经济与军事上的支持，将一直持续到他们的独立斗争取得最后胜利为止。1962年7月1日阿尔及利亚宣布独立后，7月3日，中国与法国同日宣布承认阿尔及利亚的独立。中国与法国之间因为中国一贯支持阿尔及利亚民族独立与解放斗争而导致的建立障碍已经不存在了。

1962年7月中下旬，在日内瓦举行的和平解决老挝问题的国际会议的最后阶段，法国外长顾夫·德姆维尔与中国外长陈毅曾举行会晤，双方都表示了建交的愿望。

戴高乐敢对肯尼迪说：不！

中法建交的时机成熟了！

1963年初，戴高乐召见富尔，告诉富尔将来"法中建交由你去谈"，并要其做一些相应的准备工作。

1963年的8月，巴黎的天气特别热，市民们大都到海边或到山地森林里避暑去了，政府官员们不得不留在城里处理政务。戴高乐在爱丽舍宫里却十分关注着国际形势的变化，特别是注意到越南的局势。美国对越南的干涉在入夏以来急剧升级。西贡、顺化等地多次发生僧侣自焚或者和平示威，吴庭艳政权屡屡开枪打死多人。西贡外交部长辞职，并以剃和尚头抗议当局暴政。肯尼迪总统宣布派出身于政客世家的亨利·洛奇出任美国驻西贡大使。戴高乐知道洛奇是一个强硬派的共和党人，曾被选为1960年共和党副总统候选人，其有雄厚的权势基础，遇事果断，极端自信，敢作敢为。肯尼迪让其出任驻越大使，意味着要在越南采取重大行动。法国情报部门的特别报告说，有种种迹象表明：美国即将在西贡策动换掉吴庭艳的政变，并扩大对越南的武装干涉。后来，在洛奇的鼓励下，1963 年 11 月 1 日西贡果然发生政变，吴庭艳兄弟俩遭逮捕后在押往政变总部的装甲车里被杀害。

戴高乐早就对法国自奠边府战役撤出后美国填补真空干涉越南而十分恼火。60 年代初，肯尼迪就任美国总统后，就扬言要击败共产党的游击战，使美国对越南的介入日益升级，美国从出钱、出枪、出顾问让越南人打越南人，一直发展到美国军队直接的武装干涉，并大规模升级。1961 年 5 月，美国派出"特种部队"进入南越地区开展"特种战争"。与此同时，肯尼迪总统出访巴黎，表示要在印度支那建立起一道反对共产主义的堤坝，期望获得戴高乐的赞同。但是，戴高乐却表示了异议，强调东南亚不是西方进行战斗的地方，东南亚唯一的前途是中立化。他毫不客气地批评美国走上了一条不该走的路，预言"美国在这个地区的干涉会难以自拔。一旦民族觉醒以后，任何外国势力，不管拥有什么手段，都是站不住脚的"。

据《希望回忆录》里记载，当时，戴高乐还结合法国在印支的经历，劝说肯尼迪：

> 我们法国人是有经验教训的。你们美国人昨天在印度支那取代了我们的地位，现在你们要在那儿步我们的后尘，重新点燃已经熄灭了的战火。我预先告诉您，您将一步一步地陷进一个军事与政治的无底洞，不管你们能在那里浪费多少钱，付出多少牺牲。

但是，年轻气盛的肯尼迪根本听不进戴高乐的忠告。1962 年 2 月，"美国驻越南军事援助司令部"宣告成立，直接指挥南越吴庭艳部队和美国"特种部队"作战，进一步加强了武装干涉。

1963 年五六月以后，美国对越南的武装干涉急剧扩大。8 月间，面对美国不断扩大对越南的武装干涉的形势，戴高乐经过思考，觉得有必要公开与美国的越南政策划清界限，他召开内阁会议，于 8 月 29 日首次以法国政府名义对越南局势发表了一个正式声明。

1963 年 7 月 25 日，美国、苏联与英国在莫斯科签订了《禁止核武器试验条约》。已经拥有原子弹的法国采取"空椅子"的政策，不参加三大国的禁核谈判。这项条约的目的，在于剥夺无核国家发展核武器的权利，尤其是针对刚刚拥有原子弹的法国和即将拥有核武器的中国，以保持苏美核垄断的地位。中国和法国对待这三国条约的立场惊人的一致：拒绝参加这个条约，揭露苏美两大国企图垄断核武器而称霸世界的阴谋。

在此同时，为了更好地与美国抗衡，具有战略家头脑的戴高乐把视线投向了亚洲东方的社会主义大国——中国，他深感加速中法关系正常化的紧迫性，决定要采取行动打开对华关系的大门，这实际上是与美国侵越政策相抗衡的对立行动。8 月中旬，他叫秘书急召富尔来爱丽舍宫见面。

秘书在巴黎找不到富尔，打听到富尔正在瑞士的山里避暑。戴高乐嘱咐说：告诉富尔，我有要事，请他尽快赶回巴黎见面。

33

戴高乐发出秘密指令·富尔携带着戴高乐的亲笔授权信，肩负建交谈判的重任去中国，实际上是做官方性质的访问，却需要保密，对外只能说是"个人旅行"……

（1963 年 8 月中旬—9 月 13 日，巴黎—伯尔尼—日内瓦）

几天后，富尔从瑞士的避暑风景胜地达沃斯赶回巴黎。他同戴高乐的关系密切，非同一般。早在"二战"末期，他即担任戴高乐临时政府的副秘书长。在 1958 年阿尔及尔发生"五一三"暴乱危机时，他第一个公开表示支持戴高乐上台。他是律师出身，熟悉国际法，能言善辩，具有丰富的从政经验，并在法国政界享有较高的声望。他同戴高乐见面后，有如下的对话——

戴高乐说："两年前，我就承认中国问题征求过意见，当时你说不能有所作为。现在你是否还是持这种看法？"

富尔回答说："我想一切都变了。首先，阿尔及利亚问题已经解决。因此，同中国建立外交关系后就不会遇到北京承认阿尔及利亚临时政府这种尴尬事。其次，中国人由于同苏联的冲突而处境困难，会对您的建议更有好感。再次，您已经给美国那么多的独立信息，多一个或者少一个都无关紧要了。"

看来，富尔对戴高乐的决策想法已经十分熟悉。戴高乐对他的回答很满意，而且富尔已经去过一次中国，同中国的最高领导人已经结识，就决定让他肩负秘密使命去中国。戴高乐说："好吧。我现在就决定派你作为我的代表去中国一次，同中国领导人商谈发展两国关系问题。"

戴高乐希望富尔尽快实现访华，嘱咐通过法国驻瑞士使馆设法安排富尔与中国驻瑞士大使会见。

关于这次富尔来华访问的具体联系安排过程，当时担任中国驻瑞士大使的李清泉先生在《中法建交谈判回顾》一文中这样记述道：

　　1963 年 8 月 19 日，法国驻瑞士大使馆给我国驻瑞士大使馆打电话，说法国前总理富尔希望于 20 日会见中国大使。当时我任驻瑞士大使，当即答复同意。20 日上午，富尔来到伯尔尼中国使馆同我见面，说明来访的目的是要求再次访华，希望会见中国领导人就目前国际局势及法中两国关系交换看法。他说，法中没有外交关系，不能通过彼此的大使交换意见是不正常的。他认识双方领导人，并有一定友谊，可以帮助双方沟通情况，谈些问题。访华日期希望能安排在 10 月。临走时，富尔留下了他在瑞士的休假地址，并邀请我下周去他那里玩。意思很清楚，他是希望能得到我国的答复。

李清泉觉得富尔传达的帮助双方领导人"沟通情况"的信息很重要，在送走富尔后，他立即向国内报告。李清泉很快就得到了国内答复，周恩来指示：同意富尔于 10 月中下旬访华，以中国人民外交学会会长张奚若的名义发出邀请，并商定访华的具体细节。

10 月 30 日，李清泉大使来到富尔在瑞士避暑的住地——著名的休假胜地达沃斯，向富尔转达了张奚若会长的邀请。富尔夫妇对李大使的到来感到高兴，给予了热情的招待。富尔对邀请他访华表示感谢，同时再次提出此次访华想与中国领导人谈政治问题，希望会见毛泽东主席、刘少奇主席、周恩来总理和陈毅副总理。

富尔在同李大使见面并收到访华邀请后，立即由达沃斯返回巴黎，向戴高乐报告进展情况。

戴高乐对中国方面的迅速安排感到高兴。他觉得，在法中两国关系尚未磋商出成果之前，必须绝对保密。两人商定，为使富尔这次秘密使命不致引起外界注意，特别是避免让报界沸沸扬扬大做文章而影响事情进展，让富尔名义上以个人身份去亚洲观光访问，在进入中国之前先去柬埔寨访问，并会见西哈努克亲王；回程时即使有了好结果也不要急于直返巴黎汇报，而要仍装出优哉游哉旅游观光的样子，在仰光、新德里逗留一段时间，并会见尼赫鲁总理。

戴高乐真可谓用心良苦。多年以后，戴高乐的好朋友尼克松就任美国总统后，要打开中国之门寻求与中国领导人对话，基辛格作为尼克松的代表第一次访华，也采用了富尔这种肩负秘密使命而作迂回旅行的方式。

戴高乐给了富尔一封亲笔授权书，让他作为他的代表同中国领导人会谈。这封信的形式和内容都很独特，形式上信是写给富尔的，而其内

戴高乐派出前总理
富尔当密使，带其
亲笔信去中国。

容却是写给中国领导人看的。信的本身并不是正式的授权书，其中并未
有文字提到富尔作为特使或者授权富尔谈判建交，而是在行文中说到，
戴高乐知道富尔访华将同中国领导人接触，并且非常关注法国同中国在
各个方面的关系问题。戴高乐在信中说，他本人已经同富尔谈过对这些
问题的看法；最后，他表示完全相信富尔对中国领导人所说的以及富尔
所听到的中国领导人的言论。从此信来看，戴高乐是很考虑面子问题
的。由于此次秘密谈判实质上是法方主动提出进行的，他要避免万一谈
不出结果而有损堂堂法兰西共和国总统的体面。

在见过戴高乐以后，富尔给李清泉去电话，告诉抵达中国的日期定
在 10 月 20 日或者 21 日。

9 月 12 日，富尔夫妇又专程来到瑞士，并在日内瓦请李大使共进
晚餐。富尔夫妇很高兴。富尔告诉李大使，他上周见到戴高乐将军，将
军要他再次来会面说清楚以下问题：戴高乐让他携带了请中国领导人过
目的亲笔授权信，还有就是确定访问实质上是官方性质，但对外只能说

是个人旅行，希望保密。

李清泉表示理解，并问富尔准备同中国领导人谈什么问题。富尔开始只笼统地说准备谈国际问题以及两国关系问题。后来在闲谈中，气氛愈加融洽，富尔实际上透露了法国承认中国的一些具体想法。他说："不承认中国这样重要的国家是不现实的，尽管两国社会制度不同，但并不妨碍两国建立友好关系；不承认一个在自己领土上行使主权的政府是不现实的。"

富尔特意问及中国和英国的关系问题。

李清泉回答说："英国承认中国，但在联合国支持蒋介石集团并与其保持'领事关系'；中国政府坚决反对制造'两个中国'，所以只和英国建立了代办级的关系，算半建交。"

富尔当即明确表示："法国反对搞'两个中国'，在外交上承认中国，在联合国就不应当支持蒋介石。"但是，他从谈话中又透露出戴高乐不愿完全割断同蒋介石关系的打算，他接着说，"英国在台湾设有领事馆，可能是实际的需要，这个问题，以后可以研究。"

经过商谈，确定富尔将经香港抵深圳进入中国境内，然后再从广州转赴北京。富尔原打算从法国外交部带一个助手来华，后来可能怕暴露访问的官方性质而取消了，就由其夫人担任助手。

34

周恩来敏锐地判断：戴高乐派富尔出使中国，说明其急于同中国建立正常的外交关系。做"个人旅行"的富尔，受到高规格的礼遇，住进了钓鱼台国宾馆……

(1963 年 8 月—10 月，北京)

1963 年 8 月 22 日，夜静更深，中南海西花厅里还亮着灯。周恩来

周恩来敏锐地判断，决定抓住推动中法建交的时机。杜修贤摄。

还在准备发言稿。在天亮后就要召开的中共中央《关于工业发展问题》起草委员会的会议上，他要作一个发言，总结新中国成立14年来的经验和教训。他将要提到，用23年的时间超过美国和苏联，可能快了些。"我看不要把走在世界前列作为重点，还是提'四个现代化'。是否可以提，用23年的时间或者是在20世纪内实现'四个现代化'，把我国建设成为世界先进的社会主义强国？"

就在这个时候，外交部送来了急件：驻瑞士使馆报告法国前总理埃德加·富尔要求在10月间再次访华，称其"认识双方领导人，并有一定友谊，可以帮助双方沟通情况，谈些问题"。

富尔与戴高乐关系甚好，1957年间以私人身份来过中国，这次其访华要求在时间上显得急促了一点，8月底才要求，10月份就要来，并声言要见领导人。周恩来立即敏锐判断出，这说明戴高乐有话要与中国领导人沟通。这是一个很重要的信息。

他本来已经因熬夜过晚，甚有倦意，但这个消息真像是一杯法国咖啡，顿时使他兴奋起来。自从1954年日内瓦会议以来，来自法国方面的消息，无论大小，都会引起他的关注和考虑。例如，下列情况就吸引了他的关注和思考：

——法国虽然同蒋介石集团尚未断交，但长期以来关系一直比较冷淡，法方在台湾的"使馆"一直仅维持在代办级。

——戴高乐重新上台执政以来，采取了独立自主的政策，从北约组织要回了对法国陆军的指挥权，调回了法国的地中海舰队，而且法国的对华关系也连续发生了一些微妙的变化。1958年八九月解放军炮轰金

富尔住进了钓鱼台国宾馆，出席了周总理设的欢迎宴会。杜修贤摄。

门马祖时，美国对中国发出战争叫嚣，并将大量军舰调集到台湾海峡，大有与中国交战之势；而法国并没有附和美国攻击中国"侵略"，只是含糊地表示"不要诉诸武力"。1959 年联合国大会讨论"西藏问题"提案时，法国投了弃权票。在中印边境武装冲突的问题上，法国的态度也与美英有异，并未公开攻击我国。

——在 1961 年至 1962 年关于老挝问题的日内瓦国际会议上，中国与法国都主张以 1954 年日内瓦协议为基础来解决冲突。美国没能将自己的意志强加给会议，与法国的这种态度有关。

——在保持核防卫力量独立的问题上，特别是几个月前在对待美英苏核禁试三国条约问题上，中法两国不约而同地持反对立场。怪不得赫鲁晓夫最近曾攻击中国"与好战的独裁者戴高乐一起反对苏联和反对世界和平"。

他进一步联系到毛泽东对戴高乐的有关评价。毛泽东把戴高乐执政后与美国闹对立作为 1958 年世界上发生的重要事件之一。毛泽东在分析戴高乐时说：

> 我们对戴高乐有两方面的感觉：第一，他还不错；第二，他有缺点。说他不错是因为他有勇气同美国闹独立性。他不完全听美国的指挥棒，他不准美国在法国建立空军基地，他的陆军也由他而不由美国指挥。法国在地中海的舰队原由美国指挥，现在他也把指挥权收回来了。这几点我们都很欣赏。另一方面他的缺点很大，他把他的军队一半放在阿尔及利亚进行战争，使他的手脚被捆住了。

前不久，法国已经承认阿尔及利亚独立，等于戴高乐把其缺点改正了，中法两国进一步发展两国关系的时机成熟了。由于中法两国在国际问题上的接近，更由于戴高乐能够执行对美独立政策，因此法国在台湾问题上突破美国禁令便有了可能……

由于中法两国没有外交关系，双方有关团体或者人士的互访都是通过民间渠道出面邀请。周恩来立即指示：让李清泉大使代表中国人民外交学会会长张奚若邀请富尔访华，并进一步了解富尔准备与我国领导人谈什么。

10天以后，李清泉将其与富尔在日内瓦的会面情况及时向国内报告，特别是富尔将带着戴高乐的亲笔信来华谈两国关系问题的情况，使周恩来作出了准确的判断——戴高乐急于同中国建立正常的外交关系，这就是他派富尔出使中国的全部意义。

周恩来主持了有关人员参加的专门会议，冷静而缜密地分析了当时的形势，对发展中法两国关系有如下认识：

（一）法国是西欧大陆的重要国家，通过与法国建交可以打开一个缺口，进一步扩大我国同西欧国家的政治、经济联系，打破美国的封锁，反对苏联的控制，增强我国的国际地位。

（二）中法建交有利于最大限度地孤立和反对美国帝国主义。

（三）戴高乐奉行维护民族独立和国家主权的政策在西方世界具有代表性，支持这一政策有助于打破超级大国对于国际事务的垄断。

基于上述分析，中国政府决定响应戴高乐同中国发展友好关系的姿态，积极推动中法建交，还对中法谈判中的关键问题台湾问题作了充分的准备。如果对方以其他形式和手法搞"两个中国"，则要旗帜鲜明地

周恩来会见富尔夫妇。杜修贤摄。

加以反对和揭露。即使法国政府由于内外原因或者某些困难一时难以就中法建交达成最后协议，但也可以引导中法关系朝健康的道路发展，并为以后两国尽快建立正常外交关系奠定良好的基础。

周恩来指示外交部要把法国同美英区别对待，多做富尔的工作。按此方针，中国方面给富尔以高规格的礼遇，毛泽东、刘少奇将分别会见他，由周恩来与他作实质性的会谈。让他作为国宾下榻于钓鱼台国宾馆。

1963 年 10 月 22 日下午，一架从广州飞来的中国民航伊尔客机在北京首都机场徐徐降落。富尔夫妇从香港经深圳入境后，在广州搭乘这架民航班机抵达北京。全国人大常委会副委员长郭沫若、全国政协副主席包尔汉、中国人民外交学会会长张奚若以及外交部西欧司司长谢黎等有关方面负责人到机场热烈欢迎。

富尔说，与 6 年前他首次访华相比，中国的面貌有了很大的变化，人民大会堂、民族文化宫、北京火车站等北京十大新建筑给他留下了很深的印象。这时，中国与苏联两国矛盾愈发尖锐而升级，正开始进行激烈公开论战，双方在报纸上连续发表了一篇又一篇大篇幅的论战文章。他注意到大街上老百姓也很关心地谈论这场大论战。他曾对人说，对法国报刊电视抨击美国的霸权，法国人也都很关心。

卷 六

中法建交谈判：
柳暗花明又一村

35

中法建交谈判第一轮：周恩来与富尔——两位谈判大师在友好与轻松的气氛中交手·有关台湾问题的斗争同样尖锐……

（1963 年 10 月 23 日，北京，中南海西花厅）

谈判桌的两边，都是重量级的谈判大师。

周恩来在 1954 年日内瓦国际会议、1955 年万隆亚非会议及后来的中苏两国两党的冲突与论战等重大事件中，表现出了卓越非凡的谈判艺术，许多国家领导人都深为赞佩，甚至和他多次交手的赫鲁晓夫也不得不称赞他为世界级的外交巨擘。埃德加·富尔也并非等闲之辈，他曾是欧洲著名的律师，熟谙国际法，能言善辩，在法国曾出任两届总理，具有丰富的从政经验，在风起云涌的法国多党政治中练就了高超的政治谈判本领。

50 年前在北京进行的这场中法建交秘密谈判，堪称一场高水平的政治谈判的杰作。谈判的形式是十分友好和平的，但在表面上轻松自如的谈判气氛背后，包含着一场十分尖锐的坚决反对"两个中国"的斗争。在因如何对待在台湾残存的蒋介石政权而产生的反对"两个中国"问题上，真可谓"举重若轻、针锋相对、步步为营、波澜起伏"。

第一轮谈判是在 10 月 23 日上午进行的，地点在中南海西花厅。周恩来的陪同人员有张奚若与谢黎。富尔只有其夫人陪同。周恩来与富尔见面寒暄。周恩来表示很高兴再次见到富尔，富尔有意识问起："总理到过巴黎？"

周恩来笑答："那是 40 多年前的事了。"

富尔意味深长地说："现在是总理再去巴黎的时候了。"

富尔将戴高乐的那封亲笔信拿了出来，谈话进入了实质性的内容："戴高乐将军认为，像我们这样两个大国的领导人现在还不能进行会谈是不正常的。由于两国间没有外交关系，过去只是有一些来访的人带回去一些零星的消息，因此将军要我来中国，代表他同中国领导人会谈。将军认为，我这次访华的使命不宜公开，这并不是想掩盖他对中国的感情，而是因为一旦公开出去，报界就会大做文章，那就不能安安静静地讨论问题。不过，这次访华还是正式的、官方性质的。将军有一封亲笔信给我，信中授权我代表他同中国领导人会谈。"

富尔当场将信的内容念了一遍，并把信递交给周恩来，他是想让中方将原件拿去翻拍以做证据。他说："你们可以留下看一看，过两天再给我。"

周恩来接过信，看了看，随即又把它递回给富尔，说："从戴高乐将军的信中可以看出，法国很注意如何增进中法两国的关系。我们一向有这种愿望。阁下上次来华时，我已谈过这个问题，但是当时觉得时机尚未成熟，我们愿意等待。"

会谈开始，周恩来首先对戴高乐将军在维护国家独立和主权方面所采取的一些行动表示赞赏。他说："为维护国家主权和独立，戴高乐将军采取了勇敢的步骤，有些大国可能不高兴。我们觉得，一个国家应该如此，不受任何外来的干涉，因为一个国家的事务只能由这个国家自己解决。"周恩来还特别提到刚刚签订的莫斯科三国部分核禁试条约，"你们没有签字，我们也反对。可能双方看法不尽一致，我们虽然未交换过意见，但表现出来的行动是一样的。因此，世界舆论，特别是某些大国，把中法两国拉在一起。"

在触及中法关系的实质问题时，富尔表现出了很高的姿态，说："我们一开始没有承认中华人民共和国，而保持着同蒋介石的关系。我们一致认为，这是不正常的，而且产生了很多问题。我不愿意像一个商人来谈这个问题。我们没有什么特别的要求提出来，因为目前的局面对我们没有什么特别的坏处。但是这种局面是不正常的，是奇怪的，因此，我们愿意跟你们交换意见。"

50 年代初期与中期，法国政府曾经表示，承认中国要经过国际协商，要与西方保持一致，也就是说要听从美国主子的指令。联系到过去这些情况，周恩来触及实质问题说："我们可以不只谈一次，可以谈几次，自由交换意见。今天我想问一个问题，中法建立正式关系，法国同台湾的关系是一个困难。我想了解一下，除了这个困难，还有什么困难。上次我说过，我们可以等待，要解决总要有个合理的办法。"

富尔爽快地说："我认为，总统是以勇敢的精神、历史的眼光来考虑这个问题的。法国奉行独立的政策，中法建交不需要征求美国、苏联的意见，自己可以作出决定。我认为戴高乐总统这种决定是勇敢的，因为这有可能会受到美苏的指责。"富尔转而又说，"在将军采取这种具有历史意义的步骤时，中国方面也不要强加使他不愉快或者丢脸的条件。在世界舆论面前，中法关系的恢复不能被看做是一项交易，而是友谊的表现。"

周恩来就此表明了中方的态度："我们的态度很清楚，采取拖泥带水的办法，像英国、荷兰那样，双方都不大愉快。英荷承认中国至今13 年了，但同中国一直是半建交的关系，没有互派大使。因为英荷一方面承认新中国，一方面又在联合国支持蒋介石集团，这使双方都不愉快。与其如此，不如等待，这是第一点。第二，如果法国采取勇敢的行动，断绝同蒋帮的关系，同中国建交的时机已到，我们欢迎这种决心，也愿意同法国建交，直截了当交换大使，这是友谊的表现，而不是交易。我愿意说明，如果阁下、戴高乐将军觉得时机尚未成熟，还有困难，我们愿意等待。"

富尔很注意地倾听周恩来说话，并回答说："第一点不成问题，法国不会采取拖泥带水的办法，要么交换大使，要么维持现状。第二点，法国不会迁就'两个中国'的主张，但台湾是个微妙问题，对法国来说，同台湾断绝一切关系有困难。因为戴高乐将军没有忘记战时他同蒋介石站在一边，不愿意突然切断关系。"

"富尔先生，这就困难了。"敏锐的周恩来觉得这是原则问题，决不能退让或者迁就，立即严正地表明，"蒋介石集团是被中国人民推翻和赶走的，这是中国人民的意志表现的结果。首都在北京的中华人民共和国政府是全国人民选择的，并且已经存在 14 年了。而蒋帮之所以能留在台湾，完全是由于美国的庇护和对中国内政的干涉。这一点，全世界人民都清楚。"

周恩来转而缓和了语气，诚恳地动之以情。他说："在反法西斯战争中，蒋介石代表中国同代表法国抵抗运动的戴高乐将军有关系，也同英国保守党政府有关系，这是历史上的问题，不能把个人关系掺杂到国家关系中来。反过来说，如果法国处在中国的地位，将如何考虑这个问题呢？现在法国是戴高乐将军领导的，如果外国势力在法国本土以外扶植一个反戴高乐将军的傀儡政权，说这是法国政府，法国对此采取什么态度呢？举一个更可笑的设想。皮杜尔是反对戴高乐的，如果他在外国势力扶植下成立流亡政府，中国是否能因为一度同他有过关系，不承认现政府，而承认这个流亡政府或者两个都承认。"

很熟悉法国历史和现状的周恩来，挑选了反戴高乐的代表人物乔治·皮杜尔来举例。皮杜尔在"二战"时期曾任"全国抵抗委员会"主席，是人民共和党领袖，在戴高乐辞职后的第四共和国时期曾两度出任总理，还多次担任外交部长，在法国政界颇有影响。1958 年 5 月 21 日，皮杜尔曾经宣布："我是站在戴高乐将军一边的。"他是最早公开支持戴高乐重新出山的知名政界领袖人物之一。但皮杜尔顽固地维护殖民利益，坚持要将印度支那战争打到底。在戴高乐复出执政后，在让阿尔及利亚独立的问题上，皮杜尔作为殖民集团的政治代言人，与戴高乐公开对立，竭力反对和阻挠民族自决政策的实施。秘密军组织谋害戴高乐的行动多次失败后，为了适应新的形势，1962 年夏天，秘密军组织突然宣告解散，改头换面，盗用"二战"时的"全国抵抗委员会"的名义，继续进行阴谋活动，将戴高乐比为当今的希特勒。因皮杜尔多次发表文章和谈话，表示完全支持秘密军组织的立场，他被推举为"全国抵抗委员会"的主席。在 1962 年 6 月 14 日这个委员会正式宣布成立前，皮杜尔已经秘密离开法国前往瑞士。不久，他被瑞士当局宣布为不受欢迎的人，只得离开瑞士，辗转前往意大利。他是国民议会议员，享有议员豁免权。1962 年 7 月 15 日，法国国民议会以 241 票对 72 票通过决议取消其豁免权。此后，法国政府发出通缉令。9 月，意大利当局将他驱逐出境。随后，他辗转流亡在西德、英国、西班牙、葡萄牙、比利时和巴西等国。

周恩来在谈判中，所表现出的思辨应对的敏捷与智慧、以及对法国国情政情的熟悉，不能不使富尔深为钦佩。他上次访问北京时，虽说也会见了周恩来，但只是在谈话中摸清了中国的态度，没有就实质问题进行交锋。这次，从第一天谈判起，他就感受到周恩来是很高超的谈判对手。

接着，周恩来态度诚恳而语气坚定地说："台湾问题解决以前不能建立外交关系和交换大使，但可以建立非正式的关系，如先设立贸易代表机构，半官方的、民间的都可以。这个问题请阁下考虑。"

周恩来以理服人，既讲清了道理又坚持了原则，富尔口气软了下来，也变得灵活了。富尔连忙说："还是回到开头谈的问题，如果能够找到建交的办法，要找前进的办法，不要先前进一步，又后退一步。我们可以研究各种方案。如果明天法国承认中国，可能台湾主动和法绝交，这是最简单的解决办法，困难的是我们不能肯定蒋介石会采取什么态度。"

周恩来说："对。他不是一个人，背后有美国。"

富尔说："如果明天法国承认中国，法国需要通知台湾。如果台湾不作任何表示，照中国的想法，法国应该撤回驻台湾的人员。这样，你们会完全满意，但法国为难，因为这是突如其来的、不愉快的措施。戴高乐没有授权我表示这样的态度，但我想征求你们的意见，法中建交

周恩来在外交谈判中。杜修贤摄。

后，法国可否在台湾保留一个人，降低级别。"

周恩来不容置疑地说："这不可能。英国承认中国政府为唯一的合法代表，在英国没有蒋介石的代表，但英国在台湾有领事，在联合国支持蒋介石，所以造成目前的半建交状况。如果法国也采取同样的办法，对双方都不愉快。"

富尔显出了满脸愁容："你们提出的理由都对，而13年前同现在的情况一样。这就是说，法国在13年前就犯了一次错误。我个人很愿意承认这次错误，但作为一个大国，很难承认这种错误。我愿意同你们共同找出一个办法，使法国不至于对过去的错误表示忏悔。"

富尔很坦率地承认法国所犯的错误，就是指在13年前法国没有抓住机会承认中华人民共和国，而同台湾保持了关系。

第一次谈判，双方都表明了各自的想法和立场。周恩来从第一次谈判中基本摸清了法方的意图，证实了事前所作的关于戴高乐急于同中国发展关系的判断。他提议第一次谈判就此结束。

36

中法建交谈判第二轮：富尔首先提出法国三方案以争取主动·周恩来就法国方案层层剥笋，将对方力图回避的台湾问题——明确，掌握了谈判主动权……

（1963 年 10 月 25 日，北京，中南海西花厅）

对于此次中法建交谈判能否取得成功，下榻在钓鱼台 15 号楼的富尔心中并没有数。

在冷战还笼罩着全球的年代，在"铁幕"中国的首都，没有助手班子（只好用夫人做助手），没有通讯联络设备，没有使领馆作为依托，富尔只身肩负着法兰西总统赋予的重大使命，进行着如此重要的秘密谈判，而戴高乐给予他的时间只有两个星期，足可见他的才干不凡，也足见戴高乐对他的器重和信赖。相比起来，8 年之后，基辛格博士为中美建交而访问北京，同样是秘密访问，同样住在钓鱼台国宾馆，但美国使节的条件就比富尔要好多少倍。

10 月 25 日下午 4 时 30 分，周恩来与富尔的第二次会谈在中南海西花厅举行。富尔在会谈一开始，就提出了法国的对华建交三方案，以便先入为主、争取掌握谈判的主动权。这三个方案的具体内容是——

（一）无条件承认方案，即法国政府正式宣布承认中国，中国表示同意。

（二）有条件承认方案，即法国政府表示愿意承认中国，中国提出接受承认的条件。

（三）延期承认方案，即法国政府对中国先不作政治上的承认，但两国间形成特殊关系局面。

富尔说，戴高乐希望能争取立即实现第一方案，如果戴高乐主动承认中国，而中国提出先决条件，这对总统将是不愉快的。

第一方案没有提到关键的台湾问题，其实质在于回避法国正式公开声明同台湾断绝外交关系；说是无条件，其实是以绕开台湾问题作为条件。但富尔也知道周恩来在这个原则问题上不会让步，所以又准备了第二方案，留下谈判回旋的余地。第三方案意味着此次中法建交谈判没有取得实质上的进展，富尔只是将第三方案提出来而已，并不愿采用。

周恩来洞察秋毫，对富尔的谈判策略了然于胸。对于富尔在方案中回避公开承认中华人民共和国政府是中国唯一合法的政府、回避反对"两个中国"的实质问题，周恩来在这次会谈中没有直接予以批驳，而是在具体建交问题的讨论中牢牢坚持中方既定原则，采用层层剥笋的办法，将对方想含糊过去的台湾问题，一点一点地给予明确。

周恩来说："为了使双方的愿望有更明确的基础，我提出三个问题请阁下解释。第一，双方都愿意建立外交关系，互派大使，这一点是肯定的。第二，法国承认的是中华人民共和国，不承认有另外一个中国，戴高乐是否也是这样认为？"

富尔说："戴高乐也是这种想法，但是保留台湾这一点，需要进一步得到情况。"

周恩来听了，脸色顿时严肃起来，毫不含糊地问："台湾保留是什么意思？是指承认台湾是中国的一个省、但由于目前还在蒋介石手中这样一个复杂问题需要有些时间和手续来处理呢，还是指台湾地位未定？"

富尔推托说："戴高乐在这个问题上没有明确的指示。"

周恩来又问："你的看法如何？"

富尔含糊地搪塞说："作为戴高乐的代表，我在这个问题上不能表示明确的意见，因为我没有得到指示，但我个人认为台湾是中国的一个省。戴高乐不管这一问题，他所管的是承认中华人民共和国的问题。"

周恩来紧追不舍地问道："如果这一个问题解决了，下一个问题就可以讨论。现在要明确这一点，戴高乐是否还不明确台湾的地位？"

富尔不得不放弃对台湾问题模糊回避的办法，说："不是戴高乐不明确台湾的地位，戴高乐要我来了解你们的看法。"

周恩来说："我们的看法我和陈毅元帅都说了，很明确，也就是我要说的第三点，台湾是中华人民共和国的一个省，在这一问题上，法国无意承认两个中国，是不是这样？"

富尔说："是的，法国只承认有一个中国。"

周恩来紧接着说："好。这一点肯定了，那么'中华民国'从客观上就不存在了。台湾是中国的领土这一点应该肯定。"

富尔不得不退了一步，但在台湾问题上留下了"活话"。富尔说："戴高乐想要了解的是，在承认中国的同时，是否能不完全割断同台湾的关系？这样做不是为了便于美国制造'台湾共和国'，完全是出于方便的考虑。既然你们的答复是要法国完全割断同台湾的关系，我可以把这一意见转告戴高乐。他没有要我拒绝，也没有要我接受。"

见此情况，既然原则已经肯定了，在具体做法上，周恩来也很灵活地退了一步。他说："了解了你的立场，但我还是要把问题说得更清楚，以便你回去报告戴高乐将军时，把事情弄得更明确。我所要谈的第三点关于台湾问题有两种情况，一种是认为台湾地位未定，这就不是一个小问题，这会引导到美国阴谋制造'台湾共和国'这条道路上去。另一种情况是作为一个复杂问题，台湾、法国互相设有领事馆，为了摆脱这样一种关系，需要通过一些手续。从礼遇上说，不使得台湾代表太难堪，也不使戴高乐为难。这是个手续问题。"

周恩来入情入理地谈问题，并为对方的处境设想，使富尔听了连连点头。

周恩来完全掌握了谈判的主动权。他继续说："如果认为台湾地位未定，这对两国建交是个很大障碍。如果属于第二种情况，我们想些办法如何摆脱，这可以研究。"

富尔透露了戴高乐的一些意思："戴高乐说目前同中国隔绝的状况应

该结束了，派我来同你们接触。他说，你自己去看看、去谈了以后再说。我想，他不会像你们那样对台湾问题这样重视。我已知道的是现在要缩减在台湾的外交机构，也即试图摆脱这样一种关系，但是，必须先了解情况后再进行摆脱。这一点，总理是否清楚了。"

周恩来说："清楚了。希望你把我们的态度转告给戴高乐将军。"

第二次谈判结束时，已经接近晚上9点，周恩

周恩来在外交谈判中静听对方意见。杜修贤摄。

来在西花厅设便宴招待富尔夫妇。在宴席上，周恩来还有意识地给富尔介绍了1958年间柬埔寨承认新中国的情况，说："西哈努克宣布承认我们，蒋介石集团的领事就走了。"

富尔说："这是一个先例。"

周恩来说："这要事先达成默契，确实只承认一个中国，无意将台湾搞成第二个中国或'独立国'，这样迟早能找到解决的办法。"

宴席间，双方商定，间隔几天时间再举行第三次会谈，以便双方都有充足的时间来酝酿、考虑并找出解决的办法。此外，富尔是以"私人旅行"的名义来中国的，也得煞有介事地做做旅行的样子；因而，周恩来特意安排富尔夫妇去离北京不远的山西、内蒙古参观，并指示各地热情接待。

在山西大同那富有中华古文明魅力的巨幅石刻面前，或是在内蒙古

那风吹草低见牛羊的茫茫大草原里，富尔全然无法顺畅地欣赏，他的心思还在谈判上。由于他奉命在台湾问题上坚持法国不先同蒋介石断交的立场，而中方需要法国同台湾断交，谈判一度出现僵持。中国领导人可以碰头商量研究对策，他却无法与远在巴黎的戴高乐汇报与请示。在几天的参观访问中，他的情绪十分低落。

到底如何打破僵局，找到解决的办法呢？

37 中法建交谈判第三轮：周恩来提出过渡性的"积极地有步骤地建交"新方案，从而打破了僵局·周恩来让了一步，富尔也让了一步……

（1963 年 10 月 31 日晚间，北京，钓鱼台国宾馆）

10 月 31 日下午 5 点，在钓鱼台国宾馆 15 号楼，周恩来与富尔的第三轮会谈开始了。富尔从周恩来脸上的微笑感觉到这轮会谈将有新进展。

果然，会谈一开始，周恩来就直入正题，提出了新的方案。

在富尔离京参观时，周恩来为了打破僵局大动脑筋。他经过反复权衡思考，决定要积极地考虑如何促成中法建交的迅速实现。经过前两次与富尔的会谈，他已经摸清楚了法国政府的基本态度。法国表示不支持美国制造"两个中国"的主张，也不参与搞"台湾共和国"。联系到戴高乐重新执政以来，在西藏问题、中印边界问题与炮击金门等问题上，法国政府对中国的态度都与美、英有别，没有公开攻击中国；而且，法国与台湾虽有外交关系，却一直比较冷淡，法在台仅维持临时代办级的机构。种种情况表明，这次法国是真心与我国建交，以打击美国。认真分析下来，中法双方的分歧在两个问题上：

其一，戴高乐认为承认中国不能有附加条件。细加分析，戴高乐既然无意搞"两个中国"，他不要附加条件实质上是法国政府需要照顾面子的问题。我方可以灵活变通，不要求法方以书面形式声明它对"两个中国"问题的立场，而由我方单方面在照会中予以申明，法方以实际行动默认的方式加以肯定就可以了。

其二，断交建交谁先谁后的问题。法方一再要求先同中国建交、后同台湾断交，并声明这并非从政治上考虑而仅仅出于礼遇问题，即戴高乐不便于主动驱逐蒋介石的驻法代表。此问题需借助于自动断交来解决，即法国宣布同中国建交后，台湾驻法代表自动撤离，法方也相应召回它的驻台代表。

中法两国实现建交，将是新中国外交的重大突破。在谈判陷入僵局的情况下，周恩来决定在中法建交的手续程序问题上灵活变通，酝酿了一个积极地有步骤地建交的新方案，中共中央批准了这个方案。

在钓鱼台的会谈一开始，周恩来对富尔说："中国政府认真研究了阁下提出的三个方案。基于中法双方完全平等的地位和改善中法两国关系的积极愿望，我提出了一个新的方案，就是积极地、有步骤地建交的方案。"

周恩来对这个新方案作了解释。他说，方案分为三个步骤。第一步骤，即富尔提出的法国通过中国驻瑞士大使馆向中国政府提出正式照会，承认中华人民共和国，并且建议正式建立外交关系和互换大使。中国政府在接到上述照会后，复照表示愿意建交和互换大使，并在照会中申明我们认为法国政府采取这一行动意味着法国政府只承认中华人民共和国政府为代表中国人民的唯一合法政府，不再承认台湾的所谓"中华民国"和它在联合国的代表权。

第二步骤，中法双方相约同时发表上述来往照会，在照会公布以后，双方派出筹备建馆人员主动去对方建馆。

第三步骤，采取上述两个步骤后，可能会出现三种情况。一是蒋介石的驻法代表主动撤走，法国也相应撤回在台湾的外交代表和机构。二是蒋介石的代表赖在法国不走，法国政府不再把他视为外交官，而是作为普通侨民看待；同时，法国相应撤回它驻台湾的外文代表，不降级保留任何代表。如果出现上述两种情况，中法双方可立即派出大使，完成全部建交步骤。第三种情况是，蒋介石驻法代表赖在法国不走，法国政府仍将其作为外交代表看待，同时法国将它在台湾的代表降级后仍作为外交代表存在。这实际上是一种变相的"两个中国"；如出现这种情况，中国政府将不得不中断同法国的建交步骤。

对中国作出了让步变通的新方案，富尔有了活跃情绪，表现了愿意靠近的兴趣。富尔说："经过研究，法方把有条件的承认变为附加解释的承认。戴高乐需要了解中国对承认是怎样解释的。你们的解释完全符合国际法，主权是不可分割的。法国承认中华人民共和国，就不能承认两个中国。我可以向戴高乐报告，中国的附加解释不是条件，而是国际法的实施。"

作为国际法专家的富尔如此说，实际也是让了一步。但他对方案中要求法国与台湾完全断绝关系后才答应互派大使，表示出有难处。富尔说："如果蒋介石自动断交，那问题很简单。如果蒋介石的代表不动，戴高乐也不会自己采取驱逐措施，这是他的立场。这不是要承认'两个中国'或者帮助美国关于台湾地位的活动，而是形式问题、礼遇问题。在这种情况下，法驻台代办和台驻法代办仍存在，但他们的地位不可能是外交地位。台湾的代表如果到法国外交部来，说他代表'中华民国'，我们的回答是：不可能。"

周恩来早已预料到富尔的这种设想，已经作了准备。他觉得，蒋介石的代表赖在法国不走，只要法国政府坚持不承认其外交身份，不承认其代表中国，因而在断交的程序和方式上采取模糊的办法，也是可行的。当中华人民共和国的大使一到巴黎，台湾的外交代表因不再得到法国的外交承认而感到难堪，最终会导致自动断交。

周恩来在外交谈判中
为达成协议干杯。杜
修贤摄。

　　周恩来进一步问："如果台湾驻法代表走了，法国理所当然要相应召回它在台湾的代表。"

　　富尔承诺："当然。"

　　周恩来又顺着思路细问："我们的大使去了，如果法国外交部请客，台湾的代表请不请？"

　　谈判至此，气氛已经变得轻松了。富尔笑了笑说："我也在想，但不能作为中国代表请他。有可能有好些人可怜他，外交部的人认识他，有人会请他吃饭。"

　　不知不觉之间，谈判已经进行了4个小时，已是晚上9点。钓鱼台15号楼里已经灯火通明。周恩来告诉富尔，9点半，刘少奇主席将要接见他。毛主席现在在上海，明天他们飞去上海见毛主席。周恩来还说：谈判的结果还得与党和政府说一说，到上海再回答你。

富尔说："那就看你们的了。"

当晚，富尔在钓鱼台国宾馆举行答谢宴会，已是夜里 10 点多钟了。

周恩来回到中南海西花厅后，立即给在上海的毛泽东打电话，报告刚才同富尔谈判中法建交的问题。毛泽东约刘少奇、周恩来、邓小平、陈毅等人第二天飞去上海面商。

38

毛泽东对富尔说：你们要派就派个大使来，不要学英国·经周恩来和富尔签字的《周恩来总理谈话要点》，成了中法建交最重要的基本文件·富尔笑着说，你们没有两个中国，倒是有两个市长……

(1963 年 11 月 1 日—2 日，上海)

上海是毛泽东近些年常来的地方，有时每年要来好几次。他是在 11 月 1 日乘专列来到上海的。他这次来上海，除了主持政治局会议讨论通过《农村社会主义教育运动中的一些具体政策问题（草案）》之外，就是商议批准中法两国建交方案。然后，他要在这儿接见这位持有戴高乐亲笔信的法国前总理富尔。三年多以前，他也在这儿接见了一位英国顶有名的人物——陆军元帅蒙哥马利。

他记得当时跟蒙哥马利谈起过戴高乐，也谈起过法国。

那是 1960 年 5 月 25 日，他刚刚从杭州过来。在谈到世界形势的时候，毛泽东曾问蒙哥马利："你是英国人，你常到法国跑，你去过两次苏联，现在你来到了中国。有没有这种可能，英、法、苏、中在某些重

周恩来与富尔在签字后握手。杜修贤摄。

大国际问题上取得一致意见？"

蒙哥马利说："我觉得你提的这个问题是很有趣的。我同麦克米伦和戴高乐是很熟的。戴高乐要我下个月到巴黎去同他会见，我将把这一点告诉他。戴高乐是一个很好的人。"

毛泽东说："我们对戴高乐有两方面的感觉：第一，他还不错；第二，他有缺点。"

蒙哥马利说："人人都有缺点。"

毛泽东说："说他不错是因为他有勇气同美国闹独立性。他不完全听美国的指挥棒，他不准美国在法国建立空军基地，他的陆军也由他指挥而不是由美国指挥。"

蒙哥马利说："海军也是这样。"

毛泽东说："法国在地中海的舰队原来由美国指挥，现在他也把指挥权收回了。这几点我们都很欣赏。另一方面他的缺点很大。他把他的军队的一半放在阿尔及利亚进行战争，使他的手脚被捆住了。"

他那次还对蒙哥马利说，我们不感到英国、法国是个威胁（对中国），我们希望英国、法国强大起来。

他很是欣赏蒙哥马利。蒙哥马利于 1961 年再次访华时，在北京人民大会堂就缓和国际紧张局势提出了"三大基本原则"：第一，大家都承认只有一个中国；第二，大家都承认有两个德国——东德和西德；第三，一切地方的一切武装部队都撤退到他们自己的国土上去。蒙哥马利还强调说："我说的中国是指政府设在北京的人民共和国，而不是从来没有资格代表中国的台湾那一套机构。"

毛泽东曾对人说：这个元帅过去打仗很勇敢，打败了隆美尔；这次在北京也很勇敢，讲了三原则。他又在武汉接见了蒙哥马利。蒙哥马利说：自己讲这三原则已经得罪了一些人，但我不怕。毛泽东说：你这三项原则提得对，提得好；反对的人会不少，欢迎的人更多。那次毛泽东很高兴，还特地请蒙哥马利上船去看他畅游长江。

现在，他也要再次接见富尔。

时间已经过去了好几年，戴高乐的缺点已经克服了，他已经承认了阿尔及利亚的独立。毛泽东根据国际形势的发展，上个月（1963 年 9 月）在中央工作会议上讲到"两个中间地带"的战略思想时，就特别讲到了戴高乐。

他说："我看中间地带有两个，一个是亚、非、拉，一个是欧洲。"以戴高乐为代表的欧洲国家对美国不满意；东欧各国对苏联赫鲁晓夫也不满意。"戴高乐到处说法国不当卫星国，他们是控制和反控制的斗争。赫鲁晓夫说我们同戴高乐站在一条线上，其实我们同戴高乐也没有见过面。"他强调了对美国和西欧要有区别。

戴高乐不怕得罪美国人，这次还勇敢地派代表来北京谈论建交，中法之间实现建交的时机成熟了！只要戴高乐不搞"两个中国"，愿意接受中国关于台湾问题的立场，我们该果断抓住这一时机，实现中法建交。

因此，在刘少奇、周恩来、邓小平等到达上海后，中央开会商议中法建交方案时，毛泽东指示一定要建立大使级外交关系。11月2日凌晨，

毛泽东在上海会见富尔。

周恩来把到上海后新拟的"直接建交方案"报送毛泽东，新的"直接建交方案"比两天前的"积极地有步骤地建交方案"又有了新发展。新方案中，中方在坚持原则的基础上表现了更大的策略上的灵活性，是一个公开建交声明和内部默契相结合的方案。

2日凌晨，毛泽东在方案报告上批了六个字："很好，照此办理。"

周恩来、陈毅与富尔夫妇是11月1日下午乘专机飞抵上海的。当晚9时，周恩来与富尔在上海和平饭店继续进行会谈。

会谈一开始，周恩来根据双方愿意建立正式外交关系的愿望，提出了一个新的"直接建交方案"。该方案包括以下的内容——

（一）法国政府直接向中国政府提出正式照会，承认中华人民共和国政府，并建议中法两国立即建交，互派大使。

（二）中国政府复照表示：中华人民共和国政府作为代表作为中国人民唯一合法政府欢迎法国政府的来照，愿意立即建立外交关系，互派大使。

（三）双方相约同时发表上述照会，并立即建馆，互派大使。中国政府之所以采取这一公开行动，是由于中法双方（周恩来总理与富尔先生）根据富尔先生转达的法国总统戴高乐将军不支持制造"两个中国"的立场，对下列三点达成默契：

1. 法国政府只承认中华人民共和国政府为代表中国人民的唯一合法政府，不再承认在台湾的所谓"中华民国政府"。

2. 法国支持中国在联合国的合法权利和地位，不再支持所谓"中华民国"在联合国的代表权。

3. 中法建交后，在台湾撤回它驻在法国的"外交代表"及其机构的情况下，法国也相应地撤回它驻在台湾的外交代表及其机构。

周恩来向富尔宣读完这个直接建交新方案后，问道："阁下现在还有没有困难？"

富尔听了眼睛都亮了，觉得这个方案比昨天在北京讨论的那个"积极地有步骤地建交"方案更为灵活。对这样一个既有原则性又有高度灵活性的方案，富尔觉得既合情又合理，已经照顾到法国在台湾问题的方式上作自己的考虑，法方难以提出任何异议了。

富尔面露悦色："我觉得这个方案好。我没有反对意见。我是受委托来的，有权力答复，但还要经过总统批准。"

谈判桌上的气氛立即变得轻松活跃起来。

周恩来微笑着说："你不是正式的全权代表，不能要求你给予正式的答复。实质上是双方把不同意见都排除了，如此达成一致，可能比正式全权代表更有效，因为是把双方所要解决的问题都谈了，双方立场彼此都清楚了。"

富尔高兴地笑着说："我完全同意，要中国作出其他的让步是不合理的。现在可以说是到了该结束我们谈判的时候了。如果戴高乐同意，只要实施就行了。如果他在实质问题上有不同意见，我没有必要再来一次谈判，我自己也不愿干了。"富尔说这句带感情色彩的话时，眼睛望着周恩来，潜台词里包含着对周恩来卓绝高超的谈判艺术的欣赏和赞许。

富尔又接着说："我相信总统会同意的，因为我认为你的方案是正确的，形式也是很好的。你们明确一下有好处，但又不是一个条件，而是你们的一个声明。事实上，你把第一方案和第二方案融合在一起了。既不是无条件建交，也不是有条件建交，而是附加条件的承认。"

周恩来笑着说："我们把不一致的意见排除了，从共同的愿望出发达成了协议。以后就看你的了。"

这时已是夜里10点。周恩来告诉富尔："我们马上准备一个文件给

陈毅外长与富尔会见。

你，明天毛泽东主席要接见你。中午，两位上海市长请你和夫人吃饭，一位是前任市长陈毅，一位是现任市长。"

富尔幽默地打趣说："你们没有'两个中国'，倒是有两个市长。"

富尔的话惹出满屋笑声。

11月2日凌晨，中方将直接建交方案以《周恩来总理谈话要点》的形式交给富尔。在市长的午宴开始前，上午11时，周恩来与富尔对这个《谈话要点》进行最后的敲定。经过双方协商，将第二点默契中的"不再支持所谓'中华民国'在联合国的代表权"这句改成"这就自动地包含着这个资格不再属于在台湾的所谓'中华民国政府'"。

下午5时，毛泽东主席在周恩来、陈毅的陪同下接见了富尔夫妇。

毛泽东对富尔夫妇说："你们两位来得正是时候……要把两国关系建立起来……（要告诉戴高乐）你们要派就派个大使来，不要学英国那样，搞了十几年，还是个代办，不要钻美国的圈套。这一点不搞清楚，我们不接纳你们的大使，我们也不派大使到你们那里去。"

晚上8时30分，周恩来将商改铅印好的《周恩来总理谈话要点》交给富尔。周恩来和富尔在《周恩来总理谈话要点》这份两国建交方案文件上签了字。这份《周恩来总理谈话要点》就成了关于中法两国建交的最重要的基本文件。这种形式在国际关系史上是很独特的。

鉴于富尔将经缅甸、印度回国，周恩来还与富尔谈了中印边界问题。

富尔圆满地完成了戴高乐交给他的秘密使命。

11月3日，富尔踏上了归途。为了避开耳目、绝对保密，他在返国途中不再按来华路线经过香港。他从上海经停广州飞抵昆明，11月5日，再从昆明飞至仰光。本来，完成了这个责任重大的秘密使命，他归心似箭，但为了不露出蛛丝马迹，他不得不装成个名副其实的旅游者，携带着夫人，在风景如画的仰光优哉游哉地观光，去观赏那镶嵌有数千颗名贵宝石的缅甸大金塔，到市里美丽的皇家湖畔的热带奇树下去盘桓。实际上，他从仰光的明加拉顿机场一到酒店住下，就迫不及待地给戴高乐写了一份情况报告。

据他在1972年发表的《承认中国》一文透露，他在仰光写报告的时候，经历了长时间的犹豫。他考虑到，如果将双方讨论的两个方案都报告的话，可能会引起戴高乐的犹豫不决。因而他的报告作了保留，只向戴高乐报告了直接建交方案，而只字未提先设立文化、贸易机构过渡的延期建交方案。他的想法是先报了第一方案，要是不成，回到巴黎再拿出第二方案也不迟。

两天后，他从仰光飞抵新德里，将报告连同经双方签字的《周恩来总理谈话要点》封装成密件，交由法国驻印度使馆的一名外交官，专程送往巴黎总统府。他却在印度旅行观光，逗留了两个星期，以显示他并无公务在身。

卷七　　中法建交冲击波……

　　1963 年 11 月 5 日，正当富尔离开中国昆明飞抵仰光的时候，在巴黎，美国驻法大使查尔斯·波伦来到爱丽舍宫拜访，在谈话中突然问起戴高乐：

　　"法中关系究竟到了什么地步？巴黎与北京重建外交关系的可能性如何？"

　　戴高乐虽说心中有些惊诧，但外表并没有显示出来。尽管戴高乐指示对富尔访华的使命要严守秘密，但美国的有关情报部门也不是吃素的。自从戴高乐重新执政并与美国闹独立以来，戴高乐对外政策的主要目的在于打破美国在西方联盟中的霸权地位，因而戴高乐的一举一动都在美国有关部门的高度关注之中。虽然富尔还携带着夫人装模作样地说是去亚洲做"私人旅行"，但美国已对其秘密使命有所觉察。戴高乐本人还没有得到富尔出访北京的结果，但是 11 月 3 日，法新社与新华社都已经简短地报道了富尔在中国得到了毛泽东的接见。

　　戴高乐望了望这位敏感的美国大使，很平淡又模棱两可地回答说："一切都是可能的。总有一天得承认事实，并从中得出应有的结论。不过，我并不认为这将是明天的事。您知道，埃德加·富尔到中国去了。等他回来，我们将听听他说些什么，看看我们能做些什么。总而言之，像这种性质的事情，我们在同你们打招呼之前是不会采取行动的。"

　　4 天以后，富尔从印度新德里派出的密使回到巴黎。戴高乐看了富尔写的情况报告与所附的《周恩来总理谈话要点》，他同意富尔在报告中所作的结论，准备实现中法两国相互承认。

两星期之后，11
月 22 日，戴高乐接
见刚刚回到巴黎的富
尔。但这一天发生了
一件震撼世界的事
情，美国总统肯尼迪
在达拉斯被刺身亡，
副总统约翰逊宣誓接
任总统。戴高乐准备
飞赴华盛顿参加葬

瑞士首都伯尔尼

礼。他在详细听取了富尔的当面报告后，说："如果我去美国参加肯尼
迪葬礼期间进行的会谈不使我改变主意的话，我打算使法中关系有一个
积极的结果。"

戴高乐于 24 日飞抵华盛顿。25 日，覆盖着美国国旗的灵柩用炮车
载到圣马太教堂去做弥撒，然后运到阿灵顿国家公墓，以戴高乐为首
的 92 个国家的代表参加了葬礼，葬礼后在白宫举行的招待会上，戴高
乐同新总统约翰逊只交谈了 10 分钟，并且拒绝了对方约他翌年初来美
国参加会议的邀请，当然也没有改变他实现法中建交的主意。

戴高乐从美国回到巴黎后，即着手实施法中建交的工作，其中的具
体事宜都直接由他自己经管。因为上次富尔虽受命使华与中国领导人
谈判，却不是正式全权代表，12 月上旬，他决定另行指派代表到瑞士，
与中国驻瑞士大使李清泉就建交的具体事宜进行谈判。他派出了外交部
公使衔的欧洲司司长雅克·德·博马舍，并对其规定了严格的保密措
施，此事只能限于戴高乐、外交部长德姆维尔与博马舍知道，即使是协
助安排德马舍与李清泉会见的法国驻瑞士使馆的外交官员也不能与闻。
为此，戴高乐本人给博马舍写了一封指示信。他在信中强调："我方和
对方都谈不上有什么条件。因此，主要确定（建交）程序：愈简单愈好。

只消以一纸公报宣布两国政府所一致同意采取的决定。……公报稿只要提到决定建立外交关系和近期互换大使就行了。"

原来富尔在北京与周恩来达成的协议是由法方先向中方提出正式建交照会，然后中方复照欢迎，表示愿意建交、互派大使。后来戴高乐仔细斟酌，由法方采取主动先提出照会，似乎有失面子，因而提出改为双方共同发表建交的联合公报，或者各自同时发表内容相同的公报，且此公报愈简单愈好。

12 月 11 日，法国驻瑞士大使馆通知中国驻瑞士大使馆说，法国外交部博马舍先生来瑞士，要求 12 日会见中国大使。李清泉当即同意并报告中国外交部。

12 日上午，博马舍如约来到在伯尔尼的中国驻瑞士大使馆，与李清泉大使会见。博马舍对李清泉说："你们也许觉得奇怪，一个负责欧洲事务的人来和你们讨论问题。这是因为这次担负的使命是保密的，就是法国驻瑞士大使馆的代办（大使奉调回国）也不知道我来干什么，所以也请你们保密。"

博马舍口述了一个简单的建交公报内容大意，表述了法方要求双方联合发表或者各自同时发表。

当时，李清泉还没有接到富尔在北京会谈情况的通知，因而就对博马舍说，他将报告政府后再予答复。

当客机飞越地中海上空，飞临北非的阿尔及尔上空的时候，蓝色的阿尔及尔海湾边那绵长的防波堤后面，一个欧洲风格的非洲城市矗立在海岸线上。

李清泉赶到阿尔及利亚的首都阿尔及尔，是 1963 年的圣诞节期间。在飞机场到市区著名的迪杜什·募哈德大街、拉比·本米迪大街上，大大小小的楼房或是商店门前，都并列插着中国的五星红旗和东道国的绿白相间的红月牙星旗。有的横幅用歪歪扭扭的中文写着标语："欢迎周恩来总理"、"中国—阿尔及利亚万岁"。周恩来总理率领的中国政府代

在非洲访问的周恩来亲自掌握着伯尔尼中法建交秘密谈判。图为1963年12月，周恩来在阿尔及利亚参观奥兰市的北非玻璃厂。

表团正在阿尔及利亚访问，受到了热烈的欢迎。

李清泉为在伯尔尼中法建交谈判中的问题，直接飞至阿尔及尔，向周恩来请示汇报。这次周恩来是从12月13日飞离昆明开始十四国之行的。周恩来在繁忙的会见、谈判与应酬中，仍然密切关注着中法建交谈判的进展情况，从原则的掌握到谈判的具体细节都有详尽的指示。这次要李清泉大使到阿尔及尔，与其说是汇报，不如说是周恩来要具体帮助李大使掌握中央的谈判精神。

在伯尔尼谈判开始后，根据周恩来的指示和中央批准的谈判方针，外交部给李清泉发来了同法方谈判的具体指示。总的精神是：原则问题要坚定，不能有任何含糊，具体方式可灵活，争取尽快达成协议。同时给他附来了《周恩来总理谈话要点》，即周恩来与富尔达成的三项默契。以博马舍来谈时所提的公报方案和与北京会谈的协议对照来看，戴高乐是想用双方发表建交联合公报的方式来代替原商定的互换照会方式。显然法方是为了避免给人造成他们主动的印象，同时，这种方式也更符合法国在承认中国后不立即主动驱逐蒋介石"代表"的做法。对此，中共中央的精神是：只要法方实际上不支持"两个中国"的立场，还是应该争取与法方达成建交协议，程序问题和方式问题可以灵活处理。外交部给李清泉的指示中还列出了几种可供选择的方案，以便在谈判中相机择用。后来因为法方要求将约定的下次会谈时间推迟至1964年元旦以后，加上李清泉提出的一些问题需要答复，外交部便通知李清泉从瑞士赶到阿尔及利亚首都阿尔及尔，向刚结束在埃及访问抵达阿尔及尔的周恩来请示汇报。汇报在周恩来一天深夜进行。据李清泉在回忆文章中记述——

　　因为谈判所有的情况总理都了解得很清楚，所以他很少提问，他在听了我对法方推迟下次会谈时间不会有什么政治原因、不影响会谈的分析之后，主要是要我复述一遍中央的谈判方针及设想的各种方案。在认为我复述无误之后，总理作了一些新的指示，然后要我把理解的中央的方针及各种情况下的处置原则及他的新的指示，综合起来写个报告给外交部。

12月27日上午，周恩来结束了在阿尔及尔的访问乘专机飞往摩洛哥首都拉巴特。李清泉继续留在阿尔及尔，遵照周恩来的指示就伯尔尼谈判的具体方案及各种情况的处置和会谈纪要内容与格式，写了两个报告给外交部，随后飞返瑞士。后来，外交部批准了这两个报告。

1月2日，法方代表博马舍如约来到中国驻瑞士大使馆继续会谈。李清泉大使按预定谈判方案首先表示中国政府已向他通知了富尔在北京的会谈情况及达成的三项默契，他奉命仍提出原在北京商定的互换照会方式。对方提出他们的方案也是按照北京会谈精神提出的，只是方式愈简单愈好。鉴于在会谈中没有出现违背三项默契的原则问题，法方也一再肯定北京会谈的精神，中法建交现在只是程序问题，李清泉随即按照预定计划提出，如果法方实质上坚持不支持制造"两个中国"的立场，为了照顾法方的困难，我们可以同意法方提出的方式及公报措辞。但是，中国政府对外发表自己的解释，说明同法国建立外交关系的决定，是中华人民共和国政府作为代表中国人民的唯一合法政府作出的。

中方既坚持了原则，又照顾了法方的困难，入情入理，博马舍当即表示已经清楚了，将把会谈情况报告法国政府后再答复。博马舍还主动提出下次会谈日期定在1月6日，而且解释说，如果他不能如期前来，那就是他没能找到法国外长，而不会是别的原因。后来日期改为9日。为争取下次会谈成功，李清泉又设想了几种可能与相应的对策报告外交部。外交部根据周恩来指示报党中央批准后，给李清泉发了关于9日会谈的指示。

1月9日，博马舍如约来到中国驻瑞士大使馆。双方见面之后，博马舍首先复述了李清泉在1月2日会谈中提出的方案，然后说法方认为中法双方已经就建交公报内容达成了协议，并提出建交公报发布时间在1月27日或者28日巴黎时间12时，在北京与巴黎同时发表建交公报。对中国将单独发表声明一事，博马舍未正面表态，而用复述中方方案的方式予以确认。

李清泉重申：中国政府将单独发表声明。

　　然后，双方就发表公报的具体时间进行磋商。李清泉根据国内指示，提出在北京时间 1 点 30 分或者 2 点 30 分即格林尼治时间 17 点 30 分或者 18 点 30 分，双方同时发表建交公报。博马舍对此解释说，法国《世界报》每日下午 3 时出报，希望能及时在该报宣布建交消息，因而提出在巴黎时间 12 时发表建交公报，希望中方谅解。

　　李清泉当即表示同意。这样，中法建交协议就达成了。李清泉根据国内指示，达成协议后不必搞会谈纪要，双方代表在公报中、法文本上草签即可。

　　对此，博马舍坚持认为无必要，他说自己受法国政府委派，完全可以承担义务。他还强调说，戴高乐指示他迅速同中方达成协议，今天达成协议的有关内容都是经过戴高乐批准的；因此，他不必再报请政府批准。

　　李清泉表示，也可以不草签，但是声明，中方将把协议内容报请中国政府最后批准。

　　这天达成协议之后，博马舍又谈了两件事：其一，法国将在联合公报发布前，将中法建交的事秘密通知英、德、美、日等国。这是出于礼貌将此事告知中方。其二，法国政府拟在建交公报发布后三四日内派遣 5 名先遣人员前往北京筹办建馆事务。

　　对于前一个敏感问题，李清泉当即表示：这就是说，双方当局都可以将中法建交协议通知自己认为必要的其他国家政府，中国政府将根据自己的考虑采取措施。中法建交的伯尔尼谈判，至此已经基本结束。

　　两天后，李清泉根据外交部指示通知法方：中国政府已经批准中法建交联合公报，并欢迎法方派员赴北京筹备建馆。

　　在建交联合公报发布前夕，1 月 23 日，博马舍又到伯尔尼会见了李清泉，重提法方将于 2 月 20 日至 25 日之间派先遣人员赴北京建馆，并询问中方何时派人去巴黎。博马舍还说，戴高乐将于公报发表后的 1 月 31 日举行记者招待会，谈他对中法建交的看法，并在中法关系和中法建交的世界意义方面，谈他对中法建交有何期待。

中法建交后不久，李清泉回国开会，周恩来表扬他说："中法建交谈判最后达成协议时，你那点机动是对的。"

这是指李清泉在与博马舍达成协议后，没有坚持双方代表在建交公报文本上草签，也没有坚持按我方的要求确定发表公报的时间。

40 中法建交是"外交核炸弹"·在美国照会法国强烈抗议时，戴高乐预言其他政府（暗指美国）迟早会仿效·美国敦促蒋介石不要主动与法国断交……

（1964 年 1 月 27 日前后，巴黎—华盛顿—台北）

1964 年 1 月 27 日，中法两国同时在北京与巴黎发表了一个简短的联合公报——

中华人民共和国政府和法兰西共和国政府一致决定建立外交关系。两国政府商定在三个月内任命大使。

这个只有两句话的中法建交联合公报，被西方报纸称为爆炸了一颗"外交核炸弹"。

1 月 28 日，中国外交部发言人就中法建交发表以下声明——

中华人民共和国政府是作为代表全中国人民唯一合法政府同法国政府谈判并且达成两国建交协议的。按照国际惯例，承认一个国家的新政府，不言而喻地意味着不再承认被这个国家的人民所推翻的旧的统治集团。因此这个国家旧的统治集团的

法国报纸头条报道中法两国建交。

代表不能继续被看做是这个国家的代表，同这个国家新政府的代表同时存在于同一个国家里或者同一个国际组织中。中国政府是根据这样的理解，同法国政府达成了中法建交和互换大使的协议。中国政府认为有必要重申，台湾是中国的领土，任何把台湾从中国的版图割裂出去或者其他制造"两个中国"的企图，都是中国政府和中国人民绝对不能同意的。

这个声明是根据双方事先达成的协议发表的。这一声明实际上是以另一种形式重申了法国政府已经同意的双方默契的内容，也就是法国对中法建交所承担的相应的义务。

1月31日，戴高乐在爱丽舍宫举行记者招待会，阐述了对中国的认识与中法两国建立外交关系的意义。他首先说到对中国的认识——

中国是一个伟大的民族，地球上人口最多的民族。几千年来，他们这个民族以个人的耐心、辛劳和勤恳的能力勉强弥补了他们的集体在方法上和团结上的缺陷，建立了非常独特、非常深奥的文明。这是一个非常大的国家，在地理上紧密相连但是并不划一，从小亚细亚和欧洲的边界伸展到漫长的太平洋海岸，从西伯利亚的冰天雪地伸展到印度和东京（越南的东京）的热带地区。这个国家的历史比有记载的历史还要悠久，它一直坚持要保持独立，不断努力进行中央集权，它从本能上倾向于闭关自守而且蔑视外国人，但是它意识到它是永恒不变的，并以此自豪。

这个国家同现代国家最初的接触，欧洲人、美国人、日本人的多次干涉、威胁、出兵、侵略，使它遭受了许多次屈辱和瓜分。由于这些剧烈的民族震动，由于优秀人物决心不惜任何代价改造他们的国家，使它的实力和条件达到同曾经压迫它的国家相等的水平，中国才发生了革命。……

戴高乐总统亲自在爱丽舍宫举行新闻发布会，宣布法国与新中国建交。（之一）

因为这次需要在实质上与蒋介石政府断绝关系，戴高乐为了作点安抚，在讲话中赞扬了蒋介石两句，"我应该向蒋介石元帅的才能、向他的爱国主义品质和崇高精神致敬"。

然后，戴高乐讲到了为什么要实现中法建交——

> 由于 15 年来几乎整个中国都集合在一个政府之下，这个政府对中国实施它的法律，而且中国在国外表现出它是一个独立的主权国家，所以法国就曾经准备同中国建立正规关系。……
>
> 在这个大陆上，特别不可能想象有不包括中国在内的战争与和平。……中国本身的庞大、它的价值、它目前的需要和它将来的广阔前途，使得它越来越受到全世界的关心和注意。由于这一切原因，显然法国应该能够直接听到中国的声音，也让中国听到法国的声音。

戴高乐在即将结束讲话时，针对美国暗示说，"法国认为，目前还在等待的某些政府，迟早会觉得应该仿效法国。"

历史确实为戴高乐所言中。70 年代打开中美关系的尼克松总统称颂"戴高乐在我实现美国对承认人民中国问题的政策转变上起了重大作用"。尼克松追述道，1963 年法国正准备承认中国，戴高乐在巴黎会见他时就说过："我无意干预美国的政策。但我认为，美国应当考虑承认中国。"

1969 年尼克松作为美国新总统访问巴黎时，戴高乐又重复了 1963 年那番话。1971 年尼克松即将访问中国时，戴高乐已经去世，但尼克松特意会见了戴高乐生前最信赖的朋友与助手——著名作家马尔罗，请刚刚见过毛泽东的马尔罗当参谋。尼克松后来一再表示，戴高乐在美国改变对华政策上起了很大作用。

戴高乐总统亲自在爱丽舍宫举行新闻发布会，宣布法国与新中国建交。(之二)

　　还在中法双方在伯尔尼进行谈判期间，美国风闻中法两国要建交，美国国务卿迪安·腊斯克来欧洲开会，就于12月16日到爱丽舍宫会见戴高乐，格外关心地问起中法建交的问题。腊斯克问："总统阁下能否告诉我，准备什么时候采取这一行动？是晚些时候，还是不久的将来？"

　　戴高乐仍是含糊其辞地回答说："这不仅仅取决于法国。如果法国政府有朝一日把同中国建交的决定付诸实施，我们必定先通知美国。"

　　次日，美国国务院就宣传说"美国已经得到戴高乐的保证"，"法国眼前没有承认共产党中国的计划"。但法新社第二天马上奉命否认此说，重申法国在承认中国的问题上"保持着行动自由"。

　　1月15日，法国驻美国大使埃尔维·阿尔芳奉命在华盛顿拜会国务卿腊斯克，告知其法国内阁已决定同中国建立外交关系。阿尔芳还

尼克松访问法国，向戴高乐请教对华政策。

说，法国政府认为中国正在走与苏联不同的独立的道路，它已不再同苏联组成杜勒斯生前所说过的那种铁板一块的集团。腊斯克听了后脸色发青，对法国的决定表示遗憾。

1月16日，美国副国务卿哈里曼向法国大使阿尔芳递交了抗议照会，对法国的决定提出强烈的抗议，声称这有损于"自由世界的利益"。

1月21日，法国政府复照美国，针锋相对地指出，"法国政府认为，承认中国只会有助于自由世界的安全和利益"，是为美国政策"帮大忙"，使美国的亚洲政策能走出"死胡同"。

美国与法国的舆论界为了中法建交也爆发了一场"舌战"。美国的报纸传媒大肆攻击法国"离经叛道"，声称美国感到"愤怒"，"十分激动"，认为中法建交给美国带来"严重的政治问题"，美国的政治战略全被打乱了。美国《基督教科学箴言报》评论说"美国被戴高乐刺痛了"。跟着美国的德国报纸评论得更形象，说美国在中国问题上所负的创伤在竞选时总要裂口的，而戴高乐出其不意地选择美国最尴尬的时候在美国的伤口上戳了一刀。法国的报纸刊物也不示弱，针锋相对地驳斥美国报刊反对中法建交的谬论，有的报纸说，美国企图"像路易十四对他的侍臣那样"来对待法国，但是现在"不再有侍臣了"。有的报纸说，美国的远东政策会导致西方失败，法国进入亚洲意味着"制止了自由世界之船可能触礁"，还说对美国有益的事未必就对法国和自由世界就有益。

西欧另一个大国英国，虽说历史上与法国关系一向都不错，但由于英国多年来同中国处于一种半建交的关系，对于一步就走在自己前面的法国颇含妒意，看到法国因同中国完全建交而地位提高感到不悦，担心法国由此重获在东南亚的利益，打乱了由英美共同把持东南亚地区的现状。但是，英国自己还想改善同中国的关系也不便于指责法国。英国报刊则承认法国此举是"明智的决定"、"合乎道理的做法"。

法国承认中国的行动，对与中国一衣带水的日本震动格外强烈。日本政府内部、执政党社会党和社会各界顿生波澜，要求采取类似行动的呼声很高。在获悉中法即将建交后，1 月 22 日日本政府专门召开内阁会议进行研究，但是未能马上作出建交决定。日本舆论界却一致赞许法

1963 年 11 月 25 日，戴高乐去美国出席肯尼迪葬礼。此时他已决定坚决要与新中国建交。

国同中国建交的决定，认为已经到了日本在对华问题上不要听人指挥而采取独立自主政策的时候了，应该勇敢地作出决定和采取行动。

加拿大和西欧其他各国，都在法国行动的影响下觉得需要进一步考虑改善同中国的关系。特别是意大利和奥地利，虽然迫于美国的压力还不敢立即采取同中国建立正式外交关系的行动，但在法国的影响下，都在1964年与中国达成了互设贸易机构的协议。

亚洲、非洲和拉丁美洲友好国家政府首脑或报纸纷纷发表讲话和评论，说中法建交"不仅是中法两国的胜利，而且是有利于全人类的最辉煌的胜利"，希望其他国家仿效法国，承认中国。

当时中苏两党两国分歧公开化，双方已经在大报上公开论战。在此背景下，苏联和东欧一些国家怀着复杂难言的心情对待中法建交，官方表态的调子有意识地降得很低，但报纸和舆论一般都还能从正面报道和评论。

早在1963年10月间，蒋介石风闻法国即将与大陆中共建交，就加紧进行活动，诸如派要员出访巴黎等，企图干扰和动摇戴高乐的决心。12月间，国际上关于中法要建交的传闻益发增多。12月24日，对此深为不安的蒋介石给戴高乐写了一封亲笔信，要求澄清法国政府是否准备改变同中国关系的现有方式。戴高乐决定委派"二战"时期法国驻重庆大使潘考夫将军作为特使前往台北，安抚蒋介石。

"二战"时，法国与蒋介石在重庆的政权作为抗击法西斯的盟国，曾有一定的关系。潘考夫将军在重庆常与蒋介石打交道。国际上及海外华侨援助中国抗战的战略物资，经法属印支当局同意，经由海路运输至法属越南的海防港上岸，然后进入中国，经广西的龙州、南宁、贵州息烽的公路运到重庆。在法国沦陷后，戴高乐在海外组织"自由法国"为拯救法兰西奋战的最艰难阶段，支持他的军衔最高而最重要的人物，就是驻守在印度支那的五星上将卡特鲁将军。"二战"后期，日本军队在做垂死挣扎而发动打通太平洋通道的战役中，攻克河内，占领了印度支那。法国在印支的战斗部队撤进中国广西、云南，法国空军的飞机也撤往在昆明等地的机场。因为这层关系，戴高乐在中法建交的谈判中不愿主动断绝与台湾的关系，也不主动驱逐蒋介石驻法国的外交代表，而是希望法台能自动断交，台湾代表自动撤离。

为了配合对蒋介石作安抚，也力图在台湾问题上留尾巴，戴高乐授意由富尔出面作一次关于中法建交的谈话，谈话稿由戴高乐亲自审定，发表在1964年1月9日的《费加罗报》上。谈话重点是介绍中法建交法方的立场和政策；在台湾问题上，强调法国不承担撤销对蒋介石集团承认的义务，及法国在台湾设立领事官员纯属法国政府的事；富尔还在台湾归属问题上不明确表态，暗含台湾一旦"独立"，法国仍可承认，等等。这些言论与富尔过去的言论有所不同，而且富尔代表戴高乐在北京与周恩来会谈时提出这些要求都已经碰过钉子。戴高乐无视在北京达成的协议重提不合理要求，当然只能再碰钉子而已。这种做法是以一个非政府官员讲出政府的想法，以便对反对中法建交的人做个交代；对中国来说，富尔不是代表政府讲话，不违背同中国建交应遵守的协议。

在富尔的1月9日讲话发表后，潘考夫将军飞抵台北，向蒋介石递交了戴高乐于1964年1月14日写的复信。戴高乐在信中礼貌地表示了对蒋介石本人如何怀有敬意和个人友情，但实际上却是为了说出下面的几句话——

> 我应该告诉您，确确实实，我的政府不久将同建立在北京的政府开始缔结外交关系……出现在大陆中国并已确立的形势同我们过去所预计的，是不相符合的。法国不能长期忽视一个已经存在的事实，其他西方国家过去已先于法国走上了这条道路。况且，最近共产主义世界的事态发展促使法国采取一项归根到底符合它及其盟友的利益的决定。……经深思熟虑，我认为不能再拖延了。

戴高乐是想尽量做得周到些而已，无意听取蒋介石的劝阻。潘考夫将军只能是很尴尬地在台北待了几天。

41

中共中央指示，如戴高乐"驱蒋"不坚决，我方将撤回临时代办·美国插手破坏中国使馆买房子·戴高乐亲自过问中国接收蒋介石旧使馆房舍问题……

（1964 年 2 月—1967 年 7 月，巴黎）

1964 年 1 月 10 日深夜，周恩来的专机从地中海畔的突尼斯城起飞，夜航往南穿越北非大陆的撒哈拉沙漠飞往加纳。

数天前加纳发生了刺杀恩克鲁玛总统的案件，卫士长被打死，恩克鲁玛扭住刺客搏斗起来，刺客被擒，恩克鲁玛脸部被咬伤。按国际惯例，周恩来可以因对方国家动乱而取消这次访问，加纳方面也以为周恩来不会来了。但周恩来派出代表团秘书长黄镇提前飞去打前站，并从政治大局着眼，仍然决定冒着风险去加纳访问，以表示在困难的时候支持恩克鲁玛。这使恩克鲁玛十分感动。

机上夜航的时间较长，周恩来和陈毅为一天前（即 1 月 9 日）在伯尔尼中法达成的最后协议而谈起中法建交的话题。认为中法建交是一个重大突破，两人兴致勃勃地商汉起驻法大使的人选来。

在伯尔尼谈判达成协议，需要在三个月内任命大使。因为法国是与中国建交的第一个西方大国，巴黎又是欧洲的政治中心，情况复杂而地位重要，当时担任代总理的邓小平指示要选派政治坚强并有外交经验的同志担任此职，因而须等正在海外对欧亚非十四国做正式访问的周恩来总理及陈毅外长商定后上报中共中央批准。

在飞往加纳的专机上，周恩来和陈毅都不约而同地想到，能堪当此

戴高乐总统与中国驻法临时代办宋之光握手。

任的就是黄镇。

黄镇在新中国成立后是首批调至外交战线的将军之一，首任中国匈牙利大使，1954 年调任中国驻印度尼西亚大使，为周恩来开好在万隆举行的亚非会议作出了重要贡献。他在极其复杂的政治环境中，表现出政治原则性很强、协调能力也很强的杰出外交才干。1961 年担任外交部副部长，作为陈毅的得力助手。当时，黄镇作为中国代表团秘书长也随同周恩来、陈毅访问欧亚非十四国。

陈毅虽然想到黄镇合适，但他却舍不得这把好手离开部里，因而不愿主动开口说出来。周恩来望着陈毅问道：

"我想起有个人挺合适，不知道你舍不舍得？"

陈毅明知故问，说："哪一个呀？总理点将，我有啥子不舍得的。"

周恩来笑了笑，说："当然是黄镇。"

在黄镇出任中国驻法大使需待中央最后正式确定之前，外交部任命西欧司副司长宋之光为驻法使馆临时代办，负责筹组先遣人员的班子和去巴黎筹建大使馆。姬鹏飞副外长带宋之光去中南海见代总理邓小平。邓小平嘱咐宋之光：早日赴法，抵达巴黎后首要任务是进行"驱蒋"斗争，如果法方"驱蒋"拖延不决，我方将撤回临时代办。

宋之光率领的先遣小组离京出发前，在思想上已经作了在巴黎"留"与"撤"的两种准备。因要去复杂的巴黎进行"驱蒋斗争"，小组的同志思想上难免有些紧张。

法国方面得知美国曾经敦促蒋介石不要主动同法国断交的消息后，戴高乐虽说不愿公开主动驱逐蒋介石的代表，也真担心蒋的代表赖着不走，这将导致中方变卦，会使他在政治上和外交上处于被动地位。在这种情况下，法方决定要求中国临时代办先去巴黎，以利于促使台湾当局主动撤销其"外交机构"与"代表"。

2月6日，戴高乐给蓬皮杜总理和德姆维尔外长下了一道手谕：

> 从国际法的观点看，只有一个中国，而且所有中国人都这样认为。既然我们与北京政府协议建立正常的大使级外交关系，我们就认为北京政府是中国政府。对我们来说，有理由不承认台北代表机构的外交地位，并尽快向其告知此意，并为此进行相应的物质准备。

2月10日，法国政府通知台湾当局的代表，一俟北京外交人员到达巴黎，台湾外交代表机构就失去其存在的理由。中国驻法国的临时代办宋之光率领筹备建馆人员，定于大年初二（2月14日）离京赴法，准备先期到达巴黎。

早在1月下旬，蒋介石连日召集高层干部开会，苦商对策。在国民

中国国家主席刘少奇接受法国首任驻华大使吕西安·佩耶递交的国书。

党中央常务委员会开会研究中法建交问题后，蒋介石的"外交部"发言人孙碧奇奉命接见记者，声称台湾当局仍然坚持反对"两个中国"的立场，在任何情况下不作改变。

在此情况下，蒋介石并没有听从美国要其不要主动与法国断交的旨意，坚持一个中国的立场。2月10日这天，台北宣布"中华民国"同法国断绝外交关系，并撤走它在巴黎的"大使馆"。法国政府也相应宣布撤回它在台湾的代表机构和人员。"驱蒋"的问题解决后，宋之光和先遣小组的人员都松了一口气。

由于"驱蒋"的问题已经不存在了，法方对两国先遣人员的人数与到达时间又提出了对等要求。宋之光挑选了8个人组成先遣人员小组，后因法方只来6人，中方也相应减少两名。法方还要求双方代办同时抵达对方首都。为此，宋之光率领的建馆先遣班子在到达欧洲后，只得住在瑞士伯尔尼的中国使馆里待命，直至2月23日才前往巴黎，法国代办也于同日到达北京。

宋之光率领中国先遣小组乘火车到达巴黎时，欢迎场面之盛大热烈，极其感人。除了法国外交部的官员、友好国家使节及华侨代表外，竟然有数百名记者来采访。记者们被警察拦在出口通道的两旁，层层叠叠，高高低低。大家抢着拍照、呼喊着。据新华社驻巴黎的记者说，他在巴黎工作了好几年了，这样令人热血沸腾的场面还是第一次看到。

当时台湾当局虽说已经撤销了"大使馆"，但其不少人员并没有离开法国，而是转入了地下活动。有消息说，台湾方面有可能对中国代办采取行动。为了保护宋之光的安全，法方配备了两名警卫，整天形影不离地跟着。

按照国际惯例，在台湾当局同法国断交后，原使馆的房子理应由中国外交代表机构接管使用。坐落在乔治五世大街11号的原馆址，房子不算大，质量不错，位置很好，它和巴黎著名的爱榭丽舍大街近在咫尺，离法国政府机关和主要使馆也很近。巴黎交通拥挤，市内行车十分耗费时间，住在这个路段极具优越性。但由于种种复杂的情况，经与法方多次交涉，收回旧馆址恐怕不是短时间内能办到的。先遣小组暂住在饭店，工作不方便，开销也大，绝非长久的打算，加上黄镇大使即将到任，解决大使官邸和馆舍成为宋之光的当务之急。巴黎房地产价格昂贵异常，经多方选看和研究，最后相中了坐落在巴黎近郊诺伊市高级住宅区的一幢三层楼房子。房子质量很好，前后都有花园、草坪，还有整齐成排的橡树。满院开满玫瑰、杜鹃，还有中国的大理花、日本的樱花，花木丛中竖立着好些古老的雕塑艺术品，据说是从凡尔赛宫买来的。由

戴高乐总统与递交国书的中国首任驻法大使黄镇合影。

于内部装修精致，不需要修缮即可使用。原房主是个大军火商，法国籍的罗马尼亚人。其夫人是美国人，不知是军火商的第几个老婆，此人自杀身亡后，按结婚时就签署了的文件，房产归夫人所有。这位夫人在巴黎上层社会小有名气，曾被选为某年世界上穿着最讲究的十大女性之一。女主人由于负债累累，急需卖房抵债，当时有的买主用高出于我方所出的价格争购该房产，由于付不出现金，女主人急于拿到现金，同意以150万元美金的现款和我方成交。为避免节外生枝，先遣小组迅速与她签订了买房合同，并付了款，最后由双方律师签字移交房子。先遣小组正要派人去接收房子时，突然发生了意外。

原来是美国人闻讯后从中破坏。女房主打来电话说，她受到美国方面的警告：如果她将房子卖给中国大使馆，美国政府将不准她进入美国国境。她急哭了，担心回不了美国，不敢卖给中国使馆了。

宋之光得此消息后也很着急，立即乘车赶去那里，与女房主见面。宋之光首先设法解除女房主的思想顾虑，对她说："你是一般公民，出售私人房产，是你的权利，而且这里是法国，不是美国，美国政府无权干涉。再说，从法律的角度看，他们没有理由不让你回国。美国政府一贯敌视中国，故意用威胁和恐吓的手段，妄图达到破坏的目的。何况我们双方已经办全了购房的手续，如果你毁约，将要赔偿一切损失。"

经过宋之光耐心地说服，女房主终于同意执行原合同，立即从橱柜中拿出香槟来与宋之光干杯祝贺。美国插手的这场波折总算解决了。在搬进去的时候，使馆人员对房子进行了全面的检查，在客厅的一角查出了一个匆匆安装的窃听器。

黄镇大使于 1964 年 6 月到任。黄大使高度赞扬戴高乐维护法兰西民族自主、反对超级大国垄断控制的斗争精神，同戴高乐建立了良好的关系。他的夫人朱霖通过友好接触，特别是朱霖选择了"六一八"这天去拜访戴高乐夫人伊冯娜，（1941 年 6 月 18 日这天，戴高乐在伦敦发表了著名的"自由法国"战斗宣言），使戴高乐夫人特别高兴。朱霖与戴高乐夫人及其他法国高层官员的夫人建立了良好的关系，戴高乐夫人伊冯娜专程来中国使馆回拜朱霖，在法国外交界是十分罕见的，连周恩来都给予赞扬。黄镇夫妇同法国官方上层广泛深入的交往，不仅推动了两国友好关系的发展，而且促进了收回馆址这个复杂问题的圆满解决。

黄镇大使到巴黎后，对收回台湾前驻巴黎"使馆"办公楼产权的问题十分重视，立即组织力量争取尽快解决接收问题。这个问题复杂在两方面。一方面，台湾当局在断交时做了手脚，将馆舍名义上过户给台湾当局驻联合国教科文组织代表团，而当时台湾当局的所谓代办仍窃踞中国在联合国的合法席位。另一方面，根据北京市政建设需要，一些原馆舍建在东交民巷的建交国家，均由中方统一安排到东郊新使馆区设馆，法国亦在此列。因此，法国有关当局也不想很快发还中国在巴黎的馆舍，以便在北京新建馆过程中处于较为有利的讨价还价地位。

黄镇弄清楚缘由后，觉得通过一般的外交交涉是难以解决的，非由法国最高当局作出政治决断不可。一方面，黄镇亲自约见法国外长德姆维尔，进行正式交涉，据理力争，并递交备忘录，通过外交交涉以引起法国最高当局的重视。另一方面，黄镇设法捅到戴高乐总统那里去。黄镇着重做了两

中华人民共和国驻法国大使馆馆址现貌

个人的工作，一个是深得戴高乐器重的管文化的国务部长马尔罗。马尔罗是作家、文化人，20 年代就到过中国，写过关于中国的书《人类之命运》，同中国关系很深。黄镇通过与他促膝深谈，他认为中国收回馆舍理所当然，满口答应给予协助。第二个人就是总统府秘书长贝尔纳·特里科，黄镇不止一次同特里科谈馆舍问题，希望他运用其影响促使这事早日解决。

1967 年元旦，戴高乐夫妇在爱丽舍宫举行新年招待会，黄镇夫妇应邀出席。在席间，戴高乐夫人伊冯娜透露了戴高乐访华的意愿。她对朱霖说："法国有句谚语：人在进天堂以前，应该先到中国去看看。我们夫妇很愿意访问中国。"

朱霖笑着回答："总统夫妇到中国访问，一定会受到中国领导人和

人民的热烈欢迎。"

戴高乐用别致的法国酒和菜款待客人。席间，他和黄镇碰杯说话，问道："你的工作顺利吗？"

黄镇觉得机会来了，在如此融洽友好的气氛中，可以直接向总统提出要回旧使馆房产的问题。

黄镇说："我和将军所领导的法国政府各方面都建立了良好的关系，我们有意邀请更多的名流到中国使馆做客，像今天在府上品尝法国大菜一样，到中国大使馆品尝中国菜肴，可惜地方小，招待不开。"

戴高乐侧脸看了黄镇一眼，问："为什么不多买一些房子？"

黄镇说："在一个城市里有两处大使馆显然是不适宜的。总统一定知道，原蒋方人员已经撤离，可使馆旧址迟迟没有归还给我方。"

戴高乐随口答道："这件事我已经知道了。"想了想，又补充了一句，"房子问题，我将亲自过问。"

在中法建交"驱蒋"中产生的这个遗留问题，在戴高乐的亲自过问下，终于获得了圆满的解决。这年夏初，中国使馆收回了在乔治五世大街的那幢五层洋楼的旧馆址，修整一新后，在过去插"青天白日满地红"旗的旗杆上飘扬起鲜艳的五星红旗。

同时，还接收了另一处领事馆的馆址。

卷 八

有这样一件大事，
现代世界历史就完整了

42

在与即将赴任的驻华大使马纳克谈访华事宜的三天之后，戴高乐离开了爱丽舍宫·从此，他不愿在国内过"六一八"，他打算辞职后的第三个"六一八"要在中国度过……

（1969 年 4 月 22 日—6 月 18 日，巴黎—科隆贝—爱尔兰）

戴高乐预感到过几天就要离开爱丽舍宫了。

预定将于 1964 年 4 月 27 日进行一轮全国公民投票，他要借此再检验一下法国人对他的信任程度。虽然他已经不抱过高的希望，但原来他以为总是可以通过的，因为他内心中还期望一直干到任期结束。

1968 年法国爆发了左派政党发动的"5 月风暴"。在"风暴"中，全国有 800 万工人罢工，动摇了他的政治统治。戴高乐已是很成熟老练的军人政治家，他以退为进，解散国民议会，大选完毕，改组政府，平息了"风暴"造成的危机。新政府组成后，戴高乐提出进行新一轮公民投票，投票内容有两项：地区改革和参议院改革。这两项是戴高乐"深化改革"的主要计划。但反对派借用这次投票卷土重来，向戴高乐重新发动进攻。投票日期几经推迟，最后定在 1964 年 4 月 27 日。

选期愈是接近，预测的情况愈是表明：赞成票有可能不过半数。

他预感到了结果。他已经准备辞职。使他深感遗憾的是，他想起在总统职位上未能实现的一件事：访问中国，会见毛泽东。但他也觉得辞职下野后实现访问中国的意愿更为方便、访问也更自由。

1969 年 4 月 22 日下午，他在爱丽舍宫接见即将去北京担任驻中国大使的艾蒂安·马纳克。马纳克是戴高乐的老部下，他对马纳克深为器重。他让马纳克接替吕西安·佩耶出任驻华大使，表明了他对发展与中国友好关系的重视，应该说也包含了让其在北京对他访华作一些应有准备的含义，首先是促成中国领导人早日访问法国。

马纳克是一个老社会党人，在"二战"期间是戴高乐的代表之一，

1969 年 4 月 25 日，戴高乐总统
对法国人作最后一次电视演说。

负责反对德国法西斯的秘密活动以及在欧洲巴尔干地区同苏联军事合作
的事宜。马纳克甚得戴高乐信赖，他为人豁达、果敢，尽管在外交部任
要职，却一贯表现出很有独立见解。从"自由法国"年代起，不论戴高
乐在位或是在野，都同他保持着私人通讯关系。戴高乐离职后，他们
之间的信件来往更加密切，马纳克有一次说："因为戴高乐将军已经是
一个普通公民，而我的独立思考也不致受到怀疑。"1960 年至 1969 年，
马纳克在外交部担任亚洲司司长。在顾夫·德姆维尔的领导下，马纳克
协助制定了法国对印度支那的政策和对中国的政策。在美国扩大对越南
军事入侵的情况下，戴高乐访问金边就是马纳克筹划的。

有记载说，在戴高乐总统辞职前五天的这次接见中，他和马纳克谈
话的时间很长。为了加重马纳克出使北京的分量，他让马纳克向中国领
导人传递一个来自美国的重要信息。戴高乐说："现在华盛顿准备与中
国开始真正的对话。美国有意承认中国，让中国进入联合国。"

他与马纳克谈到中法两国领导人互访的话题。

其实，在 1964 年刚刚实现中法建交的时候，他就希望访华。

1964 年 7 月，法国驻缅甸大使向中国驻缅甸大使耿飚传话，表示

希望戴高乐总统和周恩来总理互访。8月，法国驻印度尼西亚大使对中国驻印尼临时代办说，戴高乐总统最近要到拉美各国访问，也想去中国访问，以加强同中国的关系。10月，柬埔寨国王西哈努克亲王访华期间向陈毅副总理建议邀请戴高乐访华。12月，法国前总理富尔也向中国驻法国大使黄镇提出了相同的建议。法方提出戴高乐愿意访华，乃是希望中方在两国领导人互访的问题上迈出第一步，即中国领导人先访问法国。

1969年9月，辞职的戴高乐在科隆贝教堂。

为了促进戴高乐访华，法国政府于 1965 年间派出戴高乐最亲密的朋友、国务部长、著名作家马尔罗访华。

1966 年，法国方面增强了关于戴高乐总统访华的信息。这年 2 月 17 日，法国外交部亚洲司司长马纳克向中方表示：法国政府去年已派仅次于总理的主要部长马尔罗访华，为促使法中关系继续发展，经最高当局决定，拟邀请一位中国政府领导人访法，法方首先考虑的是周恩来总理，并表示欢迎陈毅副总理出国访问时顺道访法。5 月 16 日，戴高乐总统在爱丽舍宫接见黄镇大使时，又亲自重申邀请周恩来总理访法。法国方面的意图是，除要加强法中政治对话外，是想先争取周恩来访法，以便戴高乐下一年来亚洲访问柬埔寨和日本时回访中国。

在当时的历史环境下，戴高乐与中国高级领导人未能实现互访，原因来自双方。

就法方来说，戴高乐自尊心很强，思虑过于周全，很想来华访问却不愿意先到中国来，而想要中国领导人先访问法国，以免给人以屈尊就驾有求于中国的印象。就中国方面而言，政治局形成了一条原则，即根据当时的国际形势，中国高层领导人同资本主义大国领导人进行互访，必须"他先来我后去"。正因为有此一层未能说穿的原因，周恩来未能先去法国访问。

1966 年 6 月 22 日，黄镇大使对蓬皮杜总理说，周恩来总理表示高兴访法，并感谢法国总统阁下的邀请；但遗憾的是，由于今年下半年周总理的日程已经安排，不能应邀访问贵国。黄镇还转达说，周总理认为，两国领导人的相互访问对促进两国关系的发展和增进两国之间的相互了解是有益的。周总理愿意邀请蓬皮杜总理于今年下半年访华。

蓬皮杜则回答说：如周总理在他时间允许的时候来法国访问，他将受到同我们两国关系相称的接待。我很满意地听到中国政府和周恩来总理邀请我访问中国，这也是我的希望。但我的日程也很紧，下半年议会要讨论预算，1967 年初要举行大选，选举期间，政府首脑不能出国访问。

这次马纳克要去中国接替佩耶出任驻华大使，戴高乐召他来谈话，就是要他尽早赴任，到中国后注意加强法国与中国的经济、文化联系，特别是政治合作，希望促成中国领导人访问法国。

戴高乐对马纳克说："至于派谁来，我也不知道。只要中国领导人愿意访法，你都可以以我的名义邀请，并将受到我的很好的接待。如中方回请，德姆维尔总理将接受邀请。"看来，他对上次点名邀请周恩来访法受到婉拒还耿耿于怀，这次就没有指名说邀请谁。

就在戴高乐与马纳克这次谈话两天之后，4月24日，《费加罗报》发表了最后一次民意测验结果：53%的选民反对。他还是表现得很平静、镇定。他决定辞职。他早已作了思想准备。

4月25日星期五，正逢周末。上午，他在爱丽舍宫作了关于辞职声明的录音。这盘录音将在4月28日作电视无线电广播。他在声明中说："你们的回答即将决定法国的命运，因为如果你们多数人在这个重大课题上庄严地否决了我，那么，不管那些支持我而现在还掌握着祖国前途的这批群众的人数、热忱和忠诚如何，我显然不能再担任国家元首的任务。我将立即停止执行一切职责……"

录完音后，他和他的几位助手告别。最后，他将事先写好的辞职公告与一封给德姆维尔总理的信让秘书长贝尔纳·特里科转交，并告诉在得到他的通知后即可发表。午饭过后，戴高乐与夫人乘车去机场，飞回科隆贝乡间。

4月27日的投票结果，赞成票不足47%，反对票占53%，其余是弃权票。晚上，特里科根据戴高乐的指示通知德姆维尔总理，请总理第二天早上公布已交给他的密封信函。

4月28日凌晨，零点10分，法新社广播了戴高乐的辞职声明："我将停止执行共和国总统职务。这个决定从今日中午生效。"

戴高乐这次辞职，没有再回巴黎，没有召集部长们举行最后的特别会议，没有再对全国发表讲话，甚至没有同政府成员及他的助手们告别。同他在 1946 年 1 月 20 日那次辞职一样，戴高乐采取了"在静默中卸任的办法，无论在公开场合或在私下，都没有责怪任何人"。

戴高乐已经 79 岁高龄，往后难以再有重新出山执政的机会了，以总统身份访华的愿望是不能实现了。但是，戴高乐在离开爱丽舍宫情绪稍微稳定后，访问中国的愿望反而更为强烈了！

戴高乐辞职后，乔治·蓬皮杜当选总统。

1965 年，戴高乐曾派遣亲信国务部长、著名作家马尔罗访问中国。图为戴高乐与马尔罗。

不久，一年一度的"六一八"纪念日到来。早在 1940 年 6 月 17 日，贝当政府向德国投降，戴高乐只身飞往伦敦；6 月 18 日，戴高乐在英国 BBC 电台发表讲话，号召法国人民抗击法西斯。这就是著名的"六一八召唤"。"二战"胜利后，法国人民每年都在瓦莱里安山举行"六一八"纪念活动。选择瓦莱里安山，是因为"二战"期间有 4.5 万名法国人质和抵抗战士在这座山上被德国法西斯枪决。

可是，1969 年 6 月 18 日这一天，戴高乐没有出席这个纪念活动。他上次辞职后，每年都参加了这个活动，还形成了惯例，由他和掌玺部长进入那个神圣的墓穴——墓穴里安放着在抗击德国法西斯战斗中牺牲的 11 位英雄的骨灰，然后点起照亮墓穴的火焰。

这一天，像往常那样，国家元首、总理和政府全体部长都要出席纪念仪式。新总统蓬皮杜决定自己不进入那个安放 11 位英雄骨灰的墓穴。

蓬皮杜宣布说："只有将军才能进去。他是功勋团的唯一大师。我，我不是大师。"此后，只有掌玺部长一个人进入墓穴，点起火焰。

戴高乐是有意识回避这个纪念活动的。5月10日，也就是辞职后的第13天，他动身去了爱尔兰。他打算在6月19日，也即"六一八"庆祝活动的次日，再回到科隆贝。自从法国解放以来，戴高乐将军在他发出抵抗和胜利召唤的纪念日这天，身在国外，还是平生第一次。

辞职以后，戴高乐表面的平静和豁达掩盖着一种极大的悲痛。这次选票不足导致的离职，使他伤心透了，有一天，他说："国家不再要我了！法国人拒绝再当法国人了！……这是一个大悲伤，这是一个大忧伤。"他十分亲近的助手甚至担忧地说："将军伤心透了。他经历着悲剧性的痛苦，这种痛苦也许将缩短他的生命。他不会活得很久了。"

戴高乐内心的悲伤，使他在这次公民投票后下决心不再参加"六一八"纪念活动。戴高乐早就不愿让自己"局限"于6月18日这个日子。他不希望人们将他只同这一天等同起来，因为有人企图把戴高乐只看成"六一八人物"。他就觉得这个称号是一个贬义词：贬低他的全部事业，把它只归结到那一天的那一次讲话。他曾说："我不是一天的人物，好像这一天之后什么也没有了……"

1969年6月18日，法国国内在瓦莱里安山举行庆祝活动时，戴高乐这位法兰西前总统正在爱尔兰植树。他遵照爱尔兰传统，站在德·瓦勒拉总统的身旁，在总统府的花园里，离另一棵维多利亚女王亲手种的、已经长得很高的树不远，培了象征性的一铲泥土。

在他离职后，许多国家的元首给他来信。他的好朋友尼克松特别邀请他再次访问美国。他为什么选择了爱尔兰？理由十分简单：因为这是他没有到过的为数不多的国家之一，它离法国只有几分钟的飞行路程，在政治上，逗留这个中立的、没有牵连的国家不会产生任何问题。

事实上，戴高乐在回到科隆贝后，在剩下的余生里，他要撰写计划中的《希望回忆录》，而每逢6月18日，他不愿意留在国内，准备要去他从未去过的国家度过这个日子——

下一年即 1970 年的"六一八"，他打算在西班牙度过；

至于 1971 年的"六一八"，他说，如果上帝假他以岁月的话，他就要在中国度过。

43

戴高乐下野后的第二个"六一八"是在西班牙一个偏僻的山间小屋里独自度过的·马纳克对他说：你到中国来，有了这样一件大事，现代世界历史就完整了……

（1970 年 6 月 18 日，西班牙西埃拉·勃兰加山上）

西埃拉·勃兰加山位于西班牙最荒芜、最空旷、最偏僻的山区。

这一带的景色苍茫、近乎凄凉。戴高乐就住在山上胡阿那尔地方那个小"客店"里，这是个圆筒瓦屋顶、铁栅栏窗户的白色小房子。这里交通困难，从山下的马贝拉有一条曲折的道路沿着深峡谷边的山崖盘山而上，才能通至这里。这里一派山村风味，几乎像修道或是隐居的地方，游人罕至，猎人们在圣诞节前后到山里打老山羊，才会在这里会合。

1970 年夏天，戴高乐将军选择了这个地方，来度过"六一八"的 30 周年。西班牙政府首脑佛朗哥将军对于能接待戴高乐将军感到十分高兴，他们在首都马德里共进了午餐。西班牙政府对于戴高乐将军的逗留表现了巨大的热忱。应戴高乐的要求，对将军此行一直保密至离开的前夕。政府对戴高乐采取了极为严密的安全措施。当局从景色最美、气魄最大的名胜地区选了九所"客店"，完全听任将军随意使用。西班牙当局的原意是把法国前国家元首当成贵宾来招待。从第一站起，旅店就不送账单；但戴高乐坚持自己开销此行一切费用，并对主人说：在这种情况下，他将不继续旅游。但是政府的代表表示说：他们不能违反"西班牙东道主的义务"，并说明这些"客店"是国家的，事情只能这么办。可是，戴高乐每离开一个地方的时候，都在旅馆的房间里留下了一笔相当于膳宿与服务开销的现金。在旅行途中，他还对若干慈善事业有所捐助。

他不喜欢浓绿青翠的加里斯，作为西班牙摇篮的卡斯底利亚山区那荒凉而苍莽的景色却使他着迷。他选择了西埃拉·勃兰加山来度过"六一八"。从6月13日起，他就住在山里这座小白房子里，过着与世隔绝的生活。没有一个旅游者，没有一个西班牙人看到过他。在距离小旅店五公里的山间小路上，当局设了一个警察岗哨，阻止任何人接近。在邻近的山里，国民卫队和森林卫队在日夜巡逻。好些西班牙名人与记者要求接见，都被婉拒。只有两个法兰西电视台的摄影师忍受着酷热，在山里潜伏苦等了好几天，终于没算扑空：一天下午，一辆黑色小轿车

法国电子技术展在北京举行，周恩来会见了来参展的戴高乐侄儿贝尔纳·戴高乐。

在他俩藏身的地方停了下来，车门一开，下车的是戴高乐将军。这两人喜出望外，赶紧利用这难得的几分钟拍摄了戴高乐将军高大魁梧的黑色侧影，他拿着手杖，在盛开的夹竹桃和矮松之间沿着石子小路漫步。

6月18日这一天，他在这座小白房子里过得很单纯、朴素，他坚持要单独度过这一天。他让副官戴格雷·杜·卢上校去附近的托尔莫利诺观看斗牛去了，斗牛师是著名的埃尔·科尔多勃。夫人伊冯娜也在自己的卧室里，不来惊动他。他把自己关在一间红砖白墙的小办公室里，重新审阅并修改他的《希望回忆录》第一卷《回春》。屋里有深色的木桌，东方式的灯，陈列着西班牙旅游物品的木书架，红鹬鸪标本、猎枪、英国狩猎图画，到处都挂着老山羊角。这屋里的布置像猎人落脚的小屋。

他在屋里工作累了，就站起身，临窗眺望屋外苍茫逶迤的山色，思绪时而回想起多年前的往事，更多是向往着明年"六一八"的打算：他想要到中国去访问，去会晤毛泽东⋯⋯

1970年春，他还在张罗来西班牙时，收到了法国驻中国大使马纳克写给他亲收的信函。信中讲到他去中国访问的事。马纳克在信的结束部分写道——

⋯⋯我过去由于你本人同胡志明主席的会面没有能够实现而感到遗憾。后者在他的遗嘱里清楚地表明，如果假以岁月，在他的祖国解放以后，他愿到各友好国家致谢。这次会见如果实现，那将是一桩非常伟大的事情，也是四分之一世纪后多么好的精神补偿！唉！死亡竟破坏了伟大的事情。

毛泽东现在还健在。你所谈论的关于中国的一些思想，从本质上接触到这个国家的命运问题。中国人总是带着钦佩的心情同我谈到你。有一天我告诉周恩来先生说，我在这里，在北京，曾经接到你的信。当时他停下脚步来，默然不语。然后，他对我说："我们对于戴高乐将军怀着最大的敬意。你能替我

1970 年 10 月，戴高乐任命的最后一任总理德姆维尔访华，在会见周恩来时，两人谈到了戴高乐访华的话题。

把这话告诉他吗？”在巴黎，中国大使去年 11 月曾向我表示，他曾三次试图获得访问你的机会。他很惊奇，作为自由法兰西的老一辈人，我自己竟然没有要求求见你。

有一件大事可做，我的将军，对于法国，对于历史，都是一件大事，无论对于未来还是对于保持我国的光辉来说，都会是一桩重大的行动。这个行动从现在起会把我国放在未来局势的中心，而且历数十年不衰；一桩同你相称的、永世不忘的行动，而且世界上只有你能够以一种既明智又自主的自由来完成：这就是远行到中国来。有了这样一件大事，现代世界历史就完整了。

这就是，我的将军，我久久下不了决心对你说，最后还是决定对你说的话……

他是 3 月 24 日在科隆贝收到马纳克 3 月 2 日写于北京的信的。4 月 25 日，马纳克在北京接到了戴高乐将军的回信，信上的日期是 1970 年 4 月 9 日。戴高乐在信中说——

　　至于你在结束部分向我提出的建议，尽管我目前还不能明白答复，请你至少了解，我已经把这事记录在卷了。

　　戴高乐动身到西班牙旅行之前，跟身边的人经常谈到中国。

　　有一天，他提到他想去的国度，那些由于这种或那种原因他未能访问的国度，那些"不庸俗"的、"同他相称"的国家。在"莽莽的爱尔兰"和"艰苦的西班牙"之后，他还举出了"辽阔的中国"。他补充说：它们"是些真正的国度，真正古老的国家，有真正的人，自豪的人"。

1970 年 6 月，在西班牙旅行途中的戴高乐。

6月18日这天，他独自工作到黄昏，才和夫人一起走出屋去散步。那白色的小旅舍坐落在荒凉的深谷里，四周矗立着危岩陡壁，层峦叠嶂都沐浴在落日的赤橙色的余晖之中。将军夫妇款款而行，漫步在这迷人的山色中，保安人员在远处缓缓跟随。他俩下坡走进一个小山谷，走进橄榄树、橘子树和夹竹桃的中间，山羊的铃铛和布谷鸟的啼叫声打破了山里的寂静。野花散放着芬芳。农民还在果树荫里耕作。赶集回来的妇女头上顶着篮筐，摇摆着双臂走在弯弯曲曲的山间小道上……

这天，据有关记载说，似乎没有人提起"六一八"的话题。在午饭桌上，将军、夫人和副官三人围桌吃饭，话题是这次西班牙旅途的每日见闻，西班牙饭菜和查理五世国王，将军的回忆录和沿途坚持不懈地追踪将军的新闻记者。晚饭桌上的话题主要是副官兴奋地讲观看斗牛的情况，戴高乐对没去看这场斗牛而表示遗憾。

6月27日，戴高乐从西班牙回到科隆贝乡间。回来之后，他读到了马纳克大使于6月18日这天写给他的信。信中提到马纳克对将军能把访问中国的建议记录在卷表示满意。他对某些来访者谈到次年访问中国的打算。

7月30日，马纳克又写信给戴高乐，谈到法国计划和领土整治部长安德烈·贝当古率领政府代表团在北京刚结束的访问，以及与中国领导人几次会谈的情况。周恩来总理于7月10日下午接见了贝当古。7月13日黄昏，毛泽东在周恩来的陪同下接见了贝当古。毛泽东接见一个法国政府的部长，这在当时是礼遇上的特例，这是因为戴高乐将军的缘故。周恩来不止一次地强调说："中法两国的良好关系，是六年多前在毛泽东主席和戴高乐将军的亲自关怀和推动下建立起来的。"

马纳克大使写道——

　　你本人，你的榜样和你的行动，在所有的谈话中占压倒的地位，而且毛泽东和周恩来对你表示了极大的崇敬。

与此同时，马纳克对一个朋友说："在很少国家里，戴高乐将军能唤起如此崇高的尊重和敬意，无论是当权者还是人民都一样。在北京的欢迎将会是惊人的：群众在他来到时，会挤满天安门广场。"

8月1日，马纳克在巴黎同中国驻法大使黄镇商谈戴高乐将军访华的计划与前总理德姆维尔正在准备的访华行程。马纳克准备在初秋回到北京，以陪同前总理德姆维尔的访华之行。

8月18日，戴高乐同来看望他的前任副官"贞德号"军舰司令弗洛伊克海军上校共进午餐，上校正准备出发去海上进行第二次巡逻。戴高乐絮絮地说起了中国。他说："是啊，毛要我去中国……"他甚至谈到了此行的物质困难，去中国可不比去与法国相邻的爱尔兰与西班牙，如次之远，要坐飞机，他认为不可能有一架专机，（他对中国人重感情还缺乏了解，5年后，辞职退休了的前总统尼克松想再次访问中国，当然已经不可能再乘坐白宫的"空军一号"总统专机了；毛泽东获悉，就派了一架专机越洋飞去美国接尼克松。）他还在跟前副官讨论乘民航客机去中国时需在机上作同其他旅客分开的安排。他又说，在他看来，这还是次要的。戴高乐估计，只要是为了实现一件大事，这些困难是很快就可以解决的。

44 马纳克终于等到了周恩来约他深夜密谈·周恩来派出秘密使节，准备给戴高乐发正式邀请书·戴高乐焦虑地问：怎么还没有德姆维尔从中国回来后的消息……
（1970 年 9 月下旬—11 月上旬，北京—巴黎）

1970 年秋天，北京的枫叶显现分外红，北京的外事活动也分外活跃起来。不再像"文化大革命"最"红火"那几年，在北京露脸的只是些非洲国家的黑人领袖、越南和朝鲜领导人以及西哈努克亲王。细心的观察家已经注意到，已有一些新老西方朋友出现在中南海或是天安门城楼上。法国政府现任部长贝当古、前任总理德姆维尔，曾被视为美国中央情报局"特务"的埃德加·斯诺、英籍女作家韩素音等，都在北京活动。其中最令人寻思的是国庆节那天，斯诺竟然被邀请站在毛泽东主席的身旁，这位美国作家所站的位置是中国友好国家的元首才享有的，两人亲热地说话并检阅天安门广场上的百万工农群众；后来，《人民日报》以头版显著位置发表了毛泽东与斯诺在天安门城楼的照片。当时，有人评论说，北京的外交又重新活跃起来了。

法国驻华大使艾蒂安·马纳克就亲身感受到这个秋天的变化。马纳克在4月底到达北京接任大使时，显然是受到冷落的。戴高乐让他传给中国领导人的话，最初他无法传给周恩来总理。外交礼节的规定使得马纳克很难见到周恩来。不过他听说，周恩来过去也曾把礼宾程序置于一

周恩来会见戴高乐委任的法国驻华大使马纳克。

旁，在半夜打电话召见印度大使，与其进行彻夜长谈。他相信自己也会有这样的机会。耐心的马纳克等到 5 月 22 日，才被安排与董必武副主席见面。董必武为人和蔼，但年事已高。马纳克传递了戴高乐所说的关于华盛顿要与中国对话的有关信息。可当时没人理解这一信息的重要性和马纳克讲话里包含的真正含义。隔了好几个月都没有得到反馈，甚至在 7 月间毛泽东、周恩来接见贝当古部长时，他也没有得到反馈的暗示。这未免令马纳克有些茫然和失望。

到秋天的时候，事情突然有了转机。那是 9 月 29 日，在阿富汗驻华大使举行的国庆招待会上。周恩来出席了，并像往常一样，走到每个桌前与客人碰杯。周恩来在马纳克所在这一桌与大家碰杯后，刚刚走开，又突然转身回来了。韩素音在《周恩来和他的世纪》一书里，记述有她对马纳克的采访。马纳克说——

> ……他突然转过身向我走来，并向我妻子致意，说了声"夫人"，对她欠了欠身子。周对妇女总是很留意，不把她们仅仅看成陪衬。他朝我夫人笑笑，很有魅力，然后再向我举杯。这就是信号。
>
> 两天后，我接到电话去见他。我把戴高乐将军对我说的告诉他了。周说："简直难以让人相信……我还是不太相信。你自己也是这么看的吗？"
>
> 我对他说，我认为尼克松对戴高乐说的确实是真心话："尼克松希望结束杜勒斯政策。我不是在为美国人说话，阁下，他们是强大的，能够为自己说话……"
>
> 周仰头笑了，非常高兴，不过梦寐以求的东西忽然间变得唾手可得，他多少还是有点吃惊。
>
> "我深信，美国的确是希望与贵国关系正常化的，这也最符合他们的利益。"

周恩来听了点点头。自1944年在延安见了美军观察团成员后，25年来他一直就这么说的。周恩来反复说过："中美之间没有利害冲突。"

周沉思了片刻，然后很轻松地补充了一句："可是美国还是不承认他们在越南失败了。他们宣布的撤军是假撤军，他们想在南越扶植一个傀儡政权。"马纳克回答说："不过阁下，他们的确想把脑袋从虎口里退出来。"

这话又让周笑了。

马纳克与周恩来的谈话记录，不久就通过法国渠道送到了白宫尼克松总统的办公桌面上，促使尼克松以罕见的勇气对中美关系的改善作出了积极的反应。这次深夜晤谈使马纳克引起了周恩来的重视，在此后的几年中，马纳克成了可以经常见到周恩来的"热线人物"，使驻北京的别的西方外交官羡慕不已。中法之间的这些关系还导致了周恩来选择巴黎作为中美两国之间直接秘密谈判的地点，来为尼克松访问中国进行准备。周恩来对戴高乐将军在辞职前传达的这一来自美国的信息是十分重视的。在一年半以后，即1972年2月下旬尼克松访华时，尼克松与周恩来就曾经谈起了戴高乐将军。尼克松赞扬了戴高乐在促进中美发展关系中的作用。两人还谈到了逆境对戴高乐所起的作用。

马纳克传来的这一信息，还导致了另一种反馈：周恩来想起了戴高乐，想邀请戴高乐访问中国，辞职后的戴高乐应该不存在访华原则中的"你先我后"问题了。黄镇大使在这年8月间从巴黎发来的报告中，就讲到马纳克大使在巴黎与其商谈了

旅英华人作家韩素音

戴高乐的访华计划。周恩来准备给戴高乐发出一份正式邀请书。但是，周恩来想要事先确认将军会接受。周恩来觉得这个确认没有必要通过法国外交部这一官僚机构。他准备派遣一个秘密使者到巴黎去。他选中了英籍华裔女作家韩素音女士担任使者。寓居在瑞士洛桑的韩素音与丈夫陆文星当时正在北京访问。韩素音女士的父亲是中国人，母亲是比利时人，在1956年就结识了周恩来与邓颖超，那次与周恩来谈了两个小时，她以后多次谈到，是那次谈话改变了她的一生。此后，她跟周恩来夫妇一直保持着密切的关系。

据韩素音的记述，"10月2日，我从龚澎那里接到一个建议，我可以以'非官方'的身份邀请戴高乐将军访华"。龚澎是跟随周恩来多年的外事工作助手，当时担任外交部新闻司司长。

10月中旬，韩素音离开中国后即来到巴黎。20日下午4时，她见到了一个与戴高乐关系很密切的人雅克·吕夫——科学院院长、法兰西学院院士、戴高乐很信服的货币和财政政策顾问。他俩在康蒂街科学院的办公室里见面。她认识雅克·吕夫是在1963年，她居住在新加坡，而吕夫正在马来西亚旅游。

法国著名作家、戴高乐的好友让·莫里亚克曾经在纪实作品《戴高乐之死》中，记述了韩素音与雅克·吕夫的这次会见的重要内容——

> 韩素音女士向雅克·吕夫宣布，中国政府愿意邀请夏尔·戴高乐去中国。她具体地说："政府将尊重将军的全部意愿，他想什么时候来就什么时候来，他要到中国哪里旅行就去哪里，他愿会晤什么人就会晤什么人。中国等待着将军。但在直接向他发出邀请以前，中国领导人想要确知他会接受。你能否把这个信息告诉将军，并把他的答复给我，我将立即向北京转达。"
>
> 韩素音女士还明确指出，中国政府"若干年来一直有意邀请戴高乐将军，而且从第一次向他透露至今已有一年多时间"。

　　这位小说家曾对她的巴黎的朋友们谈到，由于"他的独立自主政策，由于他的政治现实主义，由于他对某些精神价值必胜的信念，由于戴高乐将军的努力使法国在全世界光芒四射，以及法国对中国革命传统的影响"，中国人民和中国领导人对将军怀有"极大尊敬"。韩素音女士还补充说："毛主席和周恩来先生所最钦佩的，就是前国家元首拒绝在强权面前屈服以及他维护国家独立的意志。"

　　雅克·吕夫对韩素音女士说，他立即准备完成托付给他的使命。但是在同将军商谈此事之前，他认为最好是等当时正在中国访问的前总理德姆维尔回到巴黎。这就是说，吕夫估计中国领导人在北京也会同时把想法告诉戴高乐将军的这位前总理。

　　但是，吕夫估计错了。

　　德姆维尔于10月30日从中国回来。德姆维尔与吕夫都同住在一个区里，经常喜欢聚在一起谈论"货币和财政"。11月3日星期二，他俩在一个朋友家吃晚餐时相遇。两人谈起中国人邀请戴高乐的事，德姆维尔对吕夫明确地说，中国人什么也没有委托他。他说，毛泽东曾对他谈到法国，当然也谈到戴高乐，并深表钦佩。德姆维尔说："将军在毛泽东心目中是一个独立国家的象征。"他还说，同他谈过话的一些人在任何时候都没有提到戴高乐将军的中国之行。他准备过些天到科隆贝去向前国家元首报告他的访问成果和在中国的观感。

　　闻听此言，谨慎的吕夫想同韩素音女士再接触一次，问清确实情况。

　　11月4日，在见到德姆维尔的次日，吕夫又会晤了韩素音女士。她对他重复说："中国等待着戴高乐将军。这是正式邀请。是周恩来要我来完成此项任务，并以他的名义邀请将军的。"

　　于是，吕夫准备先写一封信给戴高乐将军。

　　雅克·吕夫和顾夫·德姆维尔都没想到这几天会出事，没想到他们

的将军会不久于人世了，没想到将军在获知他的前总理已于 10 月 30 日
从中国返回巴黎后，曾向他的左右表示焦虑：怎么没有立刻得到德姆维
尔的消息呢？！

就在这时，将军病危了！

45

戴高乐计划在回忆录最后一章写"与毛泽东的会见"，但
心愿未遂，突然去世·法国报纸称，毛的唁电是中国"对
于西方世界政治家给予的史无前例的荣誉"……

(1970 年 11 月 9 日前后，法国科隆贝乡间)

戴高乐辞职后，访问中国的愿望很强烈。在 1970 年夏秋，他的这
种愿望表现得更加强烈。

据 1970 年 6 月出版的美国《新
闻周刊》报道，戴高乐曾私下对其
友人表示，希望在有生之年会见毛
泽东。

8 月间，刚果（布）驻法使馆
武官对中国驻法使馆副武官说，戴
高乐拟于 1970 年底访华，并计划
在其回忆录最后一章写"与毛泽东
的会见"，还准备附上他同毛泽东
会见的照片。9 月间，戴高乐将军
的外甥女玛丽－泰雷兹·德·科尔
比将去中国出任法国驻中国使馆参
赞。马纳克大使在外交部亚洲司当

中文版戴高乐回忆录

司长的时候,她当过马纳克的助手,历时 8 年,负责中国事务。她动身去北京就任之前,将此事告诉了当舅舅的戴高乐。戴高乐要她行前来看他,还不嫌麻烦地为外甥女写了一封信给马纳克。

9 月 9 日,科尔比女士从巴黎来到科隆贝乡下。

将军笑着对外甥女谈起去中国的事,他说:"我的老朋友马纳克老早就以这个访问计划引逗我。我很喜欢他,对他非常器重。务必把我的友情转达给他。他很希望在那儿见到我……"他对什么时候去中国没有明确表态,似乎持保留态度,"目前我很忙。要写完我的回忆录还得好几年,如果上帝假我以岁月的话。"

但这个话题仍然吸引着他。谈了一些别的事后,他又谈起去中国旅行的事,突然又宣称决心要去了:"到中国去,对我来说是一个美梦!说真的,我很想到那儿去……"

接着,戴高乐又说:"自然我需要接到中国政府和毛主席的邀请。我的旅游计划当然得由我自己来制定。你也知道,戴高乐不会要求一些做不到的事情。我相信我所希望看到的东西,对中国人不会是成为任何问题的。当然,我必须能同毛主席交谈。这将是中国和法国以戴高乐和毛为代表之间的交谈。"

将军一谈论起毛泽东来,就显得兴致很高。他问:"他是否亲自密切关心有关国家的问题?在决策时人们是否一贯向他请示?"他还向外甥女问起红军的长征,中国的日常生活,还提到德姆维尔即将访问北京的事。

说着说着,他又谈起毛泽东来了。他说,在他看来,只有毛泽东才具备必要的威望,使某些重大的事业得以在中国完成,也只有他的政权才能使国家从不发达的和无政府的状态中摆脱出来。戴高乐接着说:"不过,我将告诉他,不论我如何钦佩这个制度的成就,但是由于我非常尊重个人,所以不能赞同共产主义那些教条。我将告诉他我在这方面的一些保留意见。"

1970 年 11 月 12 日，戴高乐将军葬礼在乡间科隆贝举行。（之一）

　　科尔比女士在戴高乐身边逗留了一天，戴高乐谈话的重点几乎就是中国之行和毛泽东。

　　前总理德姆维尔在 1970 年 10 月 5 日飞往中国访问之前，于 9 月间曾将此事写信告诉过将军。9 月 22 日，戴高乐将军回信说："我亲爱的朋友，你的中国之行对你来说将有很大的益处，对法国来说将有重大意义。我极愿意你从那里回来后同你见面……"

　　戴高乐对任何人都没有讲过他愿意在中国哪些地方、要看什么东西，那天对外甥女也没有谈及。但是，马纳克大使说："由于中国的礼貌以及这个国家的人对戴高乐将军的敬意，他的访问日程都会按照他的意愿和要求来安排。"可能共和国前总统来到北京之后，愿意看看长城，有兵马俑的古都西安，中国共产党的革命圣地和长征的终点——延安，无疑还要去上海和南京，也许还去广州和东北。

　　据同戴高乐将军接近的人说，没有丝毫迹象预兆着他于 11 月 9 日

戴高乐将军葬礼在乡间科隆贝举行。（之二）

突然去世。11月22日，将军就要满80岁了。他们说他身体很好。他定了许多计划：继续撰写《希望回忆录》；可能出版他同各国元首的通信和谈话集；1971年6月访问中国；扩大科隆贝的花园，种植新树；同儿孙们一起安排即将到来的圣诞节和复活节的假期。

11月2日是亡灵日，戴高乐和夫人来到长女安娜墓前默哀，每年这天他们都来。在他女儿墓前，他重复说着每年都说的话："这里是我希望的将来的葬身之处。"这次，他多说了两句："墓地的门太狭窄了，将来我到了这里，能来一些客人，因此应该把墙打穿再开一个门。"（8天之后，即他死后第二天，就照他的话办了。）

11月7日，星期六，他还乘车到附近巡游，历时两个多小时，行程150多公里。

11月9日，星期一，这一天与往常没有什么不同。不到10点，他来到办公室，致力于《希望回忆录》第二卷《奋斗》的第三章的写作，纲目已经确定，还没有动笔。中午，与夫人共进午餐，胃口还好。然后，去花园散步。下午，他回到办公室继续工作。下午6点50分，他离开办公室，准备吃晚餐。他来到平时接见客人的书房，像往常一样，每到晚餐之前他都摆出纸牌算起卦来。下午6点50分至55分之间，他玩着纸牌时突然喊痛，就失去了知觉，一直到死去。医生于10分钟后赶来，吗啡注射，但抢救无效。当晚7点25分，戴高乐心脏停止跳动。他死于动脉瘤引起的胃动脉破裂。

戴高乐死于这一天的白昼逝去黑夜来临的时刻。据医生说，他死前没有痛苦，他不知道自己要死。

他留下了一份早已写好并封存的遗嘱。1952年1月间，他重新执政的6年前，他把写好的遗嘱装在当年1月16日亲手交给蓬皮杜的一封信里。装遗嘱的信是密封的，规定在他去世后才启封。离他写遗嘱的时间竟有18年，他去世后大家才获知遗嘱的内容。遗嘱内容本应由戴高乐将军的家属公布，但被蓬皮杜的总统府抢先作了公布，曾引起戴高乐家人的不满。

这份字字生辉的遗嘱，是他一生的生动写照，读之令人肃然起敬！其全文如下——

我希望在科隆贝双教堂为我举行葬礼。如果我在别处去世，则应将我的遗体运回家里，运送遗体不要任何仪式。我的墓就是已经安葬了我女儿安娜的那个墓穴，我妻子将来有一天也要安葬在那里。墓上的碑文是：夏尔·戴高乐（1890年—）。别的什么都不要。

仪式将由我的儿子、女儿、女婿、儿媳，在我的办公室的协助下进行安排，务必使之极其简单。我不要国葬。不要总统、部长、议会领导机构成员和行政、司法机构参加。只有法国军队可以以军队的身份正式参加；但参加的人数应该很少，不要奏乐，不要军乐队，不要吹吹打打。

在教堂里和别的地方，都不要发表讲话。在议会里不致悼词。举行仪式时，除了给我的家属、给我的荣获解放勋章的战友、给科隆贝市议会留出席位外，不留其他任何席位。法国和世界上其他一些国家的人们，如果愿意的话，可以把我的遗体护送到我的墓地，以此作为对我的纪念。但是，我希望在静默中把我的遗体送到墓地。

我事先声明拒绝接受任何称号、晋升、荣誉、表彰和勋章，不论是法国的，还是外国的。无论授予我什么，都是违背我的遗愿的。

11月10日晚8时，乡下的木工送来了一个普通的橡木棺材，与别的棺材不同的就是它特别长，长度有2.05米。棺材只花了350法郎。棺材一到，戴高乐夫人伊冯娜就立即让入殓。在场的只有戴高乐夫人、

戴高乐将军的墓碑

女儿伊丽莎白以及两个佣人。只有少数至亲好友赶上遗体告别。国防部长德勃雷闻讯后不顾内阁任何规定，乘直升机赶来，他是唯一在灵床上最后一次见到戴高乐将军的政府成员。

11月12日，戴高乐遗体在科隆贝双教堂旁边的墓地安葬。这一天，一大早，法国老百姓乘着上万辆汽车，其中有小轿车、大小巴、卡车、农夫车等，从法国各地源源不断地赶往科隆贝，19号国家公路上形成了一条3公里多的长龙。中午过后，4万人齐集科隆贝小村庄，静候着戴高乐的灵车驶往教堂。

这天，巴黎倾盆大雨。50多万人冒着大雨，从香榭丽舍大街静静走向凯旋门，伫立在"二战"中举行庆祝巴黎解放盛典的地方，表示对戴高乐将军的深切哀悼。巴黎市议会决定把凯旋门所在的星形广场改名为夏尔·戴高乐广场。

笔者1995年曾有机会去科隆贝双教堂旁边的墓地去参观。戴高乐

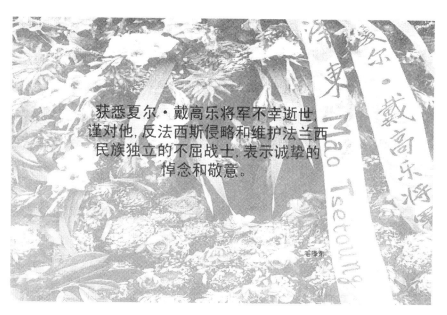

获悉夏尔·戴高乐将军不幸逝世，谨对他，反法西斯侵略和维护法兰西民族独立的不屈战士，表示诚挚的悼念和敬意。

毛泽东吊唁戴高乐逝世所赠的花篮

并不像我所想象的葬在专设的墓地里，而是葬在这个乡村的普通公墓里。绿树丛中的公墓虽不大，仍然显得庄严肃穆。这个小墓地里几乎全是本村一家一户的合葬陵墓。有的村民的陵墓是用大理石镶砌而成，装饰得很精致讲究，而戴高乐一家的陵墓显得更简单朴素平常。墓碑极为简单，一块一米见方的白色大理石上，仅刻着戴高乐夫妇与女儿安娜三人的名字和生卒年份。前面立着一个十字架，墓前只放着一个插满鲜花的小花瓶。笔者来到时，正好看见两个美国年轻军官在对着戴高乐将军的墓碑行军礼。

笔者曾与这两个美国军官交谈。其中一个美国军官说：尽管戴高乐的两星准将军衔一直未被证实，其在"二战"中为法国立下的功勋要远远超过法国众多有正式军衔的五星上将。另一个美国军官说：我们的艾森豪威尔获得了五星上将军衔，后来更愿意人们称其为"总统"，戴高乐却不喜欢人们称其为"总统"，而喜欢称他为"将军"。

戴高乐将军去世后，中国政府决定以高规格吊唁他的逝世，以表达对他的敬意和深切的悼念，并推动中法友好关系的发展。

毛泽东给法国总统蓬皮杜发去唁电。毛泽东在唁电中说——

> 惊悉夏尔·戴高乐将军不幸逝世，谨对他，反对法西斯侵略和维护法兰西民族独立的不屈战士，表示诚挚的悼念和敬意。

在科隆贝戴高乐将军的陵墓上，毛泽东和周恩来送去的两个大花圈放在十分显眼的位置。

11月11日下午，董必武副主席、周恩来总理、李先念副总理和郭沫若副委员长等中国领导人到法国驻华使馆吊唁。使馆的灵堂上悬挂着一张"二战"时期戴高乐将军的黑白老照片，这是当年戴高乐送给马纳克的，上面留有戴高乐将军的亲笔签名。中国在北京天安门、新华门和

戴高乐生平展在北京举行。

外交部下半旗以示哀悼。

中国隆重而肃穆地悼念戴高乐逝世，在法国官方和社会，特别是在戴高乐的生前好友和家属中，引起了强烈的反响。12月1日，戴高乐夫人伊冯娜给毛泽东主席发来感谢电——

> 您友好的来电和悼念戴高乐将军的话使我十分感动。我真诚地感谢您在我的痛苦之中对我表示的同情。

法国新闻媒介对毛泽东发唁电非常重视。法国电视台一收到毛主席的唁电，立即全文播送，并发表评论，认为这是一个"不寻常的态度"。其他各家电台也反复播送全文，并都在评论中说，在世界各国领导人的唁电中，人们特别注意毛泽东主席发来的唁电。巴黎各大报亦以显著的版面和醒目的标题全文刊载，并认为这是中国"对于西方世界政治家给予的史无前例的荣誉"。还有的社会活动家评论说，毛泽东的唁电"是所有唁电中最好的"。

戴高乐将军生前未能实现访问中国的愿望，没有实现毛泽东与戴高乐——两位 20 世纪巨人的历史性会晤，世界舆论普遍为之惋惜，这的确是中法两国关系史和现代国际关系史上一大憾事。5 年多之后，毛泽东亦辞别了人世。

今天，可以告慰两位伟人在天之灵的是，中法两国在各个领域的友好合作关系得到了进一步发展。

主要参考文献

1．《毛泽东外交文选》，中央文献出版社。

2．《毛泽东外交思想研究》，世界知识出版社。

3．《周恩来外交文选》，中央文献出版社。

4．《周恩来年谱》，中央文献出版社。

5．《周恩来外交活动大事记》，世界知识出版社。

6．《研究周恩来—外交思想与实践》，世界知识出版社。

7．《刘少奇年谱》，中央文献出版社。

8．（法）戴高乐：《战争回忆录》，世界知识出版社。

9．（法）戴高乐：《希望回忆录》，世界知识出版社。

10．（法）戴高乐：《书信、札记、文稿》，世界知识出版社。

11．（法）《戴高乐言论集》，世界知识出版社。

12．（美）尼克松：《领导者》，世界知识出版社。

13．（美）《尼克松回忆录》，世界知识出版社。

14．（日）岸信介：《二十世纪的领袖们》，世界知识出版社。

15．（法）马尔罗：《砍倒的橡树》，中国社会科学出版社。

16．（法）埃德加·富尔的文章：《承认中国》，载于期刊《中外研究》。

17．（法）让·莫里亚克：《戴高乐将军之死》，商务印书馆。

18．（美）布莱恩·克罗泽：《戴高乐传》，商务印书馆。

19．（加）罗纳德·基思：《周恩来的外交生涯》，中共中央党校出版社。

20．（英）韩素音：《周恩来与他的世纪 1898—1998》，中央文献出版社。

21．（法）马纳克：《远东回忆录》之《中国》卷。

22．师哲：《在历史巨人身边》，中央文献出版社。

23．伍修权：《在外交部八年的经历》，世界知识出版社。

24．《陈赓日记（续）》，解放军出版社。

25．罗贵波：《出使越南之初》，载于《鸿爪遗踪》一书，江苏人民出版社。

26．曲星：《试论毛泽东关于中法关系的战略思想》，载于《毛泽东外交思想研究》一书，世界知识出版社。

27．王文博：《从中法建交谈判看周恩来对西欧国家的外交政策思想及其谈判艺术》。

28. 谢黎：《我们同西方国家关系的重大突破——中法建交谈判纪事》。

29. 李清泉：《中法建交谈判回顾》。

30. 宋之光：《五星红旗飘扬在巴黎上空——中法建交回顾》。

31. 曾令保、史实：《中法关系史上的缺憾——中法建交回顾》。

32. 《将军·外交家·艺术家——黄镇纪念文集》，解放军出版社。

33. 朱霖：《大使夫人回忆录》，世界知识出版社。

34. 曾涛：《难忘法兰西》。

35. 张锡昌、周剑卿：《战后法国外交史》，世界知识出版社。

36. 周剑卿、张锡昌：《传奇人物戴高乐》，当代世界出版社。

37. 陈乐民：《戴高乐》，浙江人民出版社。

38. 周荣耀：《戴高乐评传》，东方出版社。

39. 杨明伟、陈扬勇：《周恩来外交风云》，解放军文艺出版社。

40. "当代中国丛书"之《当代中国外交》，中国社会科学出版社。

41. 杨无华：《从黄埔条约到巴拉迪尔访华》，福建人民出版社。

42. 《中国军事顾问团援越抗法斗争史实》，解放军出版社。

43. "当代中国丛书"之《当代中国军队的军事工作》，中国社会科学出版社。

44. 黄峥：《刘少奇的一生》，中央文献出版社。

45. 周毅之：《伟大的战斗情谊——回忆胡主席和陈赓同志在越北战场》。

46. 钱江：《在神秘的战争中——中国军事顾问团赴越南征战记》。

47.（意）奥丽雅娜·法拉奇：《风云人物采访记》之"武元甲将军"。

48.（加）迈克尔·麦克利尔：《越战一千天》。

49. 黄铮：《胡志明与越中两国人民》，载于《人物》1994 年第 2 期。

50. 洪左军：《胡志明与越中两国人民》，载于《人物》1994 年 2 期。

51.（越）武元甲：《难忘的岁月》。

52. 1981 年 9 月 23 日，乔冠华谈周恩来在新中国外交工作中的贡献。

53. 1981 年 10 月 6 日，乔冠华谈打开中美关系。

54. 1981 年 11 月 25 日，乔冠华谈建国初期的外交工作。

55. 笔者采访韦国清，1988 年 8、9 月。

56. 笔者采访王炳南，1987 年 8 月 5、6 日。

57. 笔者采访李慎之，1987 年 8 月 20 日。

58. 笔者采访伍修权，1990 年 1 月 5 日。

59. 笔者 1994 年 3 月，1995 年 5 月在越南访问的笔记。

60. 笔者 1995 年 8 月在法国访问的笔记。

关于本书照片的诚挚感谢

本书所使用的历史照片，是由下列单位或人士提供：

戴高乐将军生平与活动的照片，是由夏尔·戴高乐基金会提供的；

胡志明主席生平、越南革命活动的照片，是由越南胡志明博物馆提供的；

毛泽东、周恩来外交活动的照片，是由新华通讯社提供的；

中国援越军事顾问团的照片，是由韦国清上将夫人许其倩女士提供的。

笔者在此表示诚挚的感谢！